Über dieses Buch Frankreich erzählt – 23 Geschichten von 23 Autoren, die Zeugnis geben von jener unverwechselbar französischen Art, Wirklichkeit in Literatur zu verwandeln. Stilistisch wie thematisch ist diese Auswahl repräsentativ für die französische Literatur der letzten fünfzig Jahre: Realisten wie Pierre Gascar, Jean Giono, Roger Grenier, Raymond Jean und Françoise Sagan, Surrealisten wie Louis Aragon oder Benjamin Péret, Phantasten wie Boris Vian oder Marcel Aymé, Vertreter des Nouveau Roman wie Alain Robbe-Grillet oder Marguerite Duras, Existentialisten wie Albert Camus oder Antoine de Saint-Exupéry, Psychologisten wie Alain Nadaud, Henri Thomas und Henri Troyat erzählen vom Leben in Paris und in der Provinz, von Kleinbürgern und Lebenskünstlern, von Familienvätern und Liebhabern. Jeder Autor hat einen unverwechselbaren Stil, den die ausgewählte Geschichte typisch vertritt – 23 verschiedene Facetten der französischen Wirklichkeit, die zu Literatur wurde.

Die Herausgeberin Stefana Sabin, geb. 1955, promovierte 1982 mit einer literaturwissenschaftlichen Arbeit in Frankfurt, wo sie als Publizistin arbeitet.

Frankreich erzählt

23 Erzählungen

Ausgewählt und mit einer
Nachbemerkung von
Stefana Sabin

Fischer Taschenbuch Verlag

Originalausgabe
Veröffentlicht im Fischer Taschenbuch Verlag GmbH,
Frankfurt am Main, September 1989

Quellenhinweise am Schluß des Bandes
Umschlaggestaltung: Manfred Walch, Frankfurt am Main,
unter Verwendung des Gemäldes ›Montmartre mit Sacre-Cœur‹
von Maurice Utrillo

Gesamtherstellung: Clausen & Bosse, Leck
Printed in Germany
ISBN 3-596-29286-7

Inhalt

»Wie glücklich sind doch die Franzosen! Sie träumen gar nicht.«

Heinrich Heine

JEAN GIONO

Joffroi vom Maussan-Hof

Ich sehe Fonse auf mich zukommen; er ist so durcheinander, daß er keinen Kautabak im Mund hat und sogar vergessen hat, seine Hose hochzuziehen. Der Wollgürtel hängt ihm unter dem Bauch. Und Schritte macht er!

»Wenn du noch weit gehen willst so...«, rufe ich ihm zu, während er vorbeigeht.

Er hat mich nicht bemerkt, weil ich im alten Stroh auf der Tenne liege. Er wendet den Kopf und sieht mich an. Er klettert den Abhang herauf, legt sich neben mich und schnauft, um wieder zu Atem zu kommen. Ich kenne ja seine Krankheit... Ich? Überall erzählt er davon: im Café, auf dem Feld, abends vor dem Feuer, bei jeder Gelegenheit, seit der Herr aus Digne mit ihm darüber gesprochen hat. Ich sage zu ihm:

»Das ist nicht gut für dein Herz, weißt du.«

»Ach, das Herz«, sagt er, »wenn es nur das wäre! Mir ist da eben was passiert...«

Da muß tatsächlich etwas los sein... Er, der sonst die Ereignisse eine gute Stunde lang gelassen betrachtet, bevor er sich entschließt, liegt ganz hilflos da und zwinkert mit den Augen, wie überwältigt von seiner eigenen Schnelligkeit.

»Du weißt, daß ich den großen Baumgarten vom Maussan-Hof gekauft habe? Diesen Winter ist Joffroi zu mir ins Haus gekommen. Ich habe ihn in die Küche gebeten und ihm gesagt: ›Wärm dich auf.‹ Er hat ein Gläschen getrunken, dann hat er sich einen Ruck gegeben und gesagt: ›Fronse, ich werde alt. Meine Frau ist krank, ich auch, wir haben keine Kinder, das ist ein großes Unglück. Ich bin zum Notar nach Riez gegangen, und wir sind uns fast einig. Er hat mir die Bedingungen gezeigt. Ich bin zum Steuereinnehmer gegan-

gen... wie gesagt, wir sind uns fast einig. Wenn ich soundsoviel auf Staatsrente einbezahle, kriege ich auf Lebenszeit soundso viel.‹ Ich habe ihm gesagt, das sei eine gute Idee. Na ja, schließlich habe ich den großen Baumgarten von Maussan gekauft. Nicht das Haus. Er hat zu mir gesagt: ›Das Haus laß mir, ich bin daran gewöhnt, woanders würde ich Heimweh bekommen, aber du kannst den ganzen Grund hier haben, bis zu den Mauern, wenn du willst.‹ Letzten Endes habe ich ihm ein schönes Stück gelassen, damit er sich in die Sonne setzen kann, und ein paar Bäume, um ihm Freude zu machen. Du siehst, ich war anständig, und das Geld habe ich ihm bar gezahlt. Er hat es gut angelegt, er hat seine Rente. Wir sind also zufrieden. Gut.
Hast du den Baumgarten von Maussan mal gesehen? Lauter Pfirsichbäume, und zwar alte, die schon seit zehn Jahren ausgerissen gehören. Joffroi kam es nicht so darauf an, für ihn genügte auch weniger, aber ich kenne mich mit Pfirsichen nicht aus, und außerdem ist der Boden bei uns nicht gut dafür. Also, sag, was du willst, ich will jedenfalls Weizen darauf anbauen, die Bäume fällen und Weizen darauf anbauen. Das ist Ansichtssache und geht niemanden was an: ich habe bezahlt, die Sache gehört mir, und ich mache, was ich will.
Heute morgen habe ich mir gesagt: das Wetter weiß nicht, was es will. Du hast nichts zu tun, du machst dich ans Bäumefällen. Und vorhin bin ich nach Maussan gegangen...«
(Typisch Fonse, dieser Satz. Heute morgen hat er den Gedanken gehabt, aber erst um drei Uhr nachmittags ist er nach Maussan gegangen.)
»...Ich hatte ein Seil an den stärksten Ast gebunden und habe gezogen und gezogen, bis er fiel. Das krachte. Nun wollte ich den Stubben rausreißen. Da hörte ich, wie ein Fenster aufging, und dann kam Joffroi.
›Was machst du da?‹ hat er mich gefragt.
Sein Gesicht hat anders ausgesehen als sonst.
›Das siehst du doch‹, antwortete ich.
›Willst du das mit allen machen?‹

›Mit allen.‹

Mir war nicht klar, wo er hinauswollte. Er geht ins Haus zurück, und ich sehe, wie er mit seiner Flinte ankommt. Nicht über der Schulter, nein, fest in der Hand, die rechte Hand am Abzug, die linke unter den Flintenläufen. Er trug das Ding richtig im Anschlag und ging wie ein Verrückter. Sein Gesicht sah noch seltsamer aus als vorher.

Ich hatte das Seil schon am zweiten Baum angebunden, und als ich Joffroi mit der Flinte sah, sage ich lachend zu ihm:

›Willst du Karnickel jagen?‹

›Ich will einen Schweinehund jagen‹, gibt er zurück. Und kommt auf mich zu.

Mir sacken die Arme weg.

›Läßt du meine Bäume in Ruhe?‹ sagte er zu mir.

›Joffroi...‹

›Läßt du sie in Ruhe?...‹

Er hält mir die Läufe hier unters Hemd, und, weißt du, er war schon kein Mensch mehr. Ich sage zu ihm, ohne böse zu werden (sein Finger lag bereit):

›Joffroi, sei nicht kindisch.‹

Er sagte nur immer wieder:

›Läßt du meine Bäume, läßt du sie...?‹

Was soll man da lange reden? Ich habe das Seil losgelassen und bin hierher gekommen. So ist das.

Sag bloß, das ist keine Geschichte!

Und was soll ich nun machen?«

Wir haben uns alle darum gekümmert, wir haben es alle versucht; ich selbst bin zu Joffroi gegangen. Er ist wie ein Hund, der ein Stück Fleisch zwischen den Zähnen hat und es nicht hergeben will.

»Das sind meine Bäume; ich habe das alles gepflanzt; ich kann das nicht mit ansehen, hier vor meinen Augen. Wenn er wiederkommt, schieße ich ihm in den Bauch, und dann jage ich mir eine Kugel in den Kopf.«

»Aber er hat doch gekauft.«

»Wenn ich gewußt hätte, daß es dafür war, hätte ich nicht verkauft.«
»Das kommt, weil Sie das Haus behalten haben, Joffroi«, sage ich zu ihm, »nun sind Sie da und sehen alles. Es tut Ihnen in der Seele weh, das ist klar, das verstehe ich, aber versetzen Sie sich in die Lage von Fonse. Er hat gekauft, er hat bezahlt, die Sache gehört ihm. Er hat das Recht zu tun, was er will.«
»Aber meine Bäume, meine Bäume. Ich habe sie 1905 auf dem Markt in Riez gekauft, in dem Jahr, als Barbe zu mir sagte: ›Joffroi, wir kriegen vielleicht ein Kleines‹, und als sie dann durch den großen Brand bei Revaudières eine Fehlgeburt hatte. Ich habe diese Bäume von Riez auf dem Rücken hierher getragen. Ich habe alles selbst gemacht: die Löcher gegraben, den Mist gefahren. Nachts bin ich aufgestanden, um feuchtes Stroh zu verbrennen, falls es Frost geben sollte. Mehr als zehnmal habe ich Nikotin gespritzt, jeder Kanister hundert Franken. Da, sehen Sie sich diese Blätter an, ob die nicht gesund sind. Wo finden Sie noch so kräftige alte Bäume?
Sie tragen natürlich nicht mehr viel, aber man muß auch ein bißchen vernünftig sein. Alte Bäume sind keine jungen, das weiß jeder. Man kann doch nicht alles umlegen, nur weil es alt ist. Dann muß ich mich also auch totschlagen, weil ich alt bin? Nein, nein, er soll auch ein wenig Vernunft aufbringen.«
Es ist schwer, ihm klarzumachen, daß das nicht dasselbe ist, er und seine Bäume.
Deshalb haben wir uns an Fonse gehalten. Nach dem Abendessen sind wir zu ihm gegangen, alle zusammen. Die anderen hatten zu mir gesagt: »Sie können gut reden, reden Sie mit ihm; so kann das nicht weitergehen.«
Ich habe zu ihm gesagt:
»Hör zu, Fonse: Joffroi ist stur. Da ist nichts zu machen, du weißt, er hat Ansichten wie ein Landsknecht. Du bist der einzig Vernünftige in dieser Sache. Zeige es! Weißt du, was ich dir rate? Wir bringen alles in Ordnung: du gibst ihm das

Grundstück zurück, er gibt dir dein Geld und natürlich, wie du gesagt hast, die Notargebühren. Du sollst ja nicht draufzahlen. Und damit Schluß! Er ist alt, vielleicht hat er nur noch zwei Jahre zu leben. Da können wir ihn nicht in seinem Kummer sitzen lassen. Bringen wir es so in Ordnung!«
Und Fonse, der beste Mensch von der Welt, sagte sofort: »Machen wir es so.«
Aber es sollte anders kommen.

Joffroi hat schon alles bei der Staatlichen Depositenkasse eingezahlt. Er hat das Geld nicht mehr. Er hat nur noch seine Rente.
Da ist er auf dem Dorfplatz. Man hat Fonse kommen lassen.
Wir stehen alle um sie herum. Es ist keine Flinte dabei, es kann nichts passieren. Wir sind da, um zu sprechen. »Also, wenn du kein Geld hast«, erklärt Fonse, »was soll ich dir dann sagen? Ich kann dir doch nicht dein Grundstück für nichts zurückgeben. Ich habe bezahlt, jawohl.«
Joffroi ist ganz kaputt. Was Fonse gesagt hat, das stimmt. An dieser Mauer kann man sich den Kopf einrennen. Dagegen ist nichts zu sagen.
Aber Fonse selbst hat etwas zu sagen, denn er ist, wie gesagt, der beste Mensch von der Welt. Ohne Falsch wie ein gesundes Schwein und bereit, sein Blut zu geben, damit die anderen etwas davon haben.
»Hör zu, Joffroi, ich werde es dir trotzdem recht machen. Du hast deine Rente. Soundso viel brauchst du zum Leben. Und weil du mir das Geld nicht zurückgeben kannst, verpachte ich dir dein Grundstück. Das macht soundso viel. Es bleibt dir noch was zum Leben, und mit deinen Bäumen kannst du machen, was du willst.«
Das erschien uns wie das Urteil des Salomo. Wir sahen uns mit frohen Augen an. Das hätten wir. Es ist gut sein auf diesem Platz. Selbst das Kriegerdenkmal finde ich gar nicht mehr so häßlich. Man hört die Elstern schreien.

Joffroi sieht nicht besonders zufrieden aus. Er kaut und druckst herum.
Schließlich hat er gesagt:
»Das ändert aber nichts daran, daß mir das Grundstück nicht gehört, wenn du es mir verpachtest. Es gehört trotzdem dir. Es sind deine Bäume.«
»Was soll ich dir noch sagen«, hat Fonse verzweifelt geantwortet.
Und dann ist das Theater losgegangen.

Albéric, ein Nachbar von Maussan, ist gekommen. Er lief. Er hat sich auf die Tenne gestellt, mit den Armen gefuchtelt und geschrien: »Schnell, schnell, kommt schnell!«
Wir sind alle losgelaufen zu seinem Hof, und im Laufen hat uns Albéric zugerufen:
»Joffroi hat sich aus dem Fenster gestürzt.«
Nein, er hat sich nicht aus dem Fenster gestürzt. Als wir ankommen, steht er oben auf dem Dach seines Hauses, ganz am Rand, mit den Fußspitzen auf dem Zinkblech der Dachrinne. Er ruft:
»Weg da, damit ich springen kann.«
Barbe kniet dort im Staub.
»Spring nicht, Joffroi, spring nicht«, jammert sie. »Bleib nicht da am Rand, stell dir vor, wenn du schwindelig wirst... Ach, lieber Gott und gute Jungfrau und heiliger Herr Pfarrer, holt ihn weg von da oben. Spring nicht, Joffroi.«
»Nehmt sie weg da unten, damit ich springen kann!«
Wir sind alle da und wissen nicht, was tun. Fonse hat die Matratze aus dem Bett geholt; er legt sie auf das Pflaster des Hofes, da, wo der andere runterspringen kann.
»Nimm das weg«, schreit Joffroi, »nimm das weg, damit ich springen kann.«
»Du Rindvieh«, schreit Fonse, »was hilft es dir denn, wenn du springst?«
»Aber wenn ich springen will«, gibt Joffroi zurück.

»Nein, nein, Muttergottes«, sagt Barbe.
So ging das: springt er, springt er nicht. Über eine Stunde hat er uns da festgehalten, bis ich ihm zugerufen habe:
»Springen Sie doch, damit Schluß ist!«
Da ist er etwas zurückgewichen und hat gefragt:
»Wer hat das gerufen?«
»Ich war das«, habe ich gesagt. »Ja, ich. Sind Sie nicht bald fertig da oben mit dem Hanswurstspielen? Oh, Sie machen sich gut da auf Ihrem Dach. Sie werden noch die Ziegel zertreten mit Ihren schweren Schuhen und die Dachrinne abbrechen. Genau das und nichts weiter. Ein schöner Erfolg! Wenn Sie unbedingt springen müssen, dann springen Sie, damit Schluß ist!«
Er hat scharf nachgedacht, hat uns betrachtet, die wir da alle stumm unten standen und nicht wußten, wie das enden sollte, mit dem Gesicht nach oben zu ihm hin, so daß wir für ihn aussehen mußten wie aufgereihte Eier in einem Korb. Dann hat er gesagt:
»Nein, wenn das so ist, wenn ihr wollt, daß ich springe, dann springe ich nicht. Ich werde mich aufhängen, wenn niemand dabei ist.«
Er ist zurückgetreten und in der offenen Luke des Speichers verschwunden. Barbe ist wieder aufgestanden. Ihr Kleid war voll Staub.

Heute war so ein richtiger Nachmittag für die Arbeiten zum Wintersende. Alle sind auf den Feldern, sogar die Kinder, weil Donnerstag ist, und auch ich, denn es wurde soviel gelacht und gesungen, daß ich mir sagte: ›Der Frühling ist da, die Mandelbäume werden aufgeblüht sein.‹ Sie waren es nicht, aber auf der dichtbepflanzten Hochebene mit den kahlen Mandelbäumen lag es auf den Spitzen der Zweige wie blaues und rotbraunes Moos. Der Saft treibt schon.
Ich bin also hinausgegangen und habe mich zu den anderen gesellt. Die Esel und alle Hunde waren draußen, die Maultiere und die Pferde, und es war ein einziger Lärm von Gewie-

her, Gebell, Liedern, Wasserrauschen, Mädchenkichern und Gejage, weil Gastons Eselin ausgerissen war.
Auf einmal hat man Joffroi vorbeigehen sehen. Er war wie vernagelt. Ein dickes Seil zog er hinter sich her.
»Wo gehst du denn hin«, haben sie ihn gefragt.
»Aufhängen gehe ich mich«, hat er gesagt.
Na schön. Sie haben sich an den Streich mit dem Dach erinnert und ihn nur von weitem beobachtet. Von weitem... Er ist bis zum Baumgarten von Antoine gegangen und hat sein Seil über den Ast geworfen...
Antoine ist schnell hingelaufen.
»Joffroi, häng dich doch bei Ernest auf, komm. Dies ist nicht der richtige Ort. Außerdem sind die Bäume da unten höher, und das ist hinter den Kiefern, da bist du ungestörter, da sieht man dich nicht, komm.«
Joffroi blickte ihn mit seinen wilden Augen an.
»Antoine, du bist immer der gleiche. Wenn man dich um einen Gefallen bittet...«
»Los...«
»Ich gehe ja schon...«
Er ist hingegangen, und wir hinterher, denn im Grunde fühlen wir Joffrois großen Schmerz mit. Wir wissen, daß er echt ist, dieser Schmerz; er ist vor aller Augen wie Sonne und Mond. Und wir halten übermütige Reden. Aber da ist von drüben, von Maussan, ein langgezogener Schrei gekommen, der sich über uns legt wie dicker Rauch. Das ist Barbe, die so jammert, die alte Barbe, die sich mit ihren Siebzig noch die Seele aus dem Leib brüllt, um zu rufen, daß ihr Mann sich aufhängen will.
Wir sind sogar etwas gelaufen. Er hatte Zeit genug gehabt, um das Seil überzuwerfen, den Laufknoten zu machen, einen Holzklotz heranzurücken, hinaufzusteigen, den Kopf in die Schlinge zu stecken, und der Klotz rollte schon unter seinen Füßen.
Wir konnten ihn gerade noch um den Leib packen, ihn hochstemmen und oben halten.

Und er trommelte mit seinen Fäusten auf alle Köpfe und trat mit den Schuhen in alle Bäuche, ohne ein Wort zu sagen, weil das Seil ihm schon ein wenig die Kehle zugeschnürt hatte.
Wir haben ihn abgenommen und auf die Böschung gelegt. Er sagt nichts, er schnauft. Niemand sagt etwas. Die schöne Fröhlichkeit ist fort. Die Kinder sind da und drängen sich um die Gruppe, sie schauen zwischen unseren Beinen durch, um Joffroi liegen zu sehen. Kein Lied mehr. Man hört den Wind rauschen.
Joffroi steht auf. Er sieht uns alle an, uns alle um ihn herum. Er tut einen Schritt, man macht ihm Platz, und er geht. Er wendet sich noch einmal um:
»Bande, verfl...« sagt er zwischen den Zähnen. »Bande... Bande, verfl...«
Er sagt nicht, was für eine Bande. Es gibt kein Wort, in das er seine ganze Verzweiflung legen könnte.
Er geht davon, dem Weg nach, und man sieht, wie Barbe ihm entgegenkommt. Sie seufzt.
Sie torkelt kreuz und quer über die Wegrinnen wie ein junger Hund, der laufen lernt.

»Im Grunde«, sagt Fonse zu mir, »bin ich am schlechtesten dran bei dieser Geschichte. Ich habe meine zwölftausend Franken bezahlt, und wenn etwas passiert, wird es nicht lange dauern, bis es heißt, ich sei verantwortlich. Du wirst schon sehen.
Jetzt sind alle auf meiner Seite. Aber laß Joffroi sich richtig erhängen oder ins Wasser gehen oder was weiß ich tun, dann wirst du schon sehen. Ich kenne die Leute von hier. Zu Hause habe ich schon genug Scherereien: die Frau, die Kleine, die Schwiegermutter, alle. Aber was soll ich denn machen?«
»Nichts, Fonse, du hast getan, was zu tun war. Doch wenn du glaubst, du seiest am schlechtesten dran, das stimmt nicht. Denk an Joffroi, der ist am schlechtesten dran. Glaub mir, das sind keine Hampelmanngeschichten, die er da macht. Er will

allen Ernstes sterben, aber er bedenkt, was er zurückläßt, und dann weiß er nicht mehr, was er tun soll, und macht halbe Sachen. Er sagt sich: ›Wenn sie mich so sehen, nah am Tode, dann werden sie es mit dem Mitleid kriegen und alles in Ordnung bringen.‹ Er sieht wohl, daß es schwierig ist, aber er hofft immer noch.«

»Wie soll man wissen, daß es das ist?« sagt Fonse.

Ich sage zu ihm:

»Ich glaube es. Hör zu: neulich bin ich nach Maussan gegangen. Du gehst nicht mehr hin, nicht wahr?«

»Nein, ich habe keinen Fuß mehr hingesetzt, ich gehe nicht einmal mehr in die Richtung. Es ist weniger sein Gewehr, vor dem ich Angst habe. Natürlich, das spielt auch eine Rolle, aber wenn es nur das wäre, vielleicht... Nein, ich gehe nicht mehr in die Richtung, weil ich vor allem eins fürchte. Ich will es dir sagen: Er weiß, daß ich alles auf meiner Seite habe: das Gesetz, die Meinung der Leute, im Grunde sogar seine eigene Meinung. Wenn er mich dann sieht, wird er glauben, ich wäre entschlossen, das alles zu Hilfe zu nehmen. Er weiß, wenn ich das alles zu Hilfe nehme, ist er verloren. Und wer weiß, was er dann tut?«

»Schön, aber ich war dort. Nach den Regentagen, und dann bei dieser Hitze: das Feld ist voll Unkraut wie ein Wasserbekken. Es reicht bis halb die Bäume hoch. Joffroi war da, und als er mich sah, hat er gesagt: ›Sehen Sie sich dieses Unglück an! Oder ist es vielleicht kein Unglück, ein Feld so zu behandeln?‹ Du siehst, es macht ihm Kummer, er weiß nicht mehr, was er sagt. Er weiß wohl, daß er es ist, der...«

In diesem Augenblick öffnet Félippe die Tür des Cafés. Er schaut uns an und läßt die Hand auf dem Türgriff. »Fonse, Monsieur – Joffroi ist tot.«

Wir waren ganz starr, ganz leer, ohne Gedanken. Wir fühlten uns blaß werden und kalt wie ein Essen, das man vom Feuer genommen hat.

Dann haben wir gesagt:

»Wie?«

Und wir sind aufgestanden mit dem bißchen Willenskraft, das wir noch hatten.
»Ja«, hat Félippe gesagt, »er liegt da unten auf der Straße. Er bewegt sich nicht mehr. Er ist ganz steif. Ich habe ihn von weitem gerufen, dann habe ich einen Umweg gemacht und bin schnell hergekommen.«

Joffroi liegt auf der Straße, ja, aber als wir nahe an ihn herankommen, sehen wir, daß er lebendig ist, ganz lebendig mit offenen Augen.
»Und was machst du da?«
»Ich will mich von den Autos überfahren lassen.«
Félippe kann sich nicht beruhigen.
»Glaubst du denn, daß man das so macht? Wenn sie dich von weitem sehen, halten sie an. Wenn du dich wirklich umbringen willst, dann geh doch in ...«
»Sag nichts«, hat ihn Fonse unterbrochen.

Der Frühling ist gekommen und vorübergegangen. Der Sommer ist gekommen und langsam vorbeigegangen, behäbig und schwerfällig mit seinen breiten, sonnengetränkten Füßen, die unsere Köpfe herunterdrücken.
Der Baumgarten von Maussan ist nur noch ein verwilderter Acker mitten in unseren gepflegten Feldern. Die Nachbarn müssen auf der Hut sein, denn er beißt zu mit seinen langen Zähnen aus hartnäckigem Unkraut, und man muß draufschlagen mit geschwungenem Spaten, damit er wieder losläßt.
Mehr als zwanzigmal haben wir Joffroi zurückgehalten: genau auf dem Rande von Antoines Brunnen, der über dreißig Meter tief ist, so daß Antoine sagte: »Soweit kommt's! Wenn er es getan hätte, wo sollte ich dann Wasser holen?« Wir haben ihn aus der kleinen Schleuse im Bach gezogen. Er hat sich geschüttelt wie ein Hund und ist weggegangen. Wir haben ihm das Gewehr versteckt. Wir haben die Flasche mit der Jodtinktur zerschlagen und die Krämersfrau gewarnt, ihm

keine neue zu geben, auch keinen Salmiakgeist oder sonst etwas. Wir fragen uns allmählich, was für seltsame Dinge er noch anstellen könnte: Nägel essen, bis ihm der Bauch platzt, sich mit Kräutern oder Pilzen vergiften, sich vom Stier töten lassen? Wir wissen es nicht. Wir denken uns alles mögliche aus. Schließlich ist es unerträglich geworden. Fonse, der nie krank gewesen ist, hat sich so schlimm mit Melonen den Magen verdorben, daß alle hingelaufen sind. Er war zwei Finger breit vom Tod. Ich habe meiner Frau erklärt:
»Hör zu, die Familie Jarbois hat uns mehrmals eingeladen, sie in Barret zu besuchen. Wir sollten für vierzehn Tage mit der Kleinen hingehen ...«
Und meine Frau hat gesagt:
»Das sagst du bestimmt wegen Joffroi.«
»Nein, aber ...«
Letzten Endes haben wir beschlossen, loszufahren. Die Luft ist so gut in Barret, und außerdem sind die Jarbois so nett, er ebenso wie sie, und überhaupt ... nicht wahr, Elise?
Und ich habe zu Fonse gesagt, zu Fonse, der nur noch in seiner Hose hängt, ein Fonse, so leicht wie eine Taubenfeder, so weiß wie ein Teller, und der mitten im Sommer seine Jacke anhat, ich habe also zu Fonse gesagt: »Komm, wir trinken ein Gläschen Anisette, ich muß verreisen. Ja, geschäftlich.«
Und da kam wieder jemand, um uns zu sagen:
»Joffroi ist tot.«
Wir haben in gutem Glauben gesagt:
»Schon wieder ...?«
Aber diesmal bringt Martel die Nachricht – Martel, weitläufig verwandt mit Joffroi, ein glaubwürdiger Mann.
»Diesmal stimmt es wirklich«, sagt er, und weil er weiß, was wir denken, fügt er gleich hinzu:
»Nein, er hat gestern mittag einen Anfall gehabt, und heute nacht ist er gestorben. Er ist tot, richtig tot. Sie haben ihn schon aufgebahrt. Ich habe bei ihm gewacht bis zum Morgen. Jetzt gehe ich zum Rathaus, um die Formalitäten zu erledigen, und dann zum Pfarrer wegen des Termins.«

Fonse ist eine Minute dageblieben, dann hat sein Gesicht wieder Farbe bekommen, und er hat ganz hastig zu mir gesagt:
»Auf Wiedersehen.«
Ich habe ihn nach Hause gehen sehen. Kurz danach ist er wieder herausgekommen und hat nach links und rechts mit den Frauen gesprochen. Dann hat er die Stalltür aufgemacht, den Esel eingespannt, eine breite Hacke, ein Seil, eine Handsäge und eine Sense auf den Wagen geladen und den Esel am Maul hinter sich hergezogen. So ist er losgegangen, Richtung Maussan.

Heute abend habe ich Fonse getroffen. Er hat gesagt:
»Fünf oder sechs von den Bäumen lasse ich stehen. Nicht zum Ernten, nein, nur damit Joffroi, wenn er mich sieht von da, wo er jetzt ist, sich sagen kann: ›Immerhin, dieser Fonse, genaugenommen war er doch kein schlechter Kerl.‹«

LOUIS ARAGON

Die Unbekannte aus dem Printemps-Kaufhaus

»Da hab' ich geglaubt, ich komme zu spät, und nun bin ich als erste da, na so was!« Die Kleine war wie ein Wirbelwind hereingestürmt, beladen mit weiß-blau gestreiften Paketen und ihrer schwarzen Lacktasche, und das alles legte sie auf einen Tisch. Entzückend, wie sie ihre Nase in die Luft reckte, und dieser rotbraune Pferdeschwanz! Er dachte: »Die kommt aus der Provinz...«, und lächelte, erinnerte sich dann an diese bittere Falte, die ihm vor kurzem im Mundwinkel gewachsen war. Die Zeit war vorbei, in der sie sich sofort für ihn kokett in Szene setzten... »Geht Ihre Uhr richtig? Ich hatte für fünf Uhr eine Verabredung, und nun bin ich als erste da... Es ist doch schon fünf, nicht wahr?« Dann blickte sie um sich: »Es ist hübsch bei Ihnen, Ober...«

Er war es gewohnt, daß man »Barman« zu ihm sagte, mit »Ober«, nein, da hast du keine Chance, armer Kerl. Ein Mädchen, das zu dir »Ober« sagt, das schläft nicht mit dir. Das Lokal war fast leer, es hatte diesen leicht altmodischen Anstrich, den ihm der blaue Plüsch verlieh, außer daß da der amerikanische Spielautomat stand, der rechts und links aufleuchtete, und dieser schräge Typ in seiner Lederkluft, mit den dichten, eingeölten Haaren, der diesen Kasten schüttelte, daß da Kaskaden von Kugeln heraussprangen. Der Barman war hinter seinem Mahagoni hervorgekommen, ohne daß die junge Frau es bemerkt hatte, respektvoll und aufmerksam hatte er sich vor sie hingestellt. Sie hatte aus ihrer Handtasche inmitten der Pakete einen kleinen Spiegel gezogen und puderte ihre Nase, die das überhaupt nicht nötig hatte, wobei sie ihren Mund, die zu einem Strauß zusammengezogenen Lippen, komisch nach rechts und dann nach links verzerrte, als wollte sie etwas unvorstellbar Schreckliches in den tiefsten Winkeln des Gesichtchens aufspüren. »Was darf ich Mademoiselle bringen?« »Madame...« verbesserte sie mit einem Seitenblick, die Lider senkend. Vermutlich noch nicht seit langem, dachte er und sagte es auch, aus seiner Rolle heraustretend: »Vermutlich noch nicht seit langem...« Sie richtete die Augen auf ihn, schüttelte ihren Pferdeschwanz und antwortete sehr ernst: »Immerhin seit fast zwei Monaten... Ach ja, was könnte ich denn nehmen?« Er machte die klassische, ausweichende Handbewegung angesichts dieser Frage, die keine ist und auf die zu antworten man sich niemals unterstehen dürfte. »Um Viertel vor fünf«, sagte sie, »würde er, Gilbert, sich einen kleinen Scotch bestellen... Gilbert, das ist mein Mann...« Ah ja! Im Grunde würde er sich lieber mit dem Ehemann unterhalten, da auf jeden Fall... Aber es ging gar nicht darum, was der Ehemann bestellen würde. »Geben Sie mir... sagen wir... einen Tee, ja, warum auch nicht? Ist der Tee bei Ihnen gut, Ober?« Sie gefiel ihm plötzlich dermaßen, daß er sich mit einer Hand auf den Tisch stützte und sich vorstellte, sie bewundere seine breiten Schultern. »Madame würden sicherlich nicht hören wollen, daß der Tee hier nichts taugt...« Sie hatte ihre Handschuhe ausgezogen und ihren Mantel – so einen, wie man ihn dieses Jahr in allen Schaufenstern sieht – aufgemacht; er starrte auf ihre Brüste und fürchtete, sie könnte es bemerken. »Stimmt es«, fragte sie, »daß Ihr Tee schlecht ist? Wirklich so schlecht?« »Aber nein, aber nein, es ist ein Tee, wie es ihn überall gibt, das ist alles, ich meine, nichts Außergewöhnliches...« »Sie sind komisch, Ober«, sagte sie, »wie Sie da Ihre Ware schlechtmachen... Trotzdem bleibe ich bei Tee!« Sie stopfte alles wieder in ihre Handtasche, er sah, daß sie Hände hatte... na, und, was soll's, jeder hat Hände! Aber es kommt drauf an, was für welche.

»Mit Milch oder Zitrone?« Sie blickte hoch, als ob sie die Frage nicht verstanden hätte. Schau an, sagte sie sich, der ist gar nicht so übel, dieser Ober. Für einen Ober. Sehr gepflegt.

Wie alt er wohl sein mag? Oh, gute Dreißig. Der war sicherlich nicht übel, früher einmal. Was hatte er sie eben gefragt? *Milchoderzitrone*... das ergibt ein komisches Wort... Sie kräuselte ihr Näschen: »Ich nehme chinesischen...« Wegen Simone, die so snobistisch war, daß sie nur chinesischen trank... seitdem sie einen solchen in einem buntschillernden Kästchen geschenkt bekommen hatte... von einem Freund von ihr, der im *Verein für französisch-chinesische Freundschaft* war, oder wie heißt das noch? Und während sie gerade dachte, Simone täte gut daran, ihn zu heiraten, bemerkte sie plötzlich, wie der Ober den Kopf schüttelte und dabei mit der Zunge zwischen seinen strahlend schönen Zähnen ein paar Schnalzer von sich gab. »Was ist los? Wollen Sie mir keinen chinesischen bringen? Wissen Sie, ich bin den gewöhnt... eine Freundin von mir... An ihrer Stelle würde ich heiraten. Ach ja, Sie können das natürlich nicht wissen.« »Nein«, sagte der Barman ganz ernst, »ich kann es nicht wissen, ich weiß bloß, daß hier nur Ceylon-Tee serviert wird... Ich kann nichts dafür, es ist halt so, die kaufen nur Ceylon-Tee ein... also servier' ich ihn eben...« »Oh«, sagte sie ziemlich verstimmt, »der Ceylon ist so dunkel, so stark, das ist wie schwarze Zigaretten rauchen... Seien Sie so nett und bringen Sie mir chinesischen...«
Alles, was man in eine ausweichende Geste legen konnte, wurde hineingelegt. Die Kleine ließ mit dem Handrücken ihren Pferdeschwanz wippen und bemerkte dann: »Ich wette, Sie spielen Fußball... Einverstanden, ich nehme den Ceylon, wenn Sie nichts Besseres haben... Gilbert spielt auch Fußball. Er ist ungefähr so gebaut wie Sie, das Gestell... nur in jüngerer Ausführung natürlich...«
Er entfernte sich, Gilbert war ihm schnuppe, und sie würde ihm sicherlich gleich seinen Wadenumfang mitteilen. Da rief sie ihn zurück. »He! He!« Er drehte sich um: »Was ist los? Hab' ich vergessen, meine Portière zu schließen?« »Aber nein«, sagte sie, indem sie ihre Hände nach rechts und nach links schwenkte, »ich wollte nur sagen: mit Zi-

trone...« Plötzlich hatte er keinerlei Lust mehr, sich zu entfernen. Es wäre so nett gewesen, sich neben sie auf die Bank zu setzen, einfach so, um ihr nahe zu sein, selbst wenn sie ihm von Gilbert erzählte... Was konnte er sich denn einfallen lassen... »Wollen Sie die Zitrone in zwei Hälften geschnitten oder in Scheibchen?« fragte er entgegen jeder Wahrscheinlichkeit und verwendete nicht mehr die dritte Person. Und sie: »Das ist mir egal... aber sagen Sie mal, wie ist Ihr Tee eigentlich zubereitet? Ist das Tee, den man aufgießt, oder ist es einer dieser Beutel, die man kurz ins Wasser taucht, ich weiß nicht warum, aber diese Wäsche erinnert mich an das Dienstmädchen bei uns, als ich klein war, sie hängte alles mögliche nasse Zeug in der Küche auf...«

»Als Sie klein waren... das ist wohl auch erst zwei Monate her...«

»Sie sind wirklich komisch. Sagen Sie schnell, für wie alt halten Sie mich?«

»Oh, ich bin nicht großzügig, nicht großzügig.«

»Nun, ich bin zwanzig, seit eineinhalb Monaten. Gilbert...« Die geht einem auf den Wecker mit ihrem Gilbert. Ich kann ihn mir schon vorstellen, diesen Fußballer, der um fünf Uhr einen Scotch trinkt. Dasselbe Gestell: er warf sich in dem großen Spiegel über der Bank einen Blick zu... Er fragte: »Ist er etwa hier Stammgast?« »Wer, Gilbert? Oh, das könnte schon sein, er schaute so etwas merkwürdig drein, als er mir die Adresse gab... ich weiß nicht, er erzählt mir niemals etwas... und außerdem war das vor meiner Zeit! Sie kennen ihn also?« »Vielleicht kenne ich mehrere Gilberts... Aber es muß nicht notgedrungen der von Madame sein...«

Sie hatte ihr Kinn in ihre Handfläche gestützt, den Ellbogen auf dem Marmortisch, und mit vertraulicher Miene: »Der meine... wie soll ich Ihnen sagen? Er ist braunhaarig wie Sie, ungefähr Ihre Größe... Aber er sieht Ihnen nicht ähnlich... er hat ganz kleine Ohren... das ist merkwürdig für

einen Mann! Er ist eher pausbäckig, er wird schnell über und über rot, die Stirn, der Hals... Er ist stark, wissen Sie, und ein Hitzkopf, man darf ihn nicht zu sehr ärgern... Er hat ein sehr nettes Gesicht, ein sehr nettes... Haben Sie's vor Augen?« »Ja... das heißt, ich stelle es mir vor... aber wenn ich ihn auf der Straße wiedererkennen müßte... Madame entschuldigen mich, der Tee von Madame...«
»Ach«, sagte sie, »der Tee kann ruhig warten, wenn wir von Gilbert sprechen! Er hat einen Goldzahn, aber das sieht man nicht. Das passierte beim Spiel gegen Sochaux. Die sind schrecklich, diese Typen von Sochaux, um ein Haar hätten sie mir ihn kaputtgemacht...«
Er entfernte sich. Sie rief ihn zurück: »Wenn Sie ihn wiedererkennen wollen, dann an den Augen, die sind bei ihm das Besondere. Kleine, braune, kugelrunde Augen, wie Weinbeeren, und lachen tun sie, lachen!« Was hätte er in diesem Augenblick nicht alles darum gegeben, kleine, braune Augen wie Gilbert zu haben, er, der große und blasse hatte, daß alle Frauen von ihnen träumten, vor noch gar nicht so langer Zeit. Holen wir ihr ihren Twinnings, und sprechen wir nicht mehr davon!
Als er hinter der Bartheke war, um den Warmwasserhahn der Maschine über der Teekanne, die auf dem Sims stand, aufzudrehen, rief sie ihm zu: »Ober! Könnten Sie dem jungen Mann dort hinten nicht sagen, er soll ein bißchen weniger Krach machen mit seinem Dingsda? Man versteht ja sein eigenes Wort nicht mehr!« Aber der andere hatte sie gehört, er hatte sich umgedreht und sagte unnachahmlich: »Puppe!« und entfesselte aber sogleich eine derartige Windböe, daß sein Apparat in allen Farben aufblitzte. Da schrie sie, als ob sie auf der Straße inmitten der Autos jemandem auf der anderen Seite zuriefe: »Ach, da fällt mir gerade ein, Ober, stoppen Sie schnell! Ich bestelle den Tee ab! Es ist zehn vor fünf... Wissen Sie, ich hatte im *Printemps* einen Pulli für Gilbert kaufen wollen, sie hatten die Farbe nicht da, aber sie sagten, daß im Lager... Ich fürchtete, mich zu verspäten – aber meine Uhr

geht vor, ich weiß nicht, was sie hat –, also hab' ich zu den Leuten da gesagt: ich kann nicht warten, ich muß zu meinem Mann, ich geh' schnell in die Bar rüber und komm' gleich wieder zurück, währenddessen haben Sie nachgesehen, ich fürchte, er läuft mir sonst weg... kurzum, Sie verstehen... und dann bin ich zu früh dagewesen, und jetzt sag' ich mir, wenn ich ganz schnell ins *Printemps* rüberginge? Auf diese Weise käme Gilbert zu seinem Pulli! Das wäre prima: man trifft eine Verabredung, und sieh da, ich komme mit einem Pulli unterm Arm daher! Gilbert ist versessen auf Geschenke, das können Sie sich gar nicht vorstellen! Man möchte ihn beschenken, nur um ihm eine Freude zu machen, um die lachenden Äuglein dieses Pausbacks zu sehen... Aber ich schwatze und schwatze. Ich lasse meine Pakete hier, nicht wahr. Sie behalten sie im Auge. Ich komme gleich zurück...«

Sie knüpfte ihr Mäntelchen zu, schüttelte ihren Pferdeschwanz, hängte sich ihre Handtasche über den Arm. Sie wollte hinausgehen. Der Kerl am Spielautomaten schaute sie verstohlen, taxierend an. Sie drehte sich um: »Daß ich nicht vergesse, Ober, wenn mein Mann kommt, bevor ich wieder da bin, halten Sie ihn zurück, er meint sonst, ich bin schon gegangen... sagen Sie ihm: das da sind ihre Pakete...«

»Gut«, sagte der Barman, »aber woran soll ich Ihren Mann erkennen?« Sie platzte los: »Sie sind komisch! Seit einer Stunde beschreibe ich Ihnen Gilbert in allen Einzelheiten, und Sie fragen mich... Ein Pausback in Ihrer Größe, kleine Ohren, ein Sportler eben! Und außerdem kennen Sie ihn ja... Wohlgemerkt, ich bin diskret, ich habe Sie nicht gefragt, mit wem er hierher kam, nicht wahr? Es ist besser, nicht zu wissen... ich habe eine Freundin, die immer zu mir sagt...« Sie winkte mit jener Hand, an der keine Tasche hing, wie es die Königinnen im Film tun, um von einem Balkon herab ihr Volk zu grüßen, so wie die süßen kleinen Mädchen, wenn sie in den Zug steigen...

Als sie durch die Tür gegangen war, sagte der Bursche in der

Lederkluft, bevor er wieder seinen Sturm losließ, im Brustton der Überzeugung: »Scheiß Gilbert...«
Es war schon siebzehn Uhr fünfzehn oder sechzehn, als sie zurückkam. Atemlos, mit einer Tragetasche an der Brust, der Pulli natürlich, der Pulli. An der Bartheke stand ein Gast, der einen Bart trug, nein, das war er nicht. Sie blickte um sich: »Noch nicht da? Wo ich mich so beeilt habe; aber stellen Sie sich mal vor, Ober, die haben im Lager keinen gehabt! Da hab' ich vielleicht Krach geschlagen! Oh, da kennen Sie mich schlecht! Wenn ich mal loslege! Ich war wütend. Aber Ende gut, alles gut, ich hab' den Pulli, und Gilbert ist immer noch nicht da... Aber wie spät ist es denn schon? Siebzehn, fast achtzehn nach! Geht denn Ihre Zwiebel überhaupt? Gilbert ist die Pünktlichkeit in Person! Sie haben ihm doch wenigstens gesagt...«
Der Barman wusch hinter seinem Mahagoni Gläser. Ungerührt. Er antwortete nicht.
»Aber hören Sie mal, Ober, ich rede mit Ihnen! Sie haben Gilbert doch gesagt...«
Der amerikanische Spielautomat war außer Rand und Band. Der Spieler hatte ihn mit beiden Armen gepackt, und das lachte laut und schlug sich auf die Schenkel...
»Sie haben ihn doch nicht einfach weggehen lassen!« rief die Kleine. Der Barman stellte ein Glas vor sich hin, dann zwei, dann drei. Er genoß kalt seine Rache, für alles, für die verfliegende Zeit, die Frauen, die anderswo hinschauen, die bittere Falte dort, wo er mit seinem Daumen darüberfuhr. Sie war hübsch, die Göre, aber was nützte ihm das. Ich seh' ihn vor mir, ihren Gilbert, ich seh' ihn, als ob ich dabei wäre... »Ich hab' ihn Ihnen doch so gut beschrieben, Ober! Alle Einzelheiten, seine kleinen Ohren... Sie hätten es ihm doch sagen können!«
Er blickte auf und betrachtete sie lange. Der Gast am Tresen amüsierte sich verrückt damit, einen Strohhalm zu zerpitzeln, was heutzutage schwierig ist, wo sie aus Nylon sind, er trank einen grünen Chartreuse, dieser Bärtige, vermutlich

stammte er aus den ehemaligen Kolonien ... dieses kleine, unwahrscheinliche Ordensband im Knopfloch ...

»Konnten Sie denn nicht ... konnten Sie denn nicht ...«, stöhnte sie, »und ich komme da wie eine Idiotin mit dem Pulli hier an! Warum haben Sie ihm nichts gesagt?«

»Ich hab' ihn nicht erkannt«, gestand er, während er seine Manschetten hochkrempelte, die dichten Haare seines Unterarmes streichelte und daraus eine Art schwarze Spitze machte.

»Sie haben ihn nicht erkannt! Bei Gott, wie ist das bloß möglich! Es sind ja kaum Leute hier ... ein junger Mann kommt herein, wie ich Ihnen gesagt habe, ein Pausback, mit lachenden Äuglein, und Sie erkennen ihn nicht! Oh, das können Sie mir niemals weismachen! Und er, er hat gedacht, ich sei weggegangen, natürlich! Er kennt mich, ich bin wie die Milchsuppe, ich laufe über! Sie sagen nichts?«

»Verzeihen Sie mir«, sagte der Barman, »ich habe Ihnen geantwortet, daß ich ihn nicht erkannt habe, Ihren Albert.«

»Gilbert!«

»Albert, Gilbert ... kurz und gut, ich hab' ihn nicht erkannt, das ist alles.«

»Trotz seiner lachenden Äuglein?«

Da verlor er gänzlich die Geduld und sagte mit einer männlichen Bosheit, die niemals in der dritten Person spricht und nicht fragt, was Madame serviert bekommen möchte, und die sich, wenn es ihr Spaß macht, neben die Frauen hinsetzt und die noch verschiedene andere recht ordinäre Dinge tut, die ich mir vostelle – als ob er selber der amerikanische Spielautomat mit orangenen, grünen, violetten und blauen Lichtern wäre –: »Trotz seiner lachenden Äuglein ... weil sie nämlich – wenn ich es Ihnen sagen soll – überhaupt nicht lachten, diese Moskito-Augen Ihres Gilbert, wie hätte ich ihn dann erkennen können; denn er war unausstehlicher Laune, Ihr Pausback, Madame, um fünf Uhr zwei, wenn Sie's genau wissen wollen!«

»Brigitte!« rief der junge Mann von der Tür aus. Da hob der

Barman die Arme gen Himmel und sagte zu dem Bärtigen, weil man sich halt an irgendwen auf dieser Erde wenden muß, und sei es ein Belgier, der aus dem Kongo zurückkehrt: »Und die heißt auch noch Brigitte! Nein, diese Welt ist unmöglich!«

BENJAMIN PÉRET

Boulevard Saint-Germain Nr. 125

Eine benachbarte Kirchturmuhr schlug halb zwölf. Einige Taxis fuhren saumselig vorbei, und die Dromedare waren noch nicht alle heimgekehrt. In der Ferne konnte man den Präsidenten der Republik erkennen, der eine Taucherausrüstung trug. Ihn begleitete der König von Griechenland, der so jung zu sein schien, daß man Lust bekam, ihm das Lesen beizubringen. Eine junge Hetäre folgte ihnen und bot ihnen ihre Dienste an. Es regnete Handschuhe, die von einem scharfen Novemberwind davongetragen wurden.

Als sie vor der Nummer 125 des Boulevard Saint-Germain vorbeigingen, sahen sie einen Mann herauskommen, der einen Rollstuhl vor sich her schob. In diesem Stuhl saß eine Person in der Haltung eines ermüdeten Menschen. Es kam ihnen sofort der Gedanke, daß hier ein Verbrechen begangen worden war. Eine aus dem vierten Stock geworfene Badewanne, die vor ihren Füßen zersplitterte, bestätigte ihren Verdacht.

Während der eine dem mysteriösen Mann folgte, der den Stuhl in die Richtung des Boulevard Saint-Michel schob, strich der andere ein wenig Pomade auf sein Haar. Mit der Miene des zerstreuten Spaziergängers erklomm er die Treppe, die so hoch war, daß er vom Meeresgrunde emporzusteigen meinte. Kleine Explosionen meldeten sein Vorübergehen in jedem Stockwerk, und Schlangen glitten die Treppengeländer hinab. Ein betrunkener Soldat hätte ihn beinahe über den Haufen gerannt. »Das ist ein Bordell!« sagte er sich, und er schneuzte sich lärmend. Eine Tür ging auf, und eine Stimme mit südlichem Akzent schnarrte:

»Was ist los, mein lieber Herr?«

»Ich möchte zu Herrn Séraphin, Sie wissen, der Herr, der um halb zwölf Badewannen aus dem Fenster wirft.«
»Vierter Stock rechts!« sagte die Stimme.
Die Tür schloß sich wieder mit dem Prasseln einer vom Wind entfachten Flamme.
Er war heftig erregt; sollte er gleich beim ersten Versuch seinen Zweck erreichen? Würde die eigenartige Person, die Badewannen aus dem Fenster warf, ihn wissen lassen, warum der Sommer auf den Frühling folgt? Er vergoß schnell eine Träne für seine voriges Jahr verstorbene Schwester und klopfte an die Tür, die man ihm bezeichnet hatte. Ein Hahnenschrei ertönte, gefolgt von einem wilden Blöken. Das Blöken war kaum verstummt, als er ganz deutlich das Geräusch von abfließendem Wasser hörte, so, als ob versehentlich ein Wasserhahn offengeblieben wäre; aber keine menschliche Stimme war vernehmbar.
»Komisches Leben«, sagte er halblaut und klopfte von neuem. Ein Kieferklappern, von demselben wilden Blöken gefolgt, antwortete ihm. Es vergingen einige Sekunden, während welcher er einen stürmisch tobenden Windstoß zu hören meinte. Zum dritten Mal klopfte er an die Tür; diesmal herrschte aber vollkommenes Schweigen. Er war verwirrt: immerhin, wenn eine Badewanne vor seine Füße gefallen war, mußte sie wohl jemand hinabgeworfen haben! Und nun geschah es, daß, als er an der Stelle angekommen war, von wo sie herabgefallen sein mußte, die Tür trotz seines Rufens geschlossen blieb.
Er tötete schnell eine Fliege, und schon war sein Entschluß gefaßt. Er ging einige Schritte zurück und warf sich gegen die Tür. Sie gab sofort nach und zerbrach wie Glas, wobei ein feiner Duft frischgemähten Grases auf ihn zukam. Er war einige Augenblicke lang verdutzt und weinte sich die Augen aus dem Kopf. Er hätte nicht sagen können, warum ihn dieser Duft an bestimmte Jahre seiner Jugend erinnerte, als andere Treppen ihm auserlesene Erlebnisse geschenkt hatten.
Die Flamme eines Wachshölzchens erlaubte ihm, das Zim-

mer, in das er soeben eingedrungen war, zu beleuchten. Ein grünender Rasenplatz, schön gesprengt und glattgeschoren, lag vor ihm. In der Mitte befand sich ein leicht gewölbtes Hyazinthenbeet, überragt von einer blühenden Mimose. In einer Ecke schien ein Mann gegen die Wand gelehnt zu schlafen.

Warum sang in diesem Augenblick eine wenn auch menschliche Stimme doch wie ein Grammophon?

An den Ufern der Riviera
Murmelt die Luft düftereich
Schön sein will jede Frau da
Und immer ohne gleich'.

Warum murmelte ihm auch eine Stimme in der Art eines Geheimnisses die Worte der Sakramente ins Ohr, mit denen Jesus das Heilige Abendmahl einführte?

»NEHMET HIN, DIES IST MEIN LEIB... NEHMET HIN, DIES IST MEIN BLUT...«

Ein anderes Wachshölzchen verriet ihm in den vier Ecken des Zimmers das Vorhandensein von vier Pflanzen, deren Wesensart er nicht bestimmen konnte.

Als er einer der Pflanzen mit seinem Streichholz zu nahe kam, entzündete sie sich, und zwar, um es genau zu sagen, die zu seiner Rechten. Sie erleuchtete das Zimmer mit einem schwachen Glanz.

»Ich ahnte es«, sagte er, »und weitere Unglücksfälle sind zu befürchten.«

Er zündete nacheinander alle Pflanzen an, die nichts anderes als Aaronsstäbe waren. Ein sanftes, wie durch Milchglas hindurchscheinendes Licht verbreitete sich im Zimmer.

Er wandte sich an den Mann, der bei all diesen verwirrenden Vorgängen gleichgültig geblieben war: »Nun, mein Guter!«

Es schlug Mitternacht, und der leichte Druck der Hand auf der Schulter, so vermute ich wenigstens, ließ aus den Augen ein schmales Rinnsal Milch fließen. Der Mann blieb immer noch bewegungslos. Er wollte ihm die Hand geben, fühlte,

daß sie warm war, aber er bemerkte, daß sie mit dem Knie, auf dem sie lag, verwachsen war; er wollte ihm die andere Hand schütteln – sie war ebenso unbeweglich wie die erste. Er nahm sein Taschenmesser und machte einen Schnitt am rechten Handgelenk der geheimnisvollen Person. Das Fleisch war rot, aber kein Tropfen Blut kam heraus.
Er drückte seinen Revolver auf das rechte Auge des Unbekannten und schoß. Ein Loch ersetzte das Auge, und es floß reichlich Milch heraus, die eine lange, weiße Spur auf dem Smoking hinterließ, den er trug.
Er wurde eine zerknitterte Zeitung gewahr, die neben dem Mann lag. Er faltete sie auseinander. Es war eine sehr alte Nummer des *Journal*, von der ein Stück fehlte. Er suchte es und fand es schließlich zwischen seinen Beinen. Er las das Datum: 27. *Januar* 1903. Eine Erleuchtung kam ihm, wie man einen Schalter anknipst: *Er schlief dort seit jenem Datum.*
Und er hatte ihn mit einem Revolverschuß ins Auge getötet!
»Ich habe hier nichts mehr zu suchen«, sagte er sich. Er ging zur rechten Tür, die in ein anderes Zimmer führte, das, obwohl es keine Fenster hatte, doch hell erleuchtet war. In diesem Zimmer befanden sich lange, parallelstehende Tische, an denen an beiden Seiten kleine Sessel standen. Auf diesen kleinen Sesseln tippten Maschinenschreiberinnen fieberhaft auf ihren Maschinen, Schriftstücke kamen automatisch heraus, glitten den Tisch entlang und verschwanden, man weiß nicht wo.
Sein Eintritt blieb unbemerkt. Er wandte sich an die erste Maschinenschreiberin und fragte: »Herrn Séraphin, bitte.«
»In fünf Minuten werden Sie seine Zigarette und seine jüngste Schwester sehen«, erhielt er zur Antwort.

Kehren wir zum König von Griechenland zurück, den wir verlassen haben, als er der sonderbaren Person folgte, die einen Rollstuhl in Richtung Boulevard Saint-Michel vor sich her schob.

Auf der Höhe der Rue Danton hätte ein Auto beinahe den Rollstuhl und seinen merkwürdigen Insassen umgefahren. Sie setzten ihren Weg fort, kreuzten den Boulevard Saint-Michel, gingen bis zu den Kais und von dort zum Botanischen Garten. Man hätte annehmen müssen, daß das Tor zu dieser vorgerückten Nachtstunde geschlossen sei. Aber kaum waren sie davor angelangt, als es sich automatisch öffnete, als ob man auf eine verborgene Feder gedrückt hätte. Es schloß sich sofort wieder, und trotz aller Anstrengungen gelang es dem König von Griechenland nicht, es zu bewegen. Für ihn war ein verschlossenes Tor kein Hindernis, für ihn, der doch seit seiner Kindheit an die schwersten körperlichen Übungen gewöhnt war: Fußball, Radfahren, Autofahren, Springen, Schwimmen, Rudern – mit allem war er ebenso vertraut wie mit dem Evangelium und den vorgeschichtlichen Zeiten. In einigen Sekunden war er über das hohe Gitter geklettert und befand sich diesseits der Umzäunung. Die Spur des Rollstuhls, die, man weiß nicht warum, leuchtend geblieben war, führte ihn ebenso sicher, als wenn das komische Gefährt tatsächlich vor ihm gewesen wäre. Einige Reiher versuchten, ihn aufzuhalten, aber das Plätzchen, das er ihnen reichte, gab ihm schnell den Weg frei. Auch eine Antilope kam, um ihm zu sagen, daß sie ihn nicht vergessen hätte. Es gab sogar eine riesengroße Krabbe, die seinen Fuß packte und ihn an einen Ort führen wollte, aus dem er sich nichts machte.
Die leuchtende Spur führte zur Bärengrube. Er kam gleichzeitig mit dem Rollstuhlmann an diesem jetzt stillen Ort an. Ein Strohmann, der neben der Grube wachte, neigte den Kopf zum Zeichen der Zustimmung; ein weißes Tuch fiel auf den Boden der Grube und breitete sich dort aus. Gleich darauf wurden nacheinander ein Herz, ein Kiefer, ein vollständig aufgerollter Darm, ein Pferdeschlauch, ein Paket Kakao, ein Damenhemd und ein ausgestopfter Vogel auf das weiße Tuch geworfen, so daß sie die sieben Winkel eines regelmäßigen Vielecks kennzeichneten. Ein Paket menschlicher Exkremente fiel nicht weit davon herein und setzte so die sieben, bis

dahin bewegungslosen Gegenstände in Bewegung, und man konnte dem wilden Tanz des Herzens, des Kiefers, des Darmes, des Pferdeschlauchs, des Pakets Kakao, des Damenhemdes und des ausgestopften Vogels zusehen. Die Bewegung wurde immer schneller, so, als ob die sieben Gegenstände hintereinander herjagend gehofft hätten, einander einzuholen. Das Licht eines gewaltigen Scheinwerfers fegte eine Sekunde über die Szene, ohne ihren Wirbel zu unterbrechen. Von dem Lärm aufgeweckte Vögel, wahrscheinlich Geier, begannen über der Grube zu kreisen, aber sie zögerten, sich niederzulassen. Das Herannahen eines Autos verriet sich durch immer stärker werdendes Schnaufen. Es hielt einen Augenblick lang vor der Grube, eine verschleierte und behandschuhte Frau ergriff ein neben ihr liegendes Bündel Fahnen und warf es auf das Tuch. Sofort hörte der tolle Reigen auf. Während dieser ganzen Szene (die einige Jahre gedauert haben konnte) fuhr sich der Mann im Rollstuhl mit der Hand über die Stirn, die er feucht fand.

»Mein Gott«, sagte er zu sich, »wir haben doch heute den 25. Juni 1922.«

Er blieb einige Sekunden wie im Traum versunken und sagte dann laut:

1. Ein rechtschaffener, gebildeter Richter, eine hübsche, junge, tugendhafte und liebenswürdige Frau, ein diskreter, aufrichtiger und zuvorkommender Freund sind selten, aber sie sind kostbare Schätze, die es wirklich gibt und die man finden kann.

2. Die Regierenden sind wie Himmelskörper, die viel Glanz und keine Ruhe haben.

3. Der Sieg ist ruhmreich, wenn er sich darauf beschränkt, einen Feind zu bändigen, aber er wird verabscheuungswürdig, wenn er die Unglücklichen unterdrückt.

4. Viel Geist ist erforderlich, um die Rolle des Spötters gut zu spielen, und wenig Vernunft, um sie zu übernehmen.

5. Nichts gibt man so freimütig und mit mehr Leichtigkeit als Ratschläge.

6. Unergründliche Menschenwesen, wie könnt ihr soviel Niedrigkeit und Größe vereinen, soviel Tugend und Laster?
7. Wer auf den Ehrgeiz zu verzichten weiß, entledigt sich in einem einzigen Augenblick sehr vieler Mühen, sehr vielen Wachens und manchmal sehr vieler Verbrechen.
8. Ein griechischer Philosoph, den man fragte, unter welchem Regime die Menschen in der größten Sicherheit und der geringsten Gefahr leben könnten, antwortete: »Unter demjenigen, in dem die Tugend viele Freunde und das Laster wenig oder gar keine Anhänger findet.«
9. Wenn du ein wenig Geduld hast, werde ich dich alles sehen lassen.
10. Ihr werdet niemals genug Früchte haben.
11. Man kann verschiedener Meinung sein und sich deswegen nicht weniger lieben. Die Verschiedenartigkeit der Gefühle bringt Erkenntnis, und die Freundschaft läßt den Widerspruch ertragen.
12. Man genießt nicht ungestraft die Freuden der Rache. Man fühlt bald, daß die grausame Freude dem Herzen des Menschen nicht zukommt und daß man sich durch Haß selbst bestraft.
13. Wenn man sich selbst herabsetzt, glauben die anderen mehr, als man sagt; wenn man sich selber lobt, glauben sie nichts.
14. Man sagt von den Franzosen, sie seien die einzigen, die darum wissen, wie kurz das menschliche Leben ist; denn in Frankreich macht man alles so schnell, als seien die Franzosen überzeugt, daß sie nur einen Tag zu leben haben.
15. Man unterhielt sich bei einer großen Dame, Frau X..., damit, daß man geistreiche Unterschiede zwischen einem Gegenstand und einem anderen fand. »Welchen Unterschied«, sagte die Dame, »könnte man zwischen mir und einer Taschenuhr machen?«
»Madame«, antwortete ihr ein Gesandter Englands, »eine Uhr zeigt die Stunden an, während man sie an Ihrer Seite vergißt.«

16. Jemand berichtete einem anderen von den Verleumdungen über ihn. »Man würde sie nicht geäußert haben«, antwortete dieser, »wenn man nicht geglaubt hätte, daß du sie sehr gern hörtest.«
17. Jemand fragte Cato, warum man ihm kein Denkmal errichtet habe, er habe sich doch um die Republik so verdient gemacht. »Es ist mir lieber«, antwortete er, »daß man mir diese Frage stellt, als daß man mich fragt, warum man mir eins errichtet habe.«

Der Mann, der bis dahin bewegungslos in seinem Sessel geblieben war, erhob sich jetzt in seiner ganzen Größe, wandte sich zur Grube, kletterte auf das Geländer und sprang auf das Tuch. Die Bären, die ohne Zweifel nur darauf gewartet hatten, kamen aus ihren Käfigen heraus und grüßten ihn bedächtig. Der Mann schien darüber nicht sonderlich erstaunt zu sein und begann sich auszuziehen. Als er vollständig nackt war, konnte man sehen, daß sein sorgfältig enthaarter Körper sich unversehens mit einem dichten und wolligen Fell bedeckte, und man merkte, daß auf seinem Kopf unzählige kleine, schneeweiße Würmer herumliefen. Sie krochen auf seinen Hals, auf seinen Rücken, auf seine Beine, und bald war ein Gewimmel kleiner weißer Dinge um ihn herum, die danach trachteten, von dem Tuch wegzukommen. Eine bestimmte geometrische Figur beschäftigte den Geist des am Rande der Grube gebliebenen Mannes: *Das Hypotenusenquadrat ist gleich der Summe der Quadrate der beiden anderen Seiten.*
Der König von Griechenland wußte nicht, was er von dem Bild, das sich vor seinen Augen abspielte, denken sollte. Er dachte an den Buchmacher, der ihm zu Dreifaltigkeit im fünften Rennen geraten hatte, so daß er fünfzig Louis verlor.
Es blieb ihm ein einziger Ausweg: Ohne bemerkt zu werden, verließ er den Botanischen Garten. Kaum auf dem Kai angekommen, hörte er rufen: »L'Intransigeant, 3. Ausgabe!« Er kaufte die Zeitung und las:

ROM. – Seit mehreren Tagen wird in einem Krankenhaus Roms ein Mann behandelt, dessen Identität noch nicht festgestellt werden konnte und der sich König von Griechenland nennt; er sagt auch, er sei Reeder in Venedig. Er ist von der Schlafkrankheit befallen, und sein Zustand ist sehr ernst.

Ein Frösteln schüttelte ihn von Kopf bis Fuß: ROM ODER PARIS?
Von der Straße zum Café bilden sich durch die Vermittlung des Gewebes die Knochenpasten zu Schichten, sie kristallisieren oder setzen sich ab. Die Einbrecher mit den Konfettiaugen finden mitten in ihrem Haar den Schlüssel ihrer Begierden. Die Kinder essen die Wanzen, die Hüte essen die Kinder, und die Riemen ziehen die zusammengefallenen Gliedmaßen weiter mit sich fort, als Augen sehen können.
Er rief ein Taxi und ließ sich zur Knochengrube bringen. Dort setzte er sich bei den Fischen, die friedlich die Stunde der Auferstehung erwarteten, nieder und schlief ein.

Herr Séraphin kam immer noch nicht, und der Präsident der Republik begann zu glauben, daß nicht alle Stunden sechzig Minuten haben. Er füllte seine Zeit damit aus, eine kleine Kette aus Kamelhaaren zu flechten, aber diese senile Beschäftigung konnte ihn nicht ganz befriedigen. Er dachte wohl einen Augenblick daran, einige Maschinenschreiberinnen zu töten, um ihren Körper zu öffnen und seine anatomischen Studien zu vervollständigen, die infolge seiner Liaison mit Gaby Berliet unbeendet geblieben waren; sie war Tänzerin bei den Folies-Bergères gewesen, und er hatte die schönste und gleichzeitig schlimmste Erinnerung seines Lebens an sie: die schönste, weil sie eine charmante Geliebte gewesen war, und die schlimmste: mußte er doch jetzt eine Quecksilberkur machen!
Als er noch unentschlossen über den einzuschlagenden Weg dastand, trat ein junger, weibischer Mann herein und winkte

einer Maschinenschreiberin zu; sie verschwand mit ihm durch die Tür, die jener gegenüberlag, durch die er hereingekommen war.

Das beunruhigte ihn, und er folgte dem Paar. Ein Labyrinth von Gängen, die er hinter ihnen durcheilte, führte ihn zu einem großen Schwimmbassin, in dem sieben oder acht übermäßig lange Frauenkörper schwammen. Galant forderte der junge Mann seine Gefährtin auf, sich auszuziehen, und reichte ihr einen Badeanzug. Sie erwiderte mit einem Lächeln, und man konnte auf allen Seiten kleine Zahnräder und winzige Federn herumflattern sehen, die ein wenig den Federn einer Uhr glichen. Nachdem sie um den Saal herumgetanzt, gegen Mauern und Decke gestoßen waren, fielen sie alle in das Bassin, und ein kleiner Funke entstand in dem Augenblick, in dem sie die Oberfläche des Wassers berührten. Als erste tauchte die Frau unter, und sie erschien einige Meter weiter graziös schwimmend, Hummer folgten ihr und suchten sie einzuholen. Sie schwamm immer schneller, und die an den vier Ecken des Bassins befindlichen Uhren beschleunigten ihren Takt, indem sie sich ihrem Rhythmus anpaßten. Plötzlich schien die Luft staubgeschwängert. Der Präsident der Republik mußte nach Atem ringen: es wurde immer schwieriger, in dieser ungesunden Luft zu atmen. Der Präsident der Republik zündete eine Zigarette an und fiel in Ohnmacht.

Als er wieder zu sich kam, spielte die Sonne auf dem Wasser, auf dem kleine Kinderschiffe sanft schaukelten. Die Frau, die er mit soviel Anmut tauchen und schwimmen gesehen hatte, lag jetzt auch in übermäßiger Länge und ebenso nackt wie die anderen auf der Oberfläche des Wassers. Hunderte von Hummern suchten sich Nahrung in ihrem Bauch, in ihrem Magen, und einer von ihnen verschwand fast völlig im Brustkasten der schönen Schwimmerin.

Er beschäftigte sich einen Augenblick lang mit der Betrachtung seiner Fingernägel und fragte sich, auf welches Pferd er setzen sollte.

ZWEI POLIZISTEN GETÖTET
ZWEI FRAUEN VERWUNDET

Diese Worte hoben sich schwarz von einer der Mauern ab, und ihnen folgte beinahe unmittelbar folgender

BANKBERICHT

				336	
		50			
			Padang	303	
					34,50
Huancha	157				
			BAR		
Bruay	2735	2810	Royal Dutch	22900	22650
Ekaterine	1430	1425	Shell	288,50	286
Part Héracles	12650	12750		27,50	
Toula	260	259	Sumatra	805	802
Chino	360		Zuckerfabriken		
Ray	190	180	Argen. 6% 1910 ...	257,25	260,50
Vieille Montagne	1345	1338	Brasilien 6% 1914	217,25	218
Kolumbia	482	480	Kolumb. 5% 1906	900	1035

Aus den kleinen gezähnten Löchern, die die Decke schmückten und durch die das Sonnenlicht drang, fiel ein Regen von Blütenstaub langsam auf das Wasser nieder, so daß es bald von einer dünnen, gelben Schicht bedeckt war. Der Präsident der Republik stand auf und stieg bis zum Rand des Wassers hinab, das er mit der Hand berührte. Es war lauwarm: ungefähr 28 °.

Er wußte nicht mehr, warum er dorthin gekommen war, und beschloß, zum Büro der Maschinenschreiberinnen zurückzukehren. Er ging durch eine Tür, stieg eine Treppe hinab, eine andere hinauf, lief durch einen endlosen Flur, durchquerte eine weitere Halle und befand sich plötzlich in einem Park, in dem zwischen Bäumen der nördlichen Länder Kakteen, Palmen, Bananen-, Austern- und Affenbrotbäume sowie noch andere wuchsen, deren Art er nicht kannte. An den

Zweigen dieser Bäume hing eine Menge verschiedener Gegenstände: Geigen, Standuhren, Blumenvasen, Rasiermesser, Bürsten, Koffer, Seidenstrümpfe, Gürtel und Acetylenlaternen.
– »Weihnachten, Weihnachten«, sangen unermüdlich Stimmen aus jedem Baumstamm.

Er schlug den ersten Pfad ein, der sich seinem Blick bot, und gelangte bald zu einer Lichtung, wo er den König von Griechenland in Gesellschaft eines Orang-Utans sah: beide waren dabei, auf einer spanischen Fahne aufgehäufte Feigen zu essen.
Sie mußten sich eingestehen, daß sie zum Narren gehalten worden waren. Inzwischen überquerte eine kleine Lokomotive die Lichtung, die einige flache Wagen hinter sich her zog. Als sie langsamer wurde, sprangen sie auf einen der Wagen auf und gelangten in kurzer Zeit zum Tor einer Streichholzfabrik. Das Tor öffnete sich sperrangelweit, und der Zug fuhr auf einen großen, mit Manganbäumchen bepflanzten Hof. Sie verließen den Wagen und betraten die Fabrik. Sie wunderten sich sehr, als sie sahen, mit welcher Präzision eine Maschine aus Brettern Streichhölzer machte. Einen Werkführer erblickend, fragten sie ihn:
»Zu Herrn Séraphin, bitte?«
»Hier, meine Herren, gehen Sie durch die Werkstatt, nehmen Sie die erste Tür rechts und die Treppe hinauf: das zweite Büro links.«
Ein Engel trat aus einer Maschine, deren Zweck sie nicht hätten angeben können. Er hielt sie im Vorbeigehen an und sagte:
1. Eine französische Dame warf dem Gesandten von Siam die Vielzahl seiner Frauen vor.
»Madame«, antwortete er, »wenn man in Siam ebenso schöne und ebenso wohlgebaute Frauen wie Sie fände, würden wir nur eine haben.«
2. Ein Kunstfreund, der die von Poussin gemalten ›Sieben

Sakramente‹ betrachtete, kritisierte das Bild, das die Hochzeit darstellte: »Ich sehe wohl«, sagte er, »daß auch in der Malerei eine gute Hochzeit schwer ist.«

3. Als Peter der Große, der Kaiser von Rußland, in der Sorbonne das Bild von Kardinal Richelieu sah, rief er aus: »O großer Mann! Wenn du noch lebtest, würde ich dir die Hälfte meines Kaiserreiches schenken, damit du mich die andere regieren lehrtest.«

4. Ludwig XII., ehemaliger Herzog von Orléans, wurde aufgefordert, Rache für die Unbill zu nehmen, die ihm vor seiner Thronbesteigung widerfahren war. Er sagte, der König von Frankreich dürfe sich nicht für die dem Herzog von Orléans widerfahrene Unbill rächen.

5. Die Araber belagerten eine Festung. Der sie befehligende Offizier bot demjenigen seiner Leute eine beträchtliche Summe, der als erster eine Faschine in dem Graben aufpflanzen würde, der dem gesamten feindlichen Feuer ausgesetzt war. Keiner meldete sich. Der erstaunte General machte ihnen deswegen Vorwürfe. »Wir würden uns alle gemeldet haben«, antwortete ihm einer dieser Tapferen, »wenn man für diese Tat nicht Geld ausgesetzt hätte.«

6. Ich will Brot und kein Geld.

7. Schrei doch nicht, du wirst welches bekommen.

8. *Sie* haben es getan; wenn wir es wären, würden wir es eingestehen.

9. Es hat Tote gegeben, und es wird noch weitere geben.

10. Es war zwei Uhr morgens, als ich schlafen ging.

11. Er ist der böseste und neidischste Mensch, den es gibt, deshalb haßt man ihn.

12. Großer Gott, ist dieser Mann ein Heuchler!

Der Präsident der Republik und der König von Griechenland hatten es sich doch ein wenig gedacht, deshalb wollten sie also nicht auf ihren Plan verzichten.

Herr Séraphin empfing sie sehr liebenswürdig. Sie teilten ihm ohne Umschweife den Zweck ihres Besuches mit.

Herr Séraphin schüttelte den Kopf und schien ihnen zuzustimmen. Als sie fertig waren, antwortete er:
»*Halb zwölf* liegt ungefähr auf dem dreiundvierzigsten Grad südlicher Breite. Es ist warm, es ist kalt, es regnet, es ist windig, es schneit, es blitzt, es donnert. Die Blätter fallen, die Uhren stehen still, die Erde bebt, die Kühe urinieren, das Blei schmilzt, der Stein öffnet sich, die Schuhe gehen auseinander, die Zigarette zündet sich an, und schließlich sterben die Menschen wie die Fliegen. Die Schmetterlinge zittern vor lauter Schrecken, da die Schlüssel sich nicht mehr in den Schlüssellöchern drehen. Ich habe soeben eine herabgefallene Nadel aufgehoben: das ist mein Mann, ich betrachte die Linien meiner Hand, das ist mein Garten.
Wieviel Bären braucht man, um eine Tür zu bauen? Gewiß weniger als Frauen, um einen Spiegel zu machen. Wenn die Vögel singen, werden wir nichts davon wissen, denn unsere Not ist groß und unsere Illusionen sind in hübsche kleine Briefmarken zerschnitten.
Komme, was da wolle: ich esse nicht mehr, ich trinke nicht mehr, ich schlafe nicht mehr, ich lebe nicht mehr, ich gebe mich damit zufrieden, zwischen den lackierten Brettern ein Geheimnis ohne Farbe, ohne Duft und ohne Saft anzuschauen.
Ich stehe morgens um sieben Uhr auf, ich fertige ein wenig Spitze aus Sperberfedern, ich bedecke meine tote Mutter mit Mohnblumenblättern, und jeden Morgen sehe ich zur gleichen Zeit aus jedem ihrer Finger und aus jedem ihrer Zehen eine kleine Kapsel herauskommen, die bei ihrem schnellen Aufplatzen Zitronenduft verbreitet.
Es gibt keinen Sessel, es gibt keine Badewanne. Ich esse, ich schlafe, ich trinke, ich lebe, und ich versichere Ihnen:
Nichts ist dem Geist angenehmer als das Licht der Wahrheit.
Das Verbrechen ist kühner als die Tugend.
Der Zorn ist eine ebenso heftige Gemütsregung, wie das Mitgefühl eine sanfte ist; jener aber erniedrigt den Menschen, und dieses ehrt ihn.

Die Kunst, Unenthaltsamkeit und Gesundheit nebeneinander bestehen zu lassen, ist eine ebenso grillenhafte Kunst wie der Stein der Weisen und die gerichtliche Astrologie.
Die Schlichtheit der Natur ist liebenswürdiger als alle Verzierungen der Kunst.
Ich habe ebensoviel Geld, wie Sie haben werden.
Sie ist sehr hübsch.
Wenn Sie irgendwo eine Frau treffen, die von Napoleon III. spricht, bieten Sie ihr eine Zigarre an, und nehmen Sie sie mit zu einer Kur nach Spanien.
Meine Herren, Ihr Hemd spaltet sich von oben bis unten auf, und Ihr Körper macht es ihm nach. Man sieht Ihre Organe, die mit kleinen, ausgefransten Schmetterlingen verziert sind. Wenn ich mich nicht täusche, haben Sie Hunger. Gestatten Sie, daß ich Sie einlade, mein bescheidenes Mahl mit mir zu teilen. «

ANTOINE DE SAINT-EXUPÉRY

Das Flugzeug

Was tut es, Guillaumet, wenn du deine arbeitserfüllten Tage und Nächte mit dem Ablesen von Zifferblättern, mit dem Geraderichten des Flugzeuges, mit ängstlichem Lauschen auf den Atemzug der Motoren, mit dem Kampf gegen fünfzehn Tonnen Metall verbringst? Die Fragen, die dich beschäftigen, sind doch Menschheitsfragen. Dein Blick ist weit wie der der Bergbewohner, kein Dichter kann tiefer die Ahnung der Morgenröte empfinden als du, denn aus der harten Not schwerer Nächte hast du so oft das Erscheinen dieses blassen Lichtbüschels ersehnt, dieses Schimmers, der im Osten dem schwarzen Lande entsteigt. So manches Mal hat sich diese Wunderquelle vor deinen Augen aus dem toten Eise befreit und hat dir Heilung gebracht, wo du zu sterben vermeintest.

Der Gebrauch wissenschaftlicher Geräte hat aus dir einen trockenen Techniker gemacht. Die guten Leute, die sich über die technischen Fortschritte unserer Zeit so entsetzen, verwechseln, wie mir scheint, Zweck und Mittel. Wer nur um Gewinn kämpft, erntet nichts, was der Mühe wert ist. Aber die Maschine ist kein Ziel, und darum ist auch das Flugzeug kein Zweck, sondern ein Werkzeug, ein Gerät, nichts anderes als der Pflug.

Wir denken, daß die Maschine den Menschen erdrückt und zerstört – wohl nur, weil wir noch zuwenig Abstand haben, um die Wirkungen einer so plötzlichen Umstellung zu überblicken. Was sind die hundert Jahre des Zeitalters der Maschine, gemessen an den zweihunderttausend Jahren der Menschheitsgeschichte? Wir sind erst noch dabei, in dem Lande der tiefen Schächte und der riesigen Kraftwerke hei-

misch zu werden. Wir sind eben erst in das noch unvollendete neue Haus eingezogen. Alles hat sich um uns so schnell geändert, die Beziehungen von Mensch zu Mensch wie die Gesetze von Arbeit und Sitte. Sogar unsere geistigen Wertmaßstäbe sind in ihren tiefsten Tiefen erschüttert. Noch bedeuten die Worte Trennung, Fernsein, Entfernung, Heimkehr dasselbe wie früher und enthalten doch nicht mehr dieselben Gegebenheiten. Um die Welt von heute zu deuten, gebrauchen wir eine Sprache, die für die Welt von gestern geschaffen wurde. Darum scheint uns auch das Leben der Vergangenheit naturgemäßer zu sein, nur weil es unserer Sprache gemäßer ist. Jeder Fortschritt hat uns aus Gewohnheiten, die wir kaum erst angenommen hatten, gleich wieder vertrieben. Wir sind Verbannte, die noch kein neues Vaterland gefunden haben.
Wir sind junge Wilde und staunen über unsere neuen Spielsachen. Die Wettflüge haben keinen anderen Sinn. Einer steigt am höchsten, einer saust am schnellsten, wir aber wissen schon nicht mehr, warum wir sie steigen und sausen lassen. Für den Augenblick ist das Wettrennen wichtiger als sein Gegenstand. So geht es auch dem Gründer eines Weltreiches: für ihn wird Erobern Sinn und Zweck des Lebens. Der Soldat verachtet den Siedler; und doch bleibt das Ziel der Eroberung, den Siedlern die Niederlassung zu schaffen. So haben auch wir im Fortschrittsrausch die Menschen dazu gezwungen, an Eisenbahnen, Werkbauten und Tiefenbohrungen Dienst zu tun, und haben darüber ziemlich vergessen, daß alle diese Anlagen nur geschaffen wurden, um den Menschen zu dienen. Wohl erfüllte uns während des Eroberungskampfes eine soldatische Weltanschauung. Nun aber heißt es siedeln. Wir müssen dem neuen Haus sein Gesicht geben, denn es hat noch keins. Die einen durften bauen, die anderen sollen jetzt wohnen; ein jeder hat *seine* Wahrheit.

Langsam wird unser Haus sicher menschlicher werden. Die Maschine selbst tritt in dem Maße hinter ihren Aufgaben zurück, als sie vollkommener wird. Es scheint, daß jeder technische Ansturm des Menschen, alle Berechnungen, alle über Plänen und Rissen durchwachten Nächte als letztes sichtbares Ergebnis immer wieder die größte Einfachheit zeitigen, als ob die Erfahrung mehrerer Geschlechter nötig wäre, um langsam die Linien einer Säule, eines Kieles, eines Flugzeugrumpfes zu entdecken, ehe diese endlich die herrliche Schlichtheit erhalten, die die Linie der weiblichen Brust oder der Schulter von Urzeit an besitzt. Es scheint, daß alle Arbeit der Ingenieure, Zeichner und Redner in den Laboratorien nur den Sinn hat, hier eine Bindung zu vereinfachen, dort einen Flügel anzupassen, bis man überhaupt nicht mehr merkt, daß da ein Flügel an einen Rumpf montiert ist, sondern nur gewahr wird, daß etwas Neues vor uns steht: eine vollentwickelte Form, frei von allen Schlacken, ein gewachsenes Ganzes, das ebenso geheimnisvoll gebunden ist wie eine Dichtung. Vollkommenheit entsteht offensichtlich nicht dann, wenn man nichts mehr hinzuzufügen hat, sondern wenn man nichts mehr wegnehmen kann. Die Maschine in ihrer höchsten Vollendung wird unauffällig.

Die Vervollkommnung einer Erfindung grenzt hart an Erfindungslosigkeit. Erst wenn aus unseren Geräten jede sichtbare Spur der technischen Bearbeitung geschwunden ist und wir sie so natürlich und selbstverständlich wie vom Meer gerundete Kieselsteine ergreifen, wird man langsam vergessen, daß es sich überhaupt um so etwas wie eine Maschine handelt. Bisher standen wir in ständiger Beziehung mit einem sehr komplizierten Mechanismus. Heute schon vergessen wir, daß der Motor sich dreht, denn endlich erfüllt er seine Aufgabe, sich zu drehen, so wie das Herz schlägt. Wir achten ja auch nicht auf unser Herz. Die Aufmerksamkeit wird nicht mehr vom Werkzeug verschlungen, sondern wir vermögen durch es hindurch wieder die alte Natur zu entdecken, die Natur des Gärtners, des Seefahrers, des Dichters.

Der Flieger, der aufsteigt, kommt in Berührung mit Wasser und Luft. Sobald die Motoren angeworfen sind und das Wasserflugzeug schon durch das Meer gleitet, schlägt das harte Plätschern der Wellen gegen seinen Bug wie an einen Gong, und der Mensch kann den Ablauf des Arbeitsvorganges an den Erschütterungen des Rumpfes fühlen. Er spürt, wie das Flugzeug von Sekunde zu Sekunde, in demselben Maße, wie seine Geschwindigkeit zunimmt, an Kraft gewinnt. Er erlebt, wie sich in den fünfzehn Tonnen Baustoff langsam die Reife bildet, die das Fliegen möglich macht. Der Flieger schließt die Hände über den Griffen, und langsam sammelt er wie ein Geschenk in seiner hohlen Hand diese wachsende Kraft. Die metallenen Nerven der Steuerung werden zu Boten seiner Macht. Und wenn der Augenblick herangereift ist, vermag der Flieger mit einer Bewegung, die geringer ist als die des Pflückens einer Blume, das Flugzeug vom Wasser zu lösen und es in die Luft zu erheben.

MARCEL AYMÉ

Der Mann, der durch die Wand gehen konnte

Auf dem Montmartre wohnte im dritten Stockwerk des Hauses Nr. 75 der Rue d'Orchampt ein vortrefflicher Mann namens Dutilleul, der die seltene Gabe besaß, durch die Mauern gehen zu können, ohne dabei Schaden zu nehmen. Er trug einen Kneifer, ein schwarzes Kinnbärtchen und war Beamter dritter Klasse im Finanzministerium. Im Winter fuhr er mit dem Autobus ins Büro, in der schönen Jahreszeit machte er den Weg zu Fuß, auf seinem Haupte einen steifen Hut, eine Melone.

Dutilleul war gerade in sein dreiundvierzigstes Jahr eingetreten, als er seine Fähigkeiten entdeckte. Eines Abends hatte ihn ein kurzes Versagen des elektrischen Lichts in der Diele seiner kleinen Junggesellenwohnung überrascht; er war in der Finsternis ein paar Schritte umhergetappt und hatte sich, als das Licht wieder aufflammte, auf dem Treppenabsatz des dritten Stocks wiedergefunden. Da die Eingangstür zu seiner Wohnung von innen verschlossen war, dachte er über den Vorfall nach, und er beschloß schließlich, den Einwendungen der Vernunft zum Trotz, auf dem gleichen Wege in seine Wohnung zurückzukehren, auf dem er herausgekommen war – durch die Wand. Er konnte nicht umhin, sich über diese befremdliche Fähigkeit, die so gar nicht zu seinen Aspirationen paßte, ein wenig zu ärgern; da der nächste Tag ein Sonnabend war, konnte er einen Arzt in seinem Viertel aufsuchen, um ihm seinen Fall vorzutragen.

Der Doktor überzeugte sich von der Richtigkeit seiner Angaben und entdeckte nach genauer Untersuchung die Ursache des Übels in einer schraubenförmigen Verhärtung in der Drosselwand der Schilddrüse. Er verordnete Intensivierung seiner Arbeit bis zur Überanstrengung und gab ihm zum

Einnehmen ein Pulver von tetravalentem Schafgarbenextrakt, vermischt mit Reismehl und Zentaurenhormon, zwei Tabletten jährlich.
Nachdem Dutilleul eine Tablette genommen hatte, legte er das Medikament in eine Schublade und vergaß es völlig. Was die verordnete Überanstrengung durch intensive Arbeit anging – nun, seine Tätigkeit als Beamter war geregelt, weit entfernt von jedem Übermaß, und in seinen Mußestunden, die er mit Zeitunglesen und der Beschäftigung mit seiner Briefmarkensammlung ausfüllte, ergab sich noch weniger Gelegenheit, überschüssige Energien loszuwerden. So hatte er sich nach Ablauf eines Jahres seine Fähigkeit, durch die Wand zu gehen, unangetastet bewahrt; aber er bediente sich ihrer niemals, es sei denn versehentlich, denn er war nicht abenteuerlustig und unterlag auch nicht den Verführungen der Phantasie.
Er kam gar nicht auf den Gedanken, seine Wohnung anders zu betreten als durch die Tür, die er jedesmal sorgfältig aufschloß. Vielleicht wäre er im Frieden seiner behaglichen Gewohnheit alt geworden, ohne jemals in die Versuchung zu kommen, seine Gaben zu gebrauchen, wenn nicht plötzlich ein außergewöhnliches Ereignis sein Leben völlig auf den Kopf gestellt hätte.
Monsieur Mouron, sein Subdirektor im Büro, wurde in einen anderen Wirkungskreis berufen, und an seine Stelle trat ein gewisser Monsieur Lécuyer, ein Mann mit einem bürstenähnlichen Schnurrbart und sehr kurz angebunden. Vom ersten Tag an betrachtete es der neue Vorgesetzte mit scheelem Blick, daß Dutilleul den Kneifer an einem Kettchen trug und daß er ein schwarzes Kinnbärtchen hatte; er behandelte seine Untergebenen wie störende, ein wenig unsaubere Gegenstände, an die man nicht gern erinnert wird.
Aber das schlimmste war, daß er es wagte, im Dienst Reformen von beachtlicher Tragweite einzuführen, die geeignet waren, die Ruhe seines Untergebenen empfindlich zu stören. Seit zwanzig Jahren fing Dutilleul seine Briefe mit der Formel

an: »Indem ich mich auf Ihr Geehrtes vom Soundsovielten beziehe und der Einfachheit halber an unseren vorangegangenen Briefwechsel erinnere, beehre ich mich, Ihnen mitzuteilen, daß...« – eine Formel, die M. Lécuyer durch eine mehr amerikanisch anmutende ersetzt zu sehen wünschte: »In Beantwortung Ihres Schreibens vom Soundsovielten teile ich Ihnen mit...« Dutilleul vermochte sich an diesen Briefstil nicht zu gewöhnen. Er kehrte unwillkürlich immer wieder zum traditionellen Brauch zurück, und zwar mit einer maschinenmäßigen Hartnäckigkeit, die ihm in wachsendem Maße die Feindschaft seines Chefs zuzog. Die Atmosphäre im Ministerium wurde für ihn nachgerade drückend. Des Morgens begab er sich sorgenvoll an seine Arbeit, und abends konnte es geschehen, daß er eine volle Viertelstunde in schweren Gedanken im Bett lag, ehe er den Schlaf fand.
Von diesem eigensinnigen Beharrungsvermögen, das durchaus geeignet war, den Erfolg seiner Reformen zunichte zu machen, angewidert, hatte M. Lécuyer Dutilleul einen halbdunklen Verschlag, der an sein Büro grenzte, angewiesen. Man gelangte hinein durch eine niedrige, schmale Tür, die auf den Korridor ging und an der zu lesen stand: Abstellraum. Dutilleul hatte diese beispiellose Zurücksetzung resigniert hingenommen. Aber zu Hause, wenn er in der Zeitung von irgendeiner Bluttat las, ertappte er sich dabei, daß er sich M. Lécuyer als das Opfer vorstellte.
Eines Tages brach der Chef in den Verschlag ein und fing an, einen Brief schwenkend, zu brüllen: »Schreiben Sie diesen Wisch noch einmal! Schreiben Sie diesen unglaublichen Wisch noch einmal, der eine Schande für mein Büro ist!«
Dutilleul wollte protestieren, aber Lécuyer beschimpfte ihn mit Donnerstimme wie einen erzfaulen Schuljungen, zerknüllte den Brief in der Hand und warf ihn Dutilleul ins Gesicht.
Dutilleul war bescheiden, aber er hatte auch seinen Stolz. Als er in seinem Verschlag wieder allein war, bekam er leichte Temperatur – und wurde plötzlich die Beute einer Eingebung.

Er stand von seinem Stuhl auf und trat an die Mauer, die sein Büro von dem des Chefs trennte, jedoch so vorsichtig, daß nur sein Kopf auf der anderen Seite der Wand erschien.
Lécuyer saß an seinem Schreibtisch und setzte mit noch etwas nervöser Feder ein Komma in den Schriftsatz eines Angestellten, der ihm zur Abzeichnung vorlag, als er in seinem Zimmer husten hörte. Er sah auf und entdeckte mit unsäglicher Bestürzung Dutilleuls Kopf, der wie eine Jagdtrophäe an der Wand zu hängen schien. Und dieser Kopf war lebendig! Durch den Kneifer am Kettchen schleuderte er ihm haßerfüllte Blicke zu. Aber es kam noch besser: der Kopf fing auch noch zu sprechen an: »Sie«, sagte er, »Sie sind ein dreckiger Straßenjunge, ein Flegel sind Sie! Sie Lümmel!«
Lécuyer saß da, den Mund weit offen vor Schreck, und konnte den Blick nicht von der unheimlichen Erscheinung wenden. Endlich sprang er auf, warf seinen Stuhl um und rannte über den Korridor zu dem Verschlag. Hier saß Dutilleul, den Federhalter in der Hand, friedlich und fleißig auf seinem gewohnten Platz. Der Subdirektor starrte ihn lange an und ging schließlich, etwas Unzusammenhängendes murmelnd, in sein Büro zurück. Kaum jedoch hatte er sich gesetzt, da erschien der Kopf wieder an der Wand. »Sie, Sie sind ein dreckiger Straßenjunge, ein Flegel sind Sie! Sie Lümmel!«
Im Laufe dieses einen Tages erschien der gefürchtete Kopf noch dreiundzwanzigmal, und auch an den folgenden Tagen, in gleichen Abständen. Dutilleul, der nun schon eine gewisse Geschicklichkeit in seinem Spiel hatte, begnügte sich nicht mehr damit, seinen Vorgesetzten zu beschimpfen. Er stieß vielmehr dunkle Drohungen aus und rief zum Beispiel mit Grabesstimme unter dämonischem Gelächter: »Garou! Garou! Der Werwolf kommt! Ein großes Grauen wird über dich kommen und wird dich und alle ähnlichen Schleiereulen aus euren Ecken herausholen! Garou! Garou!«
Wenn er das hörte, wurde der arme Subdirektor noch etwas blasser und bekam Erstickungsanfälle: die Haare standen ihm

steil zu Berge, und kalter Schweiß rann ihm den Rücken hinab. Am ersten Tage nahm er ein Pfund ab. In der darauf folgenden Woche begann er die Suppe mit der Gabel zu essen und die Polizisten militärisch zu grüßen; außerdem magerte er immer mehr ab und wurde zusehends weniger. Am Ende der zweiten Woche kam ein Krankenwagen und brachte ihn in eine Heilanstalt.

So war Dutilleul von der Tyrannei Lécuyers befreit, und er konnte zu seiner beliebten Wendung zurückkehren: »Indem ich mich auf Ihr Geehrtes vom Soundsovielten beziehe...« Trotzdem fühlte er sich unbefriedigt. Irgend etwas in ihm rebellierte, irgendein lebhaftes Bedürfnis regte sich – und das war nichts anderes als das Bedürfnis, durch die Wand zu gehen. Natürlich konnte er das, etwa bei sich zu Hause, ohne weiteres tun – und er tat es auch. Aber jemand, der glänzende Gaben hat, kann sich nicht lange damit begnügen, sie an mittelmäßigen Aufgaben zu erproben. Außerdem war das Durch-die-Wand-Gehen kein Zweck an sich. Es ist der Anfang eines Abenteuers, der eine Folge hervorruft, eine Entwicklung und schließlich ein Ergebnis. Das begriff Dutilleul sehr wohl. Er empfand das Bedürfnis, ins Breite zu wirken. In ihm erwachte der Wunsch, sich zu vervollkommnen, ja, sich zu übertreffen, und er fühlte etwas wie ein leise schmerzendes Ziehen von der andern Seite der Wand her. Unglücklicherweise aber fehlte ihm ein Ziel. Er suchte in der Zeitung nach einem guten Einfall, besonders unter »Politik« und »Sport«, die ihm beide als durchaus respektable Beschäftigungen erschienen; aber er mußte sich schließlich eingestehen, daß sie keinerlei Möglichkeiten für einen Mann boten, der durch Wände gehen kann, und zog sich auf die Rubrik »Verschiedenes« zurück, die sich als überaus anregend erwies.

Den ersten Einbruch beging Dutilleul in einer großen Kreditbank auf dem rechten Seineufer. Nachdem er etwa ein Dutzend Mauern und Wände durchquert hatte, drang er in den Tresor ein, füllte sich die Taschen mit Banknoten und si-

gnierte, ehe er ging, seinen Diebstahl mit Rotstift, und zwar mit seinem Werwolf-Pseudonym »Garou-Garou«, mit einem sehr hübschen Schriftzug, der am nächsten Morgen in allen Zeitungen abgebildet war. Nach kaum einer Woche hatte der Name Garou-Garou bereits eine ungewöhnliche Berühmtheit erlangt. Die Sympathien der Öffentlichkeit waren rückhaltlos auf seiten dieses charmanten Diebes, der die Polizei so entzückend verhöhnte. Er manifestierte sich jede Nacht durch ein neues Taschenspielerstückchen zum Schaden einer Bank, eines Juweliers oder eines reichen Privatmannes. In ganz Paris, ja, in ganz Frankreich gab es keine Frau von auch nur ein wenig schwärmerischer Natur, die nicht glühend gewünscht hätte, sich mit Leib und Seele dem schrecklichen Garou-Garou hinzugeben.
Nach dem Diebstahl des berühmten Burdigala-Diamanten und dem Raubzug auf die Zentralbank, die in dieselbe Woche fielen, erreichte die Begeisterung der Massen ihren Höhepunkt. Der Minister des Innern mußte gehen und verwikkelte auch Dutilleuls Minister in seinen Sturz. Mittlerweile saß Dutilleul – jetzt einer der reichsten Männer von Paris – stets pünktlich in seinem Büro, und man versprach ihm eine Beförderung. Des Morgens machte es ihm besonderen Spaß, die Kommentare anzuhören, mit denen die Kollegen im Ministerium seine Streiche der letzten Nacht bedachten. »Dieser Garou-Garou«, sagten sie, »ist ein fürchterlicher Mensch, ein Übermensch, ein Genie.«
Wenn Dutilleul solche Lobeserhebungen hörte, errötete er verwirrt, und seine Augen hinter dem Kneifer glänzten vor Freude und Dankbarkeit. Eines Morgens ließ diese Atmosphäre der Sympathie in ihm ein solches Übermaß von Selbstvertrauen entstehen, daß er sein Geheimnis nicht mehr bewahren konnte. Mit einem Rest von Schüchternheit musterte er seine Kollegen, die um eine Zeitung versammelt waren, die den Einbruch in die Bank von Frankreich schilderte, und erklärte bescheiden: »Dieser Garou-Garou, das bin ich.«
Ein ungeheures, nicht enden wollendes Gelächter lohnte sein

Geständnis, und sie nannten ihn zum Spott Garou-Garou. Abends, um die Stunde des Büroschlusses, war er der Gegenstand endloser Hänseleien seiner Kameraden, und das Leben erschien ihm nicht mehr schön.
Ein paar Tage später wurde Garou-Garou in einem Juweliergeschäft der Rue de la Paix von der Nachtpatrouille auf frischer Tat ertappt. Er hatte gerade seinen Namenszug auf die Hauptkasse geschrieben und war dabei, mit einem Humpen aus massivem Gold einige Vitrinen einzuschlagen, wobei er ein Trinklied sang. Es wäre ihm ein leichtes gewesen, sich in die Mauer zu drücken und so der Wache zu entgehen, aber offenbar *wollte* er sich gefangennehmen lassen, offenbar einzig und allein zu dem Zweck, seine Kollegen zu überzeugen, deren Unglaube ihn gekränkt hatte. Die waren freilich auch gründlich verblüfft, als die Blätter am nächsten Morgen auf der ersten Seite Dutilleuls Bild brachten. Sie bedauerten es schmerzlich, ihren genialen Kameraden so verkannt zu haben, und ließen sich ihm zu Ehren alle einen Kinnbart stehen. Einige allerdings versuchten auch, von Bewunderung und Reue gepackt, sich an Uhren und Brieftaschen ihrer Verwandten und Freunde zu vergreifen.
Man könnte meinen, der Gedanke, sich von der Polizei gefangennehmen zu lassen, um einige Kollegen in Erstaunen zu versetzen, zeuge von großem Leichtsinn, der eines so außergewöhnlichen Mannes unwürdig sei; aber der äußere Anlaß tut ja bei einem solchen Entschluß wenig zur Sache. Durch den Verzicht auf seine Freiheit glaubte Dutilleul zwar einem hochmütigen Drang nach Vergeltung Genüge zu tun; in Wirklichkeit folgte er aber nur seinem vorgeschriebenen Schicksal. Die Laufbahn eines Mannes, der durch Mauern gehen kann, wäre unvollständig, wenn er nicht auch einmal ein Gefängnis von innen kennengelernt hätte.
Als Dutilleul durch die Räume des Santé-Gefängnisses ging, hatte er das Gefühl, daß das Geschick ihn verwöhne. Die Dicke der Mauern war sozusagen ein Leckerbissen für ihn. Gleich am Morgen nach seiner Einlieferung entdeckten die

Wärter mit fassungslosem Entsetzen, daß der Gefangene einen Nagel in die Wand seiner Zelle eingeschlagen und eine goldene Taschenuhr, die dem Gefängnisdirektor gehörte, daran aufgehängt hatte. Die Uhr wurde ihrem Besitzer zurückgebracht – und am andern Morgen zusammen mit dem ersten Bande der »Drei Musketiere« aus der Bibliothek des Direktors, wieder bei Garou-Garou, am Kopfende seines Bettes, gefunden. Das Personal der Anstalt war in höchster Verwirrung. Die Wärter beklagten sich außerdem über Fußtritte in den Hintern, deren Herkunft sich nicht ermitteln ließ. Es schien, als ob die Wände nicht bloß Ohren, sondern auch Füße hätten.

Garou-Garou war etwa eine Woche in Haft, als der Gefängnisdirektor eines Morgens in seinem Büro auf dem Schreibtisch einen Brief folgenden Inhalts fand:

»Sehr geehrter Herr Direktor – indem ich mich auf unsere Unterhaltung vom 17. dieses Monats beziehe und der Einfachheit halber an Ihre ›Allgemeinen Verordnungen‹ vom 15. Mai des Vorjahres erinnere, beehre ich mich Ihnen mitzuteilen, daß ich die Lektüre des zweiten Bandes der ›Drei Musketiere‹ beendet habe und daß ich heute nacht zwischen 11.25 und 11.35 zu entfliehen gedenke. Ich bitte Sie, geehrter Herr Direktor, den Ausdruck meiner größten Hochachtung entgegenzunehmen. Garou-Garou.«

Trotz schärfster Bewachung entwich Dutilleul in der Nacht um 11.30. Als die Tatsache am nächsten Morgen in der Öffentlichkeit bekannt wurde, erregte sie wilde Begeisterung. Dutilleul beging einen neuen Einbruch, und seine Popularität stieg ins Unermeßliche. Er gab sich jedoch nicht die mindeste Mühe, sich zu verbergen, sondern ging ohne jede Vorsicht auf dem Montmartre spazieren. Drei Tage nach seiner Flucht wurde er in der Rue Coulaincourt, nahe beim Café du Rêve, kurz vor der Mittagsstunde, wieder verhaftet, als er mit einigen Freunden ein Gläschen trank.

Garou-Garou wurde in die Santé zurückgeführt, hinter dreifachen Riegeln in einem dunklen Gelaß eingeschlossen, ent-

wich am gleichen Abend und legte sich in der Wohnung des Direktors in einem der Fremdenzimmer zu Bett. Morgens um 9 Uhr läutete er nach dem Frühstück, ließ sich jedoch, ohne Widerstand zu leisten, durch die schnell herbeigerufenen Wärter aus dem Bett heraus festnehmen. Außer sich vor Zorn, ließ der Direktor einen Doppelposten vor seine Zelle stellen und setzte Dutilleul auf Wasser und Brot. Am späten Vormittag ging der Gefangene in ein Restaurant in der Nähe, um zu frühstücken, und rief, nachdem er seinen Kaffee ausgetrunken hatte, den Direktor an. »Hallo? Herr Direktor, ich bin ganz bestürzt, aber ich habe beim Weggehen vergessen, Ihre Brieftasche mitzunehmen, so daß ich jetzt hier im Restaurant in Verlegenheit bin. Würden Sie freundlichst jemand schicken, der die Rechnung bezahlt?«
Der Direktor eilte selbst herbei und ließ sich zu Drohungen und Beleidigungen hinreißen. Das traf Dutilleul in seinem Stolz, und er entwich noch in derselben Nacht auf Nimmerwiedersehen. Jetzt aber war er so vorsichtig, sich den schwarzen Bart abzunehmen und den Klemmer am Kettchen durch eine Hornbrille zu ersetzen. Eine Sportmütze und ein großkarierter Anzug mit Knickerbockerhosen machten ihn vollends unkenntlich. Er richtete sich in einer kleinen Wohnung in der Avenue Junot ein, wohin er schon vor seiner ersten Verhaftung einen Teil seiner Möbel und die Gegenstände hatte bringen lassen, an denen er hing.
Der laute Widerhall seines Ruhmes begann ihn zu ermüden, und er war des Vergnügens, durch die Wände zu gehen, etwas überdrüssig geworden. Die dicksten und festesten Mauern schienen ihm jetzt bloße Vorhänge, und er träumte davon, in die Tiefe einer Pyramide einzudringen. Während der Plan einer Reise nach Ägypten in ihm reifte, führte er ein sehr friedliches Leben und teilte seine Zeit zwischen seiner Briefmarkensammlung, dem Kino und langen Streifzügen durch Montmartre. Seine Verwandlung war so vollkommen, daß er, glattrasiert und hornbebrillt, dicht an seinem besten Freund vorübergehen konnte, ohne erkannt zu wer-

den. Nur der Maler Gen Paul, dessen Scharfblick auch nicht die kleinste Veränderung in der Physiognomie eines der alten Stammgäste des Quartiers entging, durchschaute schließlich auch diese Verkleidung. Eines Morgens, als er Dutilleul plötzlich an der Ecke der Rue de l'Abreuvoir gegenüberstand, hielt es ihn nicht länger. »Sag mal, ich seh, daß du dich in feine Kluft gehängt hast, um die Bullen zu klippen«, sagte er zu ihm, was in normaler Sprache etwa hieß: ich sehe, daß du dich elegant gekleidet hast, um die Polizei zu täuschen.
»Ach«, murmelte Dutilleul, »du hast mich erkannt...«
Das störte ihn sehr, und er beschloß, seine Reise nach Ägypten zu beschleunigen. Doch am Nachmittag dieses Tages verliebte er sich auf den ersten Blick in eine blonde Schönheit, die er zweimal innerhalb einer Viertelstunde auf der Rue Lepie traf. Er vergaß darüber seine Briefmarken ebenso wie seine Reise nach Ägypten.
Die Blonde ihrerseits hatte ihn ebenfalls sehr interessiert betrachtet. Nichts wirkt stärker auf die Einbildungskraft einer jungen Frau von heute als Knickerbocker und eine Hornbrille. Das erinnert an Filmhelden und weckt Träume von Cocktails und kalifornischen Nächten. Unglücklicherweise war die Schöne, wie Dutilleul von Gen Paul erfuhr, mit einem brutalen und eifersüchtigen Mann verheiratet. Dieser argwöhnische Gatte, der im übrigen selbst ein ausgesprochenes Junggesellenleben führte, ließ die Frau regelmäßig von zehn Uhr abends bis vier Uhr morgens allein, aber er war vorsichtig genug, sie in ihrem Zimmer einzuschließen, ehe er wegging, den Schlüssel zweimal herumzudrehen und alle Fensterläden mit Vorhängeschlössern zu sichern. Tagsüber bewachte er sie auf das schärfste, und es kam sogar vor, daß er ihr auf den Straßen des Montmartre mißtrauisch folgte.
»Hält den Daumen drauf, verstehst du? Verdammter Geizkragen, der niemanden in seinem Reseda spazieren läßt.«
Aber durch diese Mitteilung erreichte Paul nur, daß Dutilleul Feuer und Flamme wurde. Am nächsten Morgen begegnete er der jungen Frau auf der Rue Tholozé und wagte es, ihr in

einen Milchladen zu folgen. Während sie wartete, bis die Reihe an sie kam, sagte er ihr, daß er sie unendlich liebe und verehre und daß er alles wisse: von dem bösen Mann, der verschlossenen Tür und den Fensterläden, aber er würde trotzdem heute abend in ihr Zimmer kommen. Die Blonde errötete, der Milchtopf zitterte in ihrer Hand, die Augen, die ihn zärtlich ansahen, wurden feucht, und sie hauchte kaum verständlich: »Ach, das ist unmöglich!«

Am Abend dieses strahlenden Tages faßte Dutilleul tatsächlich gegen 10 Uhr in der Rue Norvins Posten, den Blick unverwandt auf eine starke Umfassungsmauer mit einem kleinen Haus dahinter, von dem er nur die Wetterfahne und den Schornstein sehen konnte, gerichtet. Eine Tür in der Mauer öffnete sich, und ein Mann ging zur Rue Junot hinab, nachdem er die Pforte sorgfältig verschlossen hatte. Dutilleul wartete, bis der Mann weit unten an der Straßenbiegung verschwunden war und zählte dann noch bis zehn. Dann sprang er hervor, trat mit raschem, sportlichem Schritt in die Mauer, durchlief alle Hindernisse und drang in das Zimmer der schönen Gefangenen ein. Sie empfing ihn trunken vor Wonne, und sie liebten sich bis reichlich ein Uhr.

Am anderen Tag hatte Dutilleul ärgerlich heftige Kopfschmerzen. Aber er nahm sie nicht weiter wichtig, er wollte deswegen sein Stelldichein nicht versäumen. Immerhin nahm er von den Tabletten, die er zufällig in seiner Nachttischschublade fand, je eine am Morgen und eine am Nachmittag. Gegen Abend waren die Schmerzen erträglich, und die Erregung ließ ihn sie vollends vergessen. Die junge Frau empfing ihn mit all der Ungeduld, die der Erinnerung an den vorigen Abend entsprang, und in dieser Nacht liebten sie sich bis gegen drei Uhr des Morgens. Als dann Dutilleul durch die Wände und Mauern des Hauses ging, hatte er ein ungewohntes Gefühl, wie wenn ihn etwas an Schultern und Hüften streife. Doch glaubte er dem nicht weiter Beachtung schenken zu müssen. Erst als er in die Umfassungsmauer eindrang, hatte er das deutliche Empfinden eines Widerstandes.

Es schien ihm, als bewege er sich in einer Masse, die zwar noch flüssig war, aber rasch breiig wurde und bei jedem Schritt vorwärts an Festigkeit zunahm. Als es ihm schließlich gelungen war, ganz in die Mauer einzudringen, merkte er, daß er nicht weiterkam, und erinnerte sich mit Schrecken an die beiden Tabletten, die er im Lauf des Tages genommen hatte. Diese Tabletten, die er für Aspirin gehalten hatte, enthielten in Wirklichkeit jenes tetravalente Pulver, das ihm der Arzt im vorigen Jahr verschrieben hatte. Die Wirkung des Medikaments zusammen mit einer intensiven Überanstrengung manifestierte sich auf eine unerwartete Art.
Dutilleul blieb wie erstarrt im Innern der Mauer. Er steckt immer noch darin, eingeschlossen in den Stein. Die Nachtschwärmer, die um die Stunde, wo der Lärm der Großstadt verebbt, durch die Rue Norvins gehen, hören manchmal eine schwache Stimme, die von jenseits des Grabes zu kommen scheint. Sie halten sie für die Klage des Windes an den Straßenecken der Butte Montmartre. Das ist Garou-Garou Dutilleul, der das Ende seiner ruhmreichen Laufbahn und die ach so kurze Dauer seiner süßen Liebe beklagt. In gewissen Winternächten geschieht es, daß der Maler Gen Paul sich mit der Gitarre in die hallende Einsamkeit der Rue Norvins hinauswagt, um den armen Gefangenen mit einem Lied zu trösten, und die Akkorde, die unter seinen erstarrenden Händen ersterben, dringen wie Silbertropfen des Mondes in das steinerne Herz.

HENRI TROYAT

Ein Geschäft mit Pilatus

Anatole Filâtre war ein leidmütiger Mensch von etwa vierzig Jahren. Sein bleiches Gesicht fügte sich schlecht und recht um seine grobgestaltete Nase. Die Augen waren rund und sanft wie die eines sterbenden Fisches. Er trug einen Schnurrbart mit herabhängenden Enden. Diese Eigentümlichkeit gab ihm das Aussehen eines Chinesen und hatte ihm den Beinamen »Sohn des Himmels« eingetragen.
Der Sohn des Himmels war ein Mustergatte, ein vorbildlicher Familienvater und unermüdlicher Arbeiter. Er lebte von wenig einträglichen Beschäftigungen und gelegentlichen Einnahmen, die praktisch unkontrollierbar waren. Stets abgehetzt und wehleidig, lebte er mitsamt seinem Schwarm schmächtiger Sprößlinge ständig von der Hand in den Mund. Um seine Familie zu ernähren, ging er von Tür zu Tür, Regenschirme zu verkaufen; er pries unter freiem Himmel dreifarbige Drehbleistifte an, war Nachtwächter in Kaufhäusern oder Statist in den Filmateliers der Vorstädte. Diese letztere Tätigkeit war seine Haupteinnahmequelle. Anatole Filâtre liebte den strahlenden Zauber der Ausstattung und der exotischen Kostüme, das enge Zusammensein mit parfümierten Filmstars, den nach Luxus anmutenden Geschmack der Schminke im Schnurrbart und die bedrükkende Müdigkeit der Heimfahrt im Kreise der Kollegen in der überfüllten Métro. Nacheinander war er stummer Ehrengast in einer südafrikanischen Botschaft, Stammgast einer verräucherten Hafenschänke in Le Havre, ein grölender, mit Lumpen bekleideter Wolgaschiffer und sogar Eunuche in einem Harem mit anstößigen Schwimmbädern. Aber mochte er auch Minister, Bösewicht, Muschik oder Eunuche sein: stets behielt er das Aussehen eines braven Familien-

vaters. Und dieses unwandelbare Aussehen versperrte ihm den Zugang zu gewichtigeren Rollen.
»Besorge dir einen andern Kopf«, schrie ihn unmißverständlich der Chef der Statisterie an.
Der Sohn des Himmels schüttelte traurig den Schnurrbart.
»Du willst aussehen wie ein Russe?« fuhr der andre fort. »Dann schau träumerischer drein. Wie ein Spanier? Schieb dein Kinn vor. Wie ein Engländer? Kneif die Lippen zusammen...«
Der Sohn des Himmels rollte die Augen, verrenkte das Kinn und verzog den Mund; aber ständig blieb er dem Sohn des Himmels ähnlich.
In Wahrheit besaß Anatole Filâtre die Seele eines biederen Beamten, und doch hielt die Tücke des Schicksals für ihn das Leben eines Piraten bereit. Der Unglückliche litt unter dieser Ungerechtigkeit der Vorsehung, und in seiner Klarsicht graute ihm vor dem Leben in Armut und beschämender Dürftigkeit, das in der Zukunft seiner Nachkommenschaft harrte. Die Lage des bedauernswerten Mannes war um so grausamer, als seinem Bruder, Filâtre dem Älteren, der gewiß nicht intelligenter und geriebener war als er, in seinen Unternehmungen das Glück in wunderbarer Weise hold gewesen war.
Filâtre der Ältere, ein asthmatischer Junggeselle, stand an der Spitze des Milchgeschäftes »Die beschauliche Milchkuh«, das mit seiner Milch, seiner Butter und seinen kleinen Schweizer Käsen mehr als fünfzehn volksreiche Stadtviertel von Paris überschwemmte. Filâtre dem Älteren wäre es ein leichtes gewesen, dem erbarmungswürdigen Anatole eine Stelle als kaufmännischer Leiter zu besorgen; aber seit einem Dutzend Jahren hatten sich die beiden Brüder überworfen, wegen einer dunklen Geschichte mit einem geliehenen Hund, der unter den Rädern eines Milchtransportwagens sein Leben hatte aushauchen müssen. Dieser Zwist äußerte sich auf seiten Filâtre des Älteren in der kategorischen Weigerung, Anatole zu empfangen, und bei Anatole in dem aus-

drücklichen Verbot an seine Familie, die Produkte der »Beschaulichen Milchkuh« zu verbrauchen.
Gewiß, manchmal bedauerte der Sohn des Himmels den blöden Streit, der ihn vom Milchgeschäft trennte, vor allem an den Tagen vollkommener Arbeitslosigkeit. Aber er besaß seinen Stolz und brachte es nicht übers Herz, eine Versöhnung herbeizuführen, die doch nur eigennützigen Gründen entsprungen wäre.
»Denk an die Zukunft deiner Kinder!« schleuderte ihm zuweilen Frau Filâtre ins Gesicht.
»Ich denke an ihre Ehre«, antwortete Anatole.
»Wir haben nichts mehr zu essen!«
»Es bleibt uns unsre Würde.«
Dieses pathetische Zwiegespräch lag Anatole Filâtre bereits in den Ohren, als er an einem regnerischen Novemberabend der bescheidenen Wohnung zustrebte, wo eine gereizte Frau und vier plärrende Gören seiner harrten. An diesem Tage hatte über ihm ein ganz besonderer Unstern gewaltet. Der Sohn des Himmels war untröstlich wegen einer Kette von Mißerfolgen, denn er hatte nur noch zehn Franken fünfzig in der Tasche, und das Gaswerk dachte bereits daran, ihn aus der Liste seiner Pariser Abonnenten zu streichen. Und doch hatte er, als er am Morgen den dünnen Kaffeeaufguß hinunterstürzte, vor dem Weggehen zu seiner Frau gesagt: »Mathilde, du kannst auf mich rechnen. Wenn ich heute abend zurückkomme, sind in meiner Brieftasche einige schöne Scheine.«
Der Abend war da. Aber die Brieftasche Anatole Filâtres war nicht um eine einzige Banknote reicher geworden.
»Ein Fiasko«, seufzte Anatole Filâtre. »Ein vollkommenes Fiasko!«
Und der Himmel schien an seinem Mißgeschick teilzunehmen. Melancholisch rieselte ein feiner Sprühregen herab. Die Straßenlampen blinzelten trübe oben auf ihren gußeisernen Pfählen. Die Schaufenster der Läden weinten zarte Tränen über die unmodernen Waren, die hinter ihnen ausgestellt wa-

ren. Und die Passanten eilten wie Wasserratten die trübseligen Häuserfronten entlang.
Anatole Filâtre blieb, um Atem zu holen, einen Augenblick vor dem Beerdigungsinstitut stehen, das Pilatus gehörte, seinem ehemaligen Mitschüler vom Gymnasium.
Pilatus stand, wie es seine Gewohnheit war, gewichtig und fest auf der Schwelle der Tür, wie der Pförtner eines rentablen Miethauses. Die buschigen Augenbrauen wirkten unerschütterlich und verständnislos, die Nase hingegen schien in ihrer lächerlichen Winzigkeit diese Gewichtigkeit herabmindern zu wollen. Und ein schwarzer, glänzender, gestriegelter Bart umrahmte das Gesicht.
»Nun, Anatole Filâtre! Haben Sie heute etwas erreicht?« fragte Pilatus, der den Sohn des Himmels aus Geringschätzung siezte und ihm stets nur drei Finger der Hand zur Begrüßung hinstreckte.
Anatole, der sehr empfindsam war, fiel es schwer zu glauben, daß dieser bärtige Totengräber einstens sein Schulkamerad gewesen war: ein flinker Junge, mit dem zusammen er mausen ging oder in den Rinnsteinen hockte, um Klicker zu spielen, oder vor den Wasserbecken, wo sie ihre Spucke schwimmen ließen.
»Und das Milchgeschäft Ihres Bruders geht immer noch gut, Herr Filâtre?« fragte Pilatus.
»O ja!«
»Aber von der Schlagsahne bekommen Sie nichts ab, hahaha? Das ist schade, wirklich schade...«
Filâtre senkte den Kopf und betrachtete die schwärzliche Wasserpfütze, die sich vor seinen Füßen bildete. Er wagte nicht, sich von einer so gewichtigen Persönlichkeit wie Herrn Pilatus ohne weiteres zu verabschieden; und Herr Pilatus selber schien an diesem Abend ausgezeichneter Laune zu sein und es gar nicht eilig zu haben, ihre Unterhaltung abzubrechen.
»Es regnet«, sagte Pilatus. »Kommen Sie doch herein und wärmen Sie sich ein wenig in meinem Büro.«

Anatole Filâtre betrat behutsamen Schrittes das Büro des Beerdigungsinstituts und ließ sich in dem Sessel nieder, den man ihm anwies.
Das Büro des Herrn Pilatus war nüchtern, sachlich und düster. Ein rechteckiger Tisch von den Ausmaßen eines Grabsteines. Glasschränke, worin reihenweise Särge in verkleinertem Maßstabe standen, lackierte und in allen Einzelheiten ausgearbeitete Särge. Auf Etagèren lagen Muster von kupfernen Sarggriffen und seidigen Stoffen. Überall hingen Fotografien von prunkvollen Begräbnissen mit allem Drum und Dran, mit Federbüschen, deckenbehangenen Pferden und troddelversehenen Bahrtüchern. Herr Pilatus beherrschte diese kleine Trauerwelt mit seiner aufdringlich gesunden und gesättigten Person. Voller Befriedigung rieb er sich die Hände und meinte mit fetter Stimme: »Nun, was mich betrifft, mein Lieber, so kann ich mich nicht beklagen. Die Aufträge rollen heran wie die Kugeln auf einer Kegelbahn. Drei Begräbnisse erster Klasse vorgestern. Zwei heute...«
»Das ist herrlich!« wagte Filâtre mit verlegener Stimme einzuwerfen.
»Herrlich! Das kann man schon sagen! Mit einem Beerdigungsinstitut ist es wie überall mit Geschäften: man muß sich eine Kundschaft schaffen. Sehen Sie das Institut Dupont an, meinen Konkurrenten gegenüber. Eine um die andere Woche hat er nichts zu tun. Und warum, frage ich Sie?«
»Ja, warum?« seufzte Filâtre, nur mäßig interessiert, doch entschlossen, bis zum Ende höflich zu bleiben.
»Einfach deswegen, weil er in den Tag hineinlebt. Er befaßt sich, gestatten Sie mir den Ausdruck, nur mit den Toten, die man ihm ins Haus bringt...«
»Wohingegen Sie...«
»Oh, ich sorge vor. Ich spüre meine Kunden auf. Ich kreise sie ein. Ich locke sie an mich. Ich fessele sie an meine Firma. Ich reserviere sie ausschließlich für mich. Und im gegebenen Augenblick erfahren die trauernden Erben durch ein in be-

stimmtem Tone gehaltenes Schreiben, daß der verewigte Herr Soundso die Sorge für sein Begräbnis dem Institut Pilatus anvertraut hat. Das ist schon die reinste Diplomatie, mein Lieber. Das erfordert Fingerspitzengefühl, Geschmeidigkeit, Erfindungsgabe, Phantasie...«

»Und Genie, Herr Pilatus.«

»Ja, auch Genie... Sehen Sie, wenn Sie reich wären, würde ich Sie zu mir nach Hause einladen, zu einer Kartenpartie. Ich würde mit Ihnen scherzen und dann unmerklich zu ernsteren Fragen übergehen. Von der Vergänglichkeit alles Irdischen würde ich sprechen, über meinen Tod, über Ihren Tod...«

»Wie bitte?«

Filâtre überkam ein Frösteln, und er wischte sich mit der feuchten Hand übers Gesicht.

»Über meinen Tod, über Ihren Tod«, fuhr Pilatus ungerührt fort, »und ganz sachte würde ich Ihnen Ihre Zustimmung ablocken... Ja, doch leider sind Sie nicht reich!«

Er ließ das fette Lachen eines Emporkömmlings vernehmen.

»Nein, ich bin nicht reich«, sagte Filâtre, der vor Grausen die Augen zusammenkniff. »Ich bin nicht reich... Ich bin nicht von Interesse für Sie...«

Pilatus gab hierauf keine Antwort und strich mit einer Hand, die seltsam weiß war, über seinen ebenholzschwarzen Bart. Mit gespreizten Fingern streichelte er zärtlich über die Spitze des Bartes, fuhr kämmend hindurch und wog sie verliebt in der Hand. Unter den gesenkten Augenlidern her warf er einen prüfenden Blick auf den armen Filâtre und taxierte ihn nach Form und Gehalt. Man fühlte, wie eine geniale Idee von diesem Fettkloß Besitz ergriff.

»Ich kann für Sie doch kein Interesse bieten«, wiederholte Filâtre mit zitternder Stimme.

»Doch!« rief Pilatus. Und er schlug triumphierend auf die Platte seines Schreibtisches. Filâtre fuhr in die Höhe und sank dann, in sich zusammenschrumpfend, wieder in den Sessel.

»Doch«, fuhr Pilatus fort. »So, wie Sie sind, schlecht genährt, armselig und ohne Spannkraft, interessieren Sie mich.«

»Und warum?« stammelte der Sohn des Himmels.

»Sie haben einen Bruder ... ›Die beschauliche Milchkuh‹.«

»Ja, und? Ich bin zu Tode mit ihm verfeindet!«

»Zu Tode, das wollte ich von Ihnen hören. Und später?«

»Später?«

»Nach Ihrem Tode wird Ihr Bruder kein so gefühlloses Herz zeigen, um die Durchführung Ihres Letzten Willens abzulehnen.«

»Nein ... Ein schlechter Kerl ist er nicht ...«

»Na also! Ich sehe da ein paar Worte, von Ihrer Hand auf schönes Kanzleipapier geschrieben: ›Ich vergebe meinem Bruder das unendliche Leid, das er mir zugefügt hat, unter der Bedingung, daß er für mich ein Begräbnis erster Klasse beim Beerdigungsinstitut Pilatus bestellt!‹ Weiter nichts!«

Filâtre verschlug es bald den Atem, und ängstlich, in tiefster Bestürzung, blickte er sein Gegenüber an.

»Aber ... aber ... das heißt, mir wird nicht so recht klar, warum Sie dies alles ins Werk setzen wollen.«

»Kindskopf!« sagte Pilatus. »Das Interesse ist doppelt, für mich ein weiteres Begräbnis erster Klasse zum Nutzen meines Instituts ... Für Sie ...«

»Ja ...«

»Für Sie, nun, aber das ist doch nicht schwer zu erraten ...«

Und vor den verblüfften Augen seines Gastes zog Pilatus fünf Banknoten zu hundert Franken aus der Tasche und breitete sie wie einen Fächer auf dem Tisch aus.

Filâtres Zähne klapperten sanft hinter den zusammengepreßten Lippen. Pilatus betrachtete ihn mit sieghafter Miene.

»Aber es ist gegenüber meinem Bruder nicht anständig gehandelt.«

»Er wird von unserem Abkommen nichts erfahren.«

»Gerade deswegen. Ich glaube nicht, daß ich unter diesen Bedingungen ...«

Doch als er diese Worte aussprach, durchfuhr ihn wie ein Blitz der Gedanke an seine Heimkehr, an das demütigende Eingeständnis seiner Mißerfolge, die mürrische Miene seiner Frau, das durchdringende Geschrei der hungrigen Gören, die drohende Rechnung des Krämers, die seine Frau, um ihn zu beschämen, neben den Teller gelegt hatte. Und diese trostlose Vision brachte seine anfänglichen Skrupel ins Wanken.

»Vielleicht können Sie meinen Bruder von unserer Vereinbarung in Kenntnis setzen?« sagte er.

»Torheit! Damit er mir eine Szene macht und unnachgiebig auf der Vernichtung Ihres Papieres besteht? Den Lebenden verzeiht man nicht die Forderungen, die man den Toten verzeiht.«

Filâtre hatte sich im Netzwerk der Versuchung verfangen. In seinem Innern entstand ein erschütternder Kampf zwischen seinem Gewissen als anständiger Mensch und den primitiven Instinkten des Familienvaters. Aufgewühlt von tausend einander widersprechenden Wünschen, unterjocht, revoltierend, zerstoßen und zermalmt, empfand er den Wunsch, auf der Stelle zu sterben. Der Schweiß rann ihm in warmen Tropfen die Nase hinunter und verfing sich in seinem Schnurrbart. Sein Herz klopfte unregelmäßig in der schmalen Brust.

Pilatus, ein Ungeheuer in seinem Zynismus und seiner Ruhe, packte die Geldscheine wieder zusammen und wedelte mit ihnen vor der Nase Anatoles: »Was alles kann man damit kaufen, Filâtre! Haben Sie daran gedacht?«

Anatole Filâtre war es, als stiege ihm eine fade Übelkeit die Kehle hinauf.

»Geben Sie her«, sagte er, »ich mache mit.«

Er ergriff die Geldscheine und steckte sie gierig in die Tasche.

»Hier ist Papier und eine Feder«, sagte Pilatus mit leutseligem Lächeln. »Wir wollen unsrer kleinen Totenhypothek ihre materielle Grundlage geben. Sie werden jetzt Ihren Letzten Willen so aufsetzen, wie ich es mit Ihnen besprochen habe, und das Papier in Ihre Brieftasche stecken, damit man es im... hm... im geeigneten Augenblick entdeckt. Also: Ich vergebe meinem Bruder...«

Den Rücken gebeugt, den Kopf gesenkt, schrieb Anatole Filâtre nach Pilatus' Diktat, und er wiederholte jedes Wort wie ein Schüler:

»Ich... ver... gebe... meinem... Bruder...«

Von Zeit zu Zeit hielt er ein, stieß einen traurigen Seufzer aus und murmelte: »Und doch... und doch...«

Anatole Filâtre öffnete die Tür seiner bescheidenen Behausung mit all der Vorsicht, die ein Einbrecher-Anfänger aufwenden würde.

»Da bist du endlich!« rief eine schrille Stimme. »Es ist schon acht vorbei, und die Nudeln sind kalt geworden!«

»Ja«, sagte Filâtre, »aber ich habe meine Zeit nicht vertan.«

»Kein Käse im Hause, kein Wein, kein...«

»Mathilde, man darf das Vertrauen nicht verlieren, wenn man das Glück hat, das Leben Anatole Filâtres zu teilen.«

»Diese Weise kenne ich!«

»Vielleicht nicht, vielleicht nicht«, scherzte Filâtre und drohte ihr schalkhaft mit dem Finger.

Doch tief in seinem Innern verspürte er unendliches Leid. Mit umständlicher Langsamkeit zog er die fünf Hundertfrankenscheine aus der Brieftasche und legte sie auf den Tisch.

»Der Verdienst eines Tages«, sagte er.

Seine Frau und seine Kinder stürzten sich auf die auseinandergebreiteten Geldscheine, und als Filâtre sie so betrachtete, empfand er das edle Gefühl des Pelikans, der seine väterlichen Eingeweide unter seine Söhne verteilt.

»Woher hast du das Geld?«

»Der Verdienst eines Tages«, sagte er mit schmerzvollem Ausdruck. »Ein Honorar für hervorragende Darstellung.«

»Gut«, rief Mathilde. »Philipp holt Wein. August holt Brot. Therèse holt Schinken. Und Martine...«

Nach zehn Minuten waren die angekündigten Leckerbissen zur Stelle, und die Mahlzeit begann. Der Sohn des Himmels betrachtete die gefüllten Teller, die vollen Gläser, und ihm kam der Gedanke, daß er dieses Familienmahl mit seinem Leben bezahlt habe, daß er seine eigene Person verkauft habe, um seine Frau und seine Kinder zu ernähren, daß er sich selber ihrem wütenden Appetit zum Fraß hingeworfen hatte. Ja, dieses Brot, dieser Schinken, dieser Käse, dieser Wein, das war er selber, das war sein eigener Körper, den er zum Opfer dargebracht. Bei jedem Bissen empfand er das grausame Wonnegefühl, als sei es ein Biß in sein eigenes Fleisch.

»Eßt, Kinder, trinkt!« sagte er immer wieder, mühsam die Tränen zurückhaltend.

»Und du?« grollte Mathilde. »Was ist dir denn über die Leber gekrochen?«

Anatole Filâtre führte ein Stück Brot an den Mund, doch ihn überkam ein Ekel, als hätte er eine Sünde wider die Natur begangen.

Von diesem Tage an lernte Anatole Filâtre ein neues und erhabenes Dasein kennen. Er hatte sich einen Smoking für die elegante Statisterie leihen können, und seit einer Woche wirkte er in Szenen mit, die in Nachtlokalen auf dem Montmartre spielten. Doch jeden Abend kam er von der Heimkehr vom Filmatelier am Büro des Beerdigungsinstituts vorbei. Und Pilatus, auf der Schwelle seines Geschäftes stehend, schaute spähend nach ihm aus, mit einem unverschämten Ausdruck, als labe er sich an seinem Anblick.

Pilatus lächelte übers ganze Gesicht, sobald Anatole vor dem Laden anlangte, und sagte: »Nun, Herr Filâtre, wie ist Ihr Befinden?«

Im Munde jedes anderen wäre diese Frage nichts weiter gewesen als die landläufige Bekundung einer Höflichkeit. Doch im Munde von Pilatus verbarg sich darunter ein grausamer Hintergedanke, wurde zu einem Mahnruf, zu einer

Besitzergreifung. »Wie ist Ihr Befinden?« Das sollte heißen: »Sterben Sie nicht bald, damit ich in den Besitz meiner fünfhundert Franken komme?« Beschämt senkte Filâtre den Kopf, er versuchte ein trockenes Hüsteln, ein konvulsivisches Zittern des Armes: »Hm... hmm...«

Mit Kennermiene studierte Pilatus die klinischen Folgen dieser Manifestation und stieß ein geringschätziges Pfeifen aus.

»Es geht nicht gut«, ächzte Filâtre. »Ständig dieses Kratzen in der Kehle... dieses Stechen in den Gliedern...«

»Solange man noch seine Gliedmaßen spürt, liegt man noch nicht in den letzten Zügen«, meinte Pilatus und pflanzte sich eine Zigarette mitten ins Gestrüpp seines Bartes.

Filâtre, von diesem Sarkasmus bis ins Herz getroffen, drückte die drei kurzen, schlaffen Finger, die Pilatus ihm hinstreckte, und setzte seinen Weg fort, den Rücken gebeugt und mit untröstlicher Seele. Tags darauf begann die Marter von neuem, zu gleicher Stunde, am gleichen Ort und unter den gleichen Umständen.

Der Sohn des Himmels war in der seelischen Verfassung eines ehrlichen Schuldners, der sich außerstande sieht, seinen Verpflichtungen nachzukommen. Er hatte seinen Tod zu Geld gemacht, und dieser Tod kam nicht. Von Tag zu Tag deuchte es ihn immer mehr, als verwandle sich die vergnügte Miene von Pilatus in ungeduldiges Harren. Und sehr bald vermeinte der Sohn des Himmels einen erzürnten Ausdruck bei ihm zu erkennen. Pilatus war gewiß entrüstet über seine Langsamkeit, über sein geschwächtes Aussehen und sein Stöhnen. Pilatus forderte Zahlung auf kurze Sicht. Dieser Mensch, der entgegenkommend war in seinen Geschäften, brachte kein Verständnis dafür auf, daß man sich ihm entzog. Und Filâtre zerbrach sich den Kopf, um neue hinhaltende Entschuldigungen zu erfinden.

»Ich spucke schon ein wenig Blut, Herr Pilatus, was mag das wohl sein?« sagte er. Oder aber: »Ist es schlimm, wenn man hundertsiebzig Blutdruck hat?«

Oder auch: »Was täten Sie, Herr Pilatus, wenn Sie an Erstikkungsanfällen litten, an Herzbeklemmungen, an...«
»Ich, nun, ich würde mich pflegen«, gab Pilatus zur Antwort. »Doch bei Ihnen ist es eine andere Sache.«
Filâtre zockelte davon, mit kleinen müden Schritten, als fühle er ein Heer von Gerichtsvollziehern auf seinen Fersen. Ach, wenn er doch fünfhundert Franken an Ersparnissen hätte, mit welcher Freude würde er sie Herrn Pilatus in die Hand drücken! Eines aber stand fest: er besaß sie nicht.
Der Sohn des Himmels hatte alle Hoffnung verloren, alle Lebensfreude, und er überraschte sich dabei, wie er von sich selbst in der Vergangenheit sprach.
»Wie heißen Sie?« fragte man ihn auf einem Statistenbüro.
»Ich hieß Anatole Filâtre«, antwortete er.
Zu Neujahr erhielt Anatole Filâtre eine Karte seines Peinigers. Auf dem prachtvoll gravierten Büttenpapier standen bloß die schlichten Worte: »Herr Pilatus bringt Herrn Anatole Filâtre sein Beerdigungsinstitut empfehlend in Erinnerung.«
Das war wirklich zuviel. Pilatus verfolgte ihn bis in seine vier Wände. Pilatus sprengte die verschlossenen Türen seiner Intimität. Pilatus gestand ihm schwarz auf weiß, daß er des Wartens müde war und seine Haut in kürzester Frist verlangte. Und das Ungeheuer war in seinem Recht, wenn es diesem Verlangen Ausdruck gab. Denn Anatole hatte sich ihm verkauft. Anatole war kein Mensch mehr, nur noch eine Ware, ein Vorwand für geschäftliche Transaktionen. Und die Seele da drinnen? Der süße Liebesschmerz, die besonderen Eigenschaften, der Herrgottswinkel? Mit all dem war es zu Ende. Und damit punktum. Welch ein Elend!
Anatole Filâtre steckte die Karte hastig in die Tasche und vergrub den Kopf in beiden Händen.
»Wer hat dir geschrieben?« fragte Mathilde.
»Ein... Regimentskamerad... Du kennst ihn nicht...«
Ihm drehte sich der Kopf. Er schützte Kopfschmerzen vor, um früher schlafen gehen zu können. Aber in der Nacht

konnte er die Augen nicht schließen. Der Gedanke an die Niederträchtigkeit, die er begangen, ließ ihm keine Ruhe mehr. Um jeden Preis mußte er krank werden. Es war notwendig, daß er starb. Die Zähne zusammengepreßt, suchte er an sich die Anzeichen einer befreienden Krankheit zu erkennen. Gegen vier Uhr morgens hatte er bei sich heftiges Ohrenbrausen entdeckt, einen unerträglich bitteren Geschmack im Munde, zerreißende Magenbeschwerden und fürchterliche Beklemmungen am Herzen. Er schlief in der tröstlichen Gewißheit ein, daß er nunmehr in den letzten Zügen liege. Er hatte einen glückhaften Traum, in dem Pilatus, mit schwarzen Handschuhen und Tränen in den Augen, an seinem Bett erschien, um ihn zu umarmen. Der dicke Mensch kitzelte ihm die Backen mit seinem üppigen Bart und sagte schluchzend immer wieder: »Ich habe Achtung vor Ihnen, Herr Filâtre ... Ich habe Achtung vor Ihnen ...«

Und Filâtre, dessen Herz vor Freude geschwellt war, stammelte ernst: »Ach, nicht der Rede wert, Herr Pilatus; was ich verspreche, das halte ich auch.«

Dann befestigte ein Herr mit Zylinderhut ein goldenes und mit Edelsteinen eingefaßtes Kreuz an der eingefallenen Brust Anatoles.

»Mathilde«, rief Filâtre, »ich habe einen Orden bekommen!«

»Hörst du endlich auf zu brüllen?« antwortete ihm eine Grabesstimme.

Filâtre erwachte, denn seine Frau schüttelte ihn an den Schultern.

Ach, kaum war der Bedauernswerte aufgestanden, da erkannte er den vollkommenen Zusammenbruch seiner Hoffnungen. Seine Beschwerden waren mit den letzten Fetzen seines Traumes verflogen. Er fühlte sich frisch, quicklebendig, sein Magen knurrte, und sein Mund duftete nach einer mandelsüßen Zahnpasta.

»Ich bin ein Schuft«, knurrte er. Dann begab er sich zur Arbeit, denn er war ebenso pünktlich wie empfindsam. Die

Szene, in der er an diesem Tage mitzuwirken hatte, stellte eine Straße dar. Unbekannte mit Alltagsgesichtern kreuzten einander auf dem Bürgersteig. Filâtre befand sich unter ihnen und gab sich die größte Mühe, wirklich wie ein Passant auszusehen.

In einem bestimmten Augenblick sollte eine Detonation alle diese Passanten überraschen und sie veranlassen, zu einem im Erdgeschoß liegenden Zimmer zu stürzen, denn in dem Zimmer hatte ein junger Mann Selbstmord begangen.

Bei der sechsten Probe fühlte Anatole Filâtre eine Erleuchtung der Vorsehung über sich kommen.

»Sie, die Pförtnersfrau«, sagte der Regisseur, »legen Sie etwas mehr Gefühl hinein, wenn Sie sagen: ›Der Arme, er hat Selbstmord begangen. Er ist dem Tod entgegengeschritten, weil der Tod nicht zu ihm kam‹. Das ist wesentlich.«

»Er ist dem Tod entgegengeschritten, weil der Tod nicht zu ihm kam.« Diese Worte sollten Anatole Filâtre den ganzen Tag nicht mehr loslassen.

Auf dem Rückweg vom Atelier betrat er eine Apotheke, um Rattengift zu kaufen. Sobald er die Packung in der Tasche hatte, wurde sein Herz von einem wunderbaren Gefühl der Beruhigung ergriffen. Er fühlte sich im reinen mit Gott und mit Pilatus. Er trug etwas bei sich, womit er seine Schuld bezahlen konnte. Jetzt konnte er erhobenen Hauptes einhergehen. Mit welch würdevoller Miene würde er vor Pilatus hintreten. »Morgen wird Ihre Rechnung beglichen sein, Herr Pilatus«, so würde er zu ihm sagen. Und ohne ein weiteres Wort würde er seinen Weg fortsetzen, diesen fetten, unheimlichen Menschen in Bestürzung stehenlassend.

Schon hielt kreischend die Métro, die Menge drängte Filâtre aus dem überfüllten Abteil hinaus, und laufend stieg er eine Treppe empor, an deren Wänden vielfarbige Anzeigen hingen.

Die frische Luft. Der Bürgersteig. Lebhaften Schrittes eilte er auf dem Asphalt dahin. In hundertfünfzig Meter Entfernung sah er vor sich die schwarzgrüne Hausfront des Instituts Pila-

tus aufschimmern. Aber Pilatus war nicht auf seinem Posten. Zweifellos würde er jeden Augenblick heraustreten. Wenn er nicht heraustäte, war Filâtre entschlossen, die Tür aufzustoßen, um ihm die schicksalsbestimmenden Worte ins Gesicht zu schleudern: »Morgen wird Ihre Rechnung beglichen sein, Herr Pilatus.« Er sprach diese Worte immer wieder vor sich hin, kostete sie mit Wonne auf der Zungenspitze.
Noch einige Schritte, und Filâtre wird gleich vor der Tür des Instituts Pilatus sein. Aber warum ist die Schaufensterbeleuchtung erloschen? Warum sind die eisernen Rolläden heruntergelassen? Voller Unruhe beschleunigt der Sohn des Himmels seine Schritte, geht auf den Laden zu, bleibt davor stehen und nimmt mit zitternder Hand seinen speckigen Filzhut ab. An der Tür des Beerdigungsinstituts hängt ein Schild mit doppelter schwarzer Umrandung: »Wegen Trauerfalles geschlossen.«
Anatole Filâtre ist wie zu Boden geschmettert, er verdreht die Augen, würgt seinen Speichel hinunter und tritt auf das Schild zu. Er hat richtig gelesen: »Wegen Trauerfalles geschlossen.«
Klar und deutlich heben sich die Trauer verkündenden Worte auf dem weißen Papier ab. An den Worten ist nicht zu rütteln, sie sind hart und unerbittlich wie der Urteilsspruch des Schicksals: »Wegen Trauerfalles geschlossen.«
Anatole Filâtre stürzt zu der Loge der Pförtnersfrau. »Was für ein Trauerfall?« ruft er.
Und wie aus einem finstern Schacht, aus einem Schacht buntscheckiger Sofakissen und gehäkelter Deckchen, ertönt eine feierliche Stimme: »Herr Pilatus ist gestorben. Eine Embolie.«
Die ganze Welt kreiste um diesen einen Satz.
Tot war also der, der sich mit dem Tod verbündet hatte. Tot dieser Mensch, der vom Tode lebte. Pilatus war nichts weiter als der Kunde von Pilatus.
Der Sohn des Himmels verharrte eine Viertelstunde, um die Todesanzeige der Firma Pilatus zu betrachten. Dann sah die

neugierig gewordene Pförtnersfrau, wie er sich den Kopf kratzte, langsam die Straße überquerte und seine Schritte zu dem Beerdigungsinstitut Dupont lenkte, dessen verlockende Schaufenster, mit Zertifikaten und Fotografien geschmückt, sich am Bürgersteig gegenüber entlangzogen.

Anatole Filâtre stieß die angelehnte Tür des Instituts auf und schritt auf einen schwarzgekleideten Mann zu, der hinter einem mit grünem Tuch bezogenen Tisch saß. Der Sohn des Himmels verneigte sich vor ihm und sagte in entschlossenem Tone: »Ich bin der Bruder von Filâtre dem Älteren, dem Direktor der ›Beschaulichen Milchkuh‹. Mir ist eine Idee gekommen, aus der wir gleicherweise Nutzen ziehen könnten. Nämlich...«

HENRI THOMAS

Der alte Doktor

Von meinem Haus aus konnte ich oft beobachten, wie die Dame aus Norwegen, ihr Töchterchen an der Hand, über den Strand ging. Wenn der Mistral wehte, ließ die Kleine sich manchmal ein bißchen ziehen, aber dann sprang auch sie ihrer Mutter nach ins Wasser. Die Kleine blieb immer in der Nähe des Ufers, während die Mama, ohne zu prusten oder zu schnauben, erst eine größere Runde schwamm, bevor sie zu der Tochter zurückkehrte, die sie mit Rufen und Lachen empfing. Sie hielten sich nicht an den Händen, wenn sie aus dem Wasser stiegen, die Kleine rannte, die junge Frau ging mit ruhigen Schritten und warf dabei mit beiden Händen ihr dichtes blondes Haar zurück. Von meinem Fenster aus sah ich ihr zu, wie sie da badete, nackt, glänzend von Sonne und Wasser. Ob der Strand leer war oder ob Leute dort waren, das war ihr gleich; vom ersten Tag an hatte Madame Laage nackt gebadet. Eine Frage der Erziehung, aber natürlich auch des Charakters. Die beiden begegneten mir oft im Dorf, in Rot und Blau gekleidet. Angezogen erschien Madame Laage größer; ihre Schönheit war dann noch auffallender: sie war graziös und kräftig zugleich, und man ahnte viele andere Qualitäten in ihr: Offenheit – wenn sie einem voll ins Gesicht sah, ohne das Lächeln der Schüchternen –, Ehrlichkeit, eine gewisse Güte, dazu eine Art von damenhafter Kühle, zu der ihre Erscheinung am Strand in einem geradezu rührenden Gegensatz stand.

Toussaint Luciani hatte sie in seinem alten Peugeot vom Flugplatz in Bastia abgeholt, ich war im Dorf, als sie zurückkamen. Die großen Koffer aus glänzendem Leder mit ihren bunten Etiketten bildeten einen schönen Kontrast zu dem klapprigen Vehikel, das eine Farbe hatte wie Pisse. Schon seit längerer Zeit hieß es, daß Luciani sein Auto verkaufen wolle und das »Eden« Hotel gleich dazu, auch sein Haus in Bastia, das ich aber nicht kenne – es soll ein recht ansehnliches Gebäude sein, habe ich gehört, aber belastet mit Hypotheken. Nun, wie auch immer, es hätte Luciani jedenfalls zu dem gegebenen Zeitpunkt nicht schlechter gehen können. Man fragte sich sogar, woher er eigentlich das Benzin nahm für seine häufigen Fahrten von Solenza nach Bastia. Irgend jemand hatte gemeint, er hätte sich Betriebskapital für eine Saison, oder vielleicht auch nur für zwei Monate, von seiner Frau ausgeborgt, von der er seit über zehn Jahren getrennt lebte, ohne daß jemals von Scheidung gesprochen worden wäre, und die er von Zeit zu Zeit in Ajaccio besuchte, wo sie den besten Friseursalon führte. Aber egal, ob er sich das Geld von ihr oder woanders ausgeborgt hatte (Luciani hatte noch aus den Jahren, als es ihm gut ging, zahlreiche Bekannte in Marseille und Nizza), für jeden, der ihn kennt, mit seiner Mischung aus Apathie und Berechnung war diese Erklärung jedenfalls die einleuchtendste. Man gestand ihm allgemein eine Galgenfrist von einer Saison zu, mehr nicht, denn das »Eden« lag offensichtlich auf Sand; die verschiedenen Skandale, die der Sohn Lucianis sich geleistet hatte, gaben einem Unternehmen den Gnadenschuß, das auch sonst nie gut gegangen war.

Wenn das Auto von Toussaint Luciani einen klapprigen Eindruck machte, so war das »Eden« Hotel noch bei weitem klappriger. Von weitem gesehen – das Auto war unter den Eukalyptusbäumen geparkt oder eher wie Strandgut dort liegengelassen – hätte man es für eine verlassene Baracke halten können. Man konnte die Gefühle der Dorfleute für Luciani & Sohn verstehen, wenn man das Hotel mit den Prospekten verglich, die das Touristenbüro vor zwei oder drei Jahren herausgebracht hatte, und sah, was von den Versprechungen übrigblieb: »Modern gestaltetes Hotel, hervorragende Küche (Langusten), herrliche Lage.« Von der herrlichen Lage ist nichts geblieben als die Unannehmlichkeiten. Das »Eden«

war kühn (und in kürzester Zeit) im Talboden erbaut worden, noch tiefer als das Dorf, dort, wo der Wildbach eine Biegung macht und sich hinter dem Wald in mehrere Arme aufteilt. Einer der Arme, in dem das Wasser im Sommer die längste Zeit sehr tief steht oder ganz und gar austrocknet, umfloß das »Eden«. Im Winter hatte das Hochwasser die beiden Stege zerstört, die das Hotel früher über einen sumpfigen Graben mit dem Strand und, der zweite, größere, über den Fluß mit dem Dorf verband. Vom Strand her konnte man das Hotel jetzt zu Fuß erreichen, wenn es einen nicht störte, daß man bis zu den Knöcheln im Schlamm versank. Für den Verkehr in der anderen Richtung besaß Luciani ein Boot, nicht weniger klapprig als sein Peugeot, das er mit einem Tau an der kleinen Zementmauer festzurrte, die früher den Steg getragen hatte. Das Auto ließ er hinter dem Haus am Waldrand stehen, von wo aus man über einen kaum befahrbaren Karrenweg die Landstraße erreicht. Im Winter hatten die Stöße des Nordwinds große Stücke Blech aus dem Schutzdach der Veranda herausgerissen, die den Blick übers Meer freigab. Na, und die vielen eingeschlagenen Fensterscheiben? Und dieses ausgeräumte Zimmer, in das man durch das immer offenstehende Fenster hineinsah, wenn man zum Wildbach hinunterkletterte? Im letzten Sommer war das »Eden« Opfer eines Einbruchs geworden; aber auch die unverschämtesten Diebe hinterlassen kaum jemals derart auffällige Spuren, würde ich annehmen. Toussaint Luciani befand sich damals gerade auf einer Reise nach Paris, Gott allein weiß, warum und mit welchem Geld, und kam erst einen Monat nach dem Einbruch wieder zurück. Die Diebe hatten alles mitgehen lassen, bis zu den elektrischen Birnen und den Champagnerkübeln, sogar die Umschalter im Verschlag hatten sie herausgerissen. Toussaint hatte keine Anzeige erstattet. Es gab überhaupt keinen Zweifel, daß der Dieb kein anderer war als sein eigener Sohn, unterstützt von einem ähnlichen Früchtchen, das in dieser Nacht mit ihm aus Ajaccio gekommen war. Wie soll man es sonst erklären, daß Toussaint, der nach seiner Rückkehr bald wieder abfuhr und mit dem Peugeot zurückkam, der bei dem Einbruch ebenfalls verschwunden war – daß er aber nicht allein zurückkam, sondern mit seinem Sohn? Angeblich hat er sogar zuerst den Wagen in einer Garage in Propriano gefunden und darauf erst seinen Sohn erwischen können, und angeblich hat er ihm damals auch ein bestimmtes Versprechen abgenommen und eine gewisse Summe als Ersatz von ihm erhalten, worauf er dann auf eine Bestrafung des jungen Gangsters verzichtete... Das ist natürlich alles möglich, aber wie ich Toussaint kenne, glaube ich eher, daß sein Sohn sich keiner besonderen Unterwerfungszeremonie hat unterziehen müssen, ja, es würde mich wundern, wenn Toussaint überhaupt viele Erklärungen von ihm verlangt hat; egal, ob sie einer Meinung waren oder nicht, Vater und Sohn sprachen kaum jemals ein Wort miteinander.

Einige glauben, daß Toussaint diese ganze Angelegenheit sehr getroffen hat, und sehen den Beweis dafür in der Tatsache, daß er danach auch das bißchen Interesse verlor, das er bisher für sein »Eden« Hotel gezeigt hatte: nicht einmal die elektrischen Anlagen, die die Diebe hatten mitgehen lassen, ließ er wieder ersetzen. Zugegeben, es war auch wirklich nicht nötig; denn außer Toussaint, der selten da war, seinem Sohn, der sich, kaum hatte sein Vater das Haus verlassen, nach Ajaccio verdrückte, und einer Bäuerin (ich habe sie gut gekannt), die manchmal aus dem nächsten Dorf herüberkam, ging in diesem Sommer überhaupt niemand ins »Eden«. Touristen, die eventuell als Gäste in Frage kamen, waren noch nicht aus dem Autobus gestiegen, da kannten sie schon die ganze Geschichte und dazu einen Berg von unwahrem Geschwätz. Aber dann erschien die Dame aus Norwegen, und sie kam nicht mit dem Autobus.

Ihre Ankunft fiel zusammen mit der Ankunft, besser mit der Eruption, der Explosion einer Hitzewelle. Einen derart plötzlichen Übergang hatte ich noch nicht erlebt. Das Wetter war wohl schon seit dem Frühling so schön gewesen, wie das zu dieser Jahreszeit bei uns eben üblich ist, aber jetzt leuchtete der Himmel von einem Tag auf den andern doppelt so stark, und das Meer hatte ein Blau, das hart war und sauber wie ein neuer Teller.

Die Norwegerin hatte sich über Solenza informiert, und zwar in einem jener aufschneiderischen Prospekte. Darauf schrieb sie an die »Direktion« des »Eden« Hotels, Luciani antwortete; in einem zweiten Brief aus Norwegen stand dann das Datum, wann genau Madame Helga Laage am Flughafen von Toga-Bastia ankommen würde. Das alles war jedermann im Dorf bekannt, und mir als erstem, nämlich durch unsere alte Postbeamtin, aber ich glaube, ich bin der einzige, der sich an diese Einzelheiten erinnert. Zwar ist mein Gedächtnis nicht unbedingt das beste, im Gegenteil, es passieren mir häufig peinliche Dinge: ich wäre zum Beispiel aufgeschmissen, wenn ich aus dem Kopf sagen sollte, welche Kunden gestern zu mir in meine Apotheke gekommen sind. Glücklicherweise vergesse ich nie, mir ihre Namen aufzuschreiben. Aber lassen wir das.

Als es anfing, derart heiß zu werden, konnte ich nicht einschlafen und ging, der Kühle wegen, öfter spät in der Nacht noch spazieren. Dabei stieß ich wiederholt plötzlich auf den Sohn Luciani, der irgendwo am Dorfrand regungslos an einer Mauer lehnte oder auch an der Straßenböschung stand. Angenommen, er wartete auf jemanden, zum Beispiel auf eine der Töchter des Fischers, so hätte er sich nicht derart öffentlich postiert; die Rendezvous der Korsen sind immer eine heimliche Angelegenheit. Aber ich hielt es eigentlich trotzdem für das wahrscheinlichste, daß er in eines dieser Mädchen verliebt war und versuchte, ihren Anblick an einem der erleuchteten Fenster zu erhaschen, oder weiß der Teufel was. Außerdem konnte man auch die fürchterliche Hitze zur Erklärung heranziehen, ich war nicht der einzige, der darunter litt.

Als ich eines Abends dem Sohn Luciani auf dem Chemin de la Marine begegnete, sagte ich: »Eugène, es wäre mir recht,

wenn du morgen bei mir vorbeikämst und die Chinintabletten für das ›Eden‹ abholtest.«
Die Dosis Chinin, die die Gesundheitsbehörde zur Bekämpfung der Malaria ihnen jedes Jahr kostenlos zur Verfügung stellt, hatte ich allerdings schon längst unter der Bevölkerung von Solenza verteilt. Und schon letztes Jahr hatte ich nichts fürs »Eden« aufgehoben, es gab ja keine Gäste; das war kurz nach dem Einbruch. Diesmal aber mußte ich an die Dame aus Norwegen und ihr Töchterchen denken, und ich machte mir Sorgen; die Nippfluten zwischen Strand und Wald sind noch immer ein Malariaherd.
Eugène gab mir keine Antwort, aber er hat mich sicher gehört. Ich füllte zwei Säckchen mit Tabletten, eins für Luciani und Sohn, das zweite für die Gäste. Aber der nächste Tag verging, ohne daß Eugène sie geholt hätte. Ich ärgerte mich sehr. Bitte, sie haben es sich selbst zuzuschreiben, was ihnen und ihren Gästen geschieht, ich wasche meine Hände in Unschuld. Trotzdem konnte ich nicht aufhören, mir Sorgen zu machen, um so weniger, als das »Eden« Hotel von meinem Haus aus sehr deutlich sichtbar war, was meinem Ärger immer wieder neue Nahrung gab. Mein Haus steht auf halber Höhe am Abhang des Vorgebirges, das sich an der Küste entlangzieht, und öffnet den Blick über einen großen Teil der Bucht, über den Strand und den Waldrand.
Als es am Abend dunkel geworden war, bemerkte ich Licht in einem der Fenster des »Eden«, die auf das Meer hinausgingen. Luciani hatte also im Hotel die Lampen repariert. Die Beleuchtung der Pergola war allerdings nicht wieder instand gesetzt worden. Früher, zur Zeit seines brillanten Debüts, warf das »Eden« einen großen Lichtschein fast bis ans Meer; von meinem Fenster aus sah ich die Umrisse der Paare, die unter dem Schutzdach der Pergola tanzten, und es kam oft vor, daß ich zu Bett ging, bevor die Musik im »Eden« aufhörte; ich lauschte dieser Musik gern beim Einschlafen, sie klang von so weit herüber, daß sie nicht störte. Jetzt höre ich während der Touristenzeit die Musik aus dem Café du Pro-

montoire, das keine fünfzig Meter von mir entfernt liegt; ihretwegen muß ich mir jeden Samstagabend Oropax-Kugeln in die Ohren stopfen.
Heute war zwar nicht Samstag, aber ich glaube, die Stille dieser herrlichen Nacht legte sich derart auf meine üble Laune, daß ich unruhig wurde, oder besser gesagt, daß ich anfing, an Dinge zu denken, die mir sonst vielleicht nie mehr eingefallen wären. Man vergißt eigentlich wirklich viele peinliche Situationen, in denen man sich ein für allemal gefangen glaubte. Man geht weiter, man hat zuviel zu tun, als daß man sich umdrehen könnte, und nach einigen Jahren kann man sich ruhig umdrehen, jede Erinnerung ist wert, daß man sie bewahrt. Doch. Aber um sozusagen ganz natürlich säen zu können, braucht man die Möglichkeit des Vorwärtsschreitens, braucht man eine Zukunft. Tagsüber hält mich mein Beruf in Bewegung; gerade jetzt bemüht man sich mit größter Intensität, der Malaria an der Küste Herr zu werden, und meine Aufgabe beschränkt sich keineswegs nur darauf, einmal im Jahr Chinintabletten an die Bewohner des Dorfes zu verteilen. Als derjenige, der für den Kampf gegen das Sumpffieber in unserem Bezirk verantwortlich ist, hatte ich die Orte im Tal zu bestimmen, die vor allen anderen zu sanieren waren, und ich führte auch bis ins kleinste Detail Buch über die Fortschritte, die wir in den letzten fünf Jahren machten; kurz, der Kampf gegen die Malaria ist eine bedeutende Aufgabe, mit der mein Name vielleicht verknüpft bleiben wird. In diesem Sinn habe ich durchaus eine Zukunft, auf die ich mich zubewege. Aber das ist auch die einzige, jedenfalls seit Maria zu Neujahr ins »Hotel du Moulin« arbeiten gegangen ist. Natürlich hat sie alles erzählt, was zwischen uns beiden passiert ist. Ohne daß man es jemals mir gegenüber an Respekt fehlen ließ, habe ich doch eine Zeitlang an den Gesichtern der Leute gemerkt, daß ich die Hauptattraktion der Lokalchronik bildete.
Jetzt spricht niemand mehr darüber. Sie haben Respekt vor dem Alter, das ist es. Ich bin einundsiebzig Jahre alt, daher

bin ich achtbar geworden; ich darf annehmen, daß mir nichts Peinliches passiert, außer, daß ich krank werde und sterbe. In dieser Richtung habe ich also gar keine Zukunft. Wäre da nicht meine Tätigkeit als Leiter der Abteilung zur Bekämpfung der Malaria, hätte ich das Gefühl, von allem abgeschnitten zu sein. Aber wenn ich mich untersuche, kann ich nicht finden, daß mir irgend etwas fehlt, an ruhigen Tagen empfinde ich sogar manchmal eine physiologische Unruhe, die man durchaus nicht als Zeichen der Erschöpfung werten kann. Wenn Maria bei mir geblieben wäre, hätte sie etwas davon zu spüren bekommen. Allerdings ist Maria Sandini nicht mehr da. Sie wollte nicht bleiben. Ich habe keine besonderen Anstrengungen gemacht, um sie zurückzuhalten, denn ich war unserer Raufereien nach dem Abendessen auch schon langsam überdrüssig.

Ich suchte keine Nachfolgerin mehr für sie, obwohl ich es mir öfter überlegt habe; ich hatte sogar schon, wenn man so sagen kann, eine der Töchter des Fischers im Auge... Ich hätte nur zu fragen brauchen. Oft habe ich abends daran gedacht; zuerst aß ich im Bella-Vista, aber der Weg dahin ist weit, und bald fand ich es bequemer, mir am Abend selbst ein bißchen was zu kochen. So verging die Zeit, der Winter, der Frühling, und jetzt haben wir diesen herrlichen Sommer. Ich werde kein neues Mädchen mehr einstellen, dieser Punkt ist nunmehr geklärt.

Ich starrte noch immer auf das erleuchtete Fenster des »Eden« Hotels; es war das einzige Licht auf dieser Seite des Tales, so daß man in Ermangelung eines anderen Bezugspunktes das Gefühl hatte, als triebe es wie ein Irrlicht umher, jetzt weit weg, dann wieder nahe; beinahe mechanisch stellte ich die Entfernung fest: da beginnt der Wald, links vom Lichtschein, dort ist die große Schlucht, gerade vor mir, das Meer ist rechts, ich glaubte zu erkennen, wo es anfing; das erleuchtete Fenster bleibt jetzt an seinem Platz, es bewegt sich nicht mehr. Eine Viertelstunde Abstieg, geradeaus und durch den Wildbach, und ich wäre dort: ich würde ans Fenster klopfen:

»Guten Abend, Luciani...« Aber es gibt keinen Steg mehr, und das Boot vertäuen sie jeden Abend am anderen Ufer. Und durch den Fluß zu waten, das Wasser bis zu den Hüften, in meinem Alter, das kam wohl nicht in Frage.
Mitten in diesen Überlegungen fühlte ich mich plötzlich wie in die Enge getrieben. Ich begann zu reagieren. Um dieses erleuchtete Fenster zu erreichen, das da direkt vor mir stand, brauchte man zu Fuß mindestens eine dreiviertel Stunde, wenn man der Landstraße folgte bis zur Brücke über den Fluß, und hinter der Brücke mußte man den Weg nehmen, der durch den Wald zum Strand führt und der stellenweise ganz überwachsen ist; und die Farne im Unterholz sind mehr als mannshoch. Das alles mitten in der Nacht, und die Sumpfgräben neben dem Flußbett, die man durchqueren muß...
Wenn ich sage, daß ich anfing zu reagieren, so heißt das nicht, daß ich die Realität leugnen wollte. Nein, es blieb mir gar nichts anderes übrig, als die Tatsachen anzuerkennen; man muß schon verrückt sein, um es für einen Ausgang zu halten, wenn man eben schmerzhaft gegen eine Wand stößt. Aber es war etwas geschehen, was mich beinahe an Inspiration glauben läßt. Ich hatte an nichts Bestimmtes gedacht, als plötzlich der Umschwung eintrat. Keine Zukunft, keine Frauen, kein »Eden« Hotel mehr, eine Viertelstunde durch den Wildbach!
Was blieb mir noch? Ein sorgloses Alter! Die Erinnerungen! Ich mit meinem berühmten Gedächtnis! Und das ist alles wahr... Man erinnert sich meistens, ohne es überhaupt zu wollen, man erinnert sich nicht mit Überzeugung; man rechnet einfach damit, daß man vergißt. Mir dagegen wurde in dieser Nacht klar, daß von Vergessen keine Rede war und daß mir das alles keine Angst einjagte.
Immerhin hatte ich auch schon einmal Angst gehabt, und zwar lange Zeit hindurch. Was hat mich denn dazu getrieben, diese Bruchbude in Solenza zu kaufen, wo ich doch meine Praxis in Ajaccio hatte – was, wenn nicht die Angst vor

einem Skandal? Jeden Monat verbrachte ich ein paar Tage in Solenza mit irgendeiner Kleinen, und ich meinte, hier wäre ich gut aufgehoben. Aber was für eine bösartige Überraschung, als ich eines Tages zu einem Kaffee ins »Eden« herunterkam, mich umdrehte (ich blickte aufs Meer, denn ich saß draußen in der Pergola) und sah, wer mir den bestellten Kaffee brachte: eine von meinen Kleinen! Das saß! Die Kleine kicherte, und Toussaint Luciani beobachtete mich von der Bar aus. Später erst erfuhr ich, daß Toussaint das nicht absichtlich arrangiert hatte, er hatte seine eigenen Motive, um das kleine Luder anzustellen; was mich betraf, war er zwar im Bilde, aber nur deshalb, weil er einfach von selber und natürlicherweise alles wußte, was bei uns vorging, ohne daß er selbst daran teilgenommen hätte. Als ich, viel später einmal, zu ihm sagte: »Sie haben mir ganz schön Angst eingejagt, an dem Tag...«, da zuckte er nur die Schultern.

Jedenfalls hatte er diese Paulette ganz schön abgerichtet, denn während der ganzen Zeit, die sie im »Eden« Hotel arbeitete, hat sie kein Wort über mich gesagt, und Gott weiß, daß sie Anlaß dazu gehabt hätte. Ich habe keine Ahnung, wie Luciani es anstellte, da sie in bezug auf mich sehr zurückhaltend war (wenn sie mir begegnete, hätte man glauben können, sie erkenne mich gar nicht), aber die Tatsache bleibt bestehen, daß es so war. Weiß Gott, was geschehen wäre, wenn sie, statt im »Eden«, im »Promontoire« gearbeitet hätte; der Besitzer des »Promontoire« trachtete dazumal, mich zu ruinieren, denn er wollte mein Haus, um sich ausbreiten zu können. Andererseits suchte er auch eine Bedienung. Luciani freute sich diebisch, daß er ihm diese weggeschnappt hatte; das »Promontoire« und das »Eden« befinden sich seit der italienischen Besetzung im Kriegszustand. Dennoch genügte auch das noch nicht, um Lucianis Haltung mir gegenüber, ich möchte es fast Seelengröße nennen, zu erklären.

Ich verließ das Haus. Die Straße, die zwischen den Eukalyptusbäumen dahinführte, die Umrisse der Felsen auf den Abhängen, das Tosen des Wildbachs, alles das ist mir seit langem bekannt und vertraut, und ich achtete heute nicht etwa mehr darauf als früher; aber in dieser Nacht drängten sich mir die Dinge auf, in einer gleichsam endgültigen Art und Weise; deshalb rede ich ja überhaupt davon. Bei der großen Brücke über den Wildbach blieb ich einen Moment stehen; ich war schnell gegangen. Fünfzig Meter über mir im »Hotel du Moulin« war schon alles finster; das Hotel geht gut, aber es war immerhin schon fast Mitternacht. Um diese Zeit schläft Maria Sandini, die hier arbeitet, schon längst in ihrem Zimmer unterm Dach, sie schläft, wie ich sie in heißen Nächten oft auch bei mir schlafen sah: mit offenem Mund, und manchmal läuft ihr der Speichel in einem dünnen Faden aus dem Mund und macht das Kopfkissen feucht; aber das wirkt dennoch jung.

Sollte Toussaint Luciani tatsächlich schon zu Bett gegangen sein, wenn ich das »Eden« erreiche, so werde ich ans Fenster klopfen und ihn wecken; das wird ihn an alte Zeiten erinnern. Die Säckchen mit den Chinintabletten hatte ich nicht vergessen; wenn mir niemand öffnet, schiebe ich sie unter den Türspalt. Ohne Schwierigkeit fand ich den Fußweg, der ins trokkene Flußbett hinunterführt; er ist mit Schotter und Geröll bedeckt, ich konnte die einzelnen Steine nicht sehen und tappte wie ein Blinder mit dem Stock vor mir herum. Ich hatte Zeit genug, um auf den Wald zu schauen und zu lauschen; der Weg geht eine Weile am oberen Waldrand dahin, bevor er sich mit ein paar Zickzacklinien ins Farnkraut schlängelt. Ein Stückchen vor den letzten Kurven blieb ich stehen. Schon am hellichten Tag ist der Weg, der durch den Wald zum Strand führt, kaum zu erkennen; daran ist weniger der Eukalyptus schuld, durch dessen Blattwerk sich viele Lichtstrahlen bohren, als das Gebüsch des Unterholzes und diese unwahrscheinlichen Farnstauden. Außerdem sieht dieses Kuddelmuddel wegen des Hochwassers von einem Jahr zum anderen ganz anders aus. Kurz und gut, ich sah überhaupt nichts, bis auf die vage Kontur der Baumwipfel vor dem Meer. Dafür waren die Geräusche, die aus diesem großen Bottich voll Finsternis drangen, äußerst deutlich: die Rufe des Waldkauzes, die Frösche, ein Ast, der schon zur Hälfte abgebrochen am Baum hängt und knarrend auf und ab schwingt – all diese Geräusche drangen derart klar an mein Ohr, daß ich sie nicht nur hören, sondern auch lokalisieren konnte, so daß ich ihre Urheber geradezu vor mir sah. Und auch der Bach erzeugte nicht irgendein vages Geräusch, sondern mehrere Stimmen, die seinen Lauf durch die Finsternis nachzeichneten: dort – schneller, singend – drängt das Wasser zusammen und schießt über ein Bett voll Kiesel; anderswo hält er inne, ich sehe diese Pfütze der Stille vor mir, da beginnt das Sumpfgelände ... Es gibt auch Geräusche, die den Ort wechseln, verharren, weitergehen, Schritte, unter denen trockene Zweige knacken; die Esel und die paar Kühe des Dorfes verbringen oft die Nacht im Wald. Ich habe das früher oft gehört, ich höre es jetzt, und ich muß immer wieder feststellen, daß sich nichts verändert hat.

Um diese Zeit war der Sohn Luciani vielleicht noch im Dorf oder in dessen unmittelbarer Umgebung, um auf Gott weiß was zu warten. Vielleicht war ich auch an ihm vorbeigekommen, ohne es zu ahnen. Ach was! Das war mir völlig gleichgültig. Aber die Vorstellung gab mir immerhin Anlaß zu einigen Überlegungen, die ich bis auf weiteres für gültig und gerechtfertigt halte. Der Sohn Luciani war wahrscheinlich irgendwo da unten, wie ich ihn in einigen mondhellen Nächten getroffen habe, gegen einen Baumstamm gelehnt oder auf einem Stein hockend, ohne sich zu rühren, ohne sich aber auch zu verstecken. Ich ärgerte mich über ihn, weil er das Chinin nicht geholt hatte, und wenn er mir jetzt begegnet wäre, hätte ich ihn auf jeden Fall gefragt: »Was hast du um diese Zeit hier verloren?« Irgend etwas hätte er schon geantwortet, um Ausreden ist man nie verlegen.

»Und Sie, Monsieur Sabellio?«

Auch mir wäre sicher etwas Passendes eingefallen.

»Ich gehe hinunter zu deinem Vater, um ihm das Chinin zu bringen, das du heute bei mir hättest holen sollen.«

Wie er, und wie jeder andere in jedem Augenblick, hatte auch ich eine Ausrede. Aber die Gründe, die wahren Gründe? Seine Gründe kannte ich nicht. Ich selber befinde mich um diese Stunde der Nacht an der frischen Luft, weil ich seinen Vater sehen möchte. Und warum? Ich habe keine besonderen Neuigkeiten für ihn, und ich erwarte auch keine von ihm.
(Jetzt, am letzten Zipfel des Steiges, wäre ich beinahe wirklich gefallen, und schneller, als mir lieb war, fand ich mich mitten im Farnkraut wieder. Hier ist die Nacht undurchdringlich wie sonst nirgends; aber rechts höre ich den Wildbach rauschen.)
Die Gründe! Mir stehen sie serienweise zur Verfügung, die Ausreden mit eingschlossen. Ich habe die Wahl, und in diesem Augenblick nötigt mich niemand, tatsächlich zu wählen. Wenn man mich aber dazu treibt, so werde ich eben aus purer Höflichkeit ... eine Ausrede wählen. Da ist er wieder, mein Leichtsinn! Hier ist sie, die Größe des Alters: *»Denn der Jüngling ist schön, der alte Mann aber ist groß.«* Im Laufe meines Lebens haben alle Motive eine Rolle gespielt; ich darf von mir sagen, daß ich bei meiner beruflichen Tätigkeit immer gewissenhaft war, und auch hier, im Beinahe-Ruhestand bei der Bekämpfung der Malaria, bin ich es noch immer. Nichtsdestoweniger haben Motive, die nicht den mindesten Zusammenhang mit meinem Berufsethos hatten, stets eine große Rolle gespielt. Ich geriet manchmal in recht verwickelte Situationen, wenn es auch nie dahin kam, daß ich mich selbst nicht mehr darin erkannt hätte; ich wußte sehr wohl, daß ich nicht immer derselbe Mensch war. Verschiedene Leute machten sich leider von mir eine Teilvorstellung, die falsch sein mußte, da sie mich nur aus Umständen kannten, in denen ich von einem bestimmten Motiv getrieben war – immer demselben.
Jetzt, wo ich alt bin, erkennt man den Unterschied oder, und ich sage es, ohne zu zögern, den Fortschritt. Ich erinnere mich an all meine Motive, bei jedem Schritt (ich nähere mich dem Waldrand, und ich höre schon das Meer) liegt die ganze

Skala vor mir. Da alle Motive gemeinsam erst die Begründung für meinen nächtlichen Ausflug liefern, kann keines von ihnen allein genügen. Aber was ergeben sie zusammen? Ha, sie löschen sich gegenseitig aus! Was ich vorhin als Grund bezeichnete, kann ich auch Ausrede nennen, und Grund, was ich Ausrede nannte, das wäre weder mehr noch weniger wahr.

Aber ich bin nicht etwa wie ein Narr mitten in der Nacht in diesen Wald heruntergestiegen. Ich bin bei voller Vernunft, und ich habe alle meine Gründe um mich versammelt. Ich habe von einer Skala gesprochen, und dieser Ausdruck paßt genau: denn wenn die Motive sich gegenseitig auslöschen, so geschieht das ohne Durcheinander, sondern aus Harmonie. Ich höre auf keines allein. Das ist alles so weit, fast so weit wie die Gefühle der Kindheit! Und dabei ist das nur der Anfang, ich werde mich noch viel weiter entfernen. Der Gang zum Tode! Ich beschleunige ihn vielleicht, indem ich in diesem Moment am Talgrund herumirre, aber das läßt mich völlig kalt: wenn einmal die Rechnung gemacht ist, hat einmal zuviel oder einmal zuwenig keine Bedeutung mehr.

Ich halte alle diese Überlegungen für wahr. Aber was sich in dieser Nacht noch weiterhin abgespielt hat, das hat mich plötzlich sehr beeindruckt.

Das »Eden« Hotel steht auf einem weichen, sandigen Boden, auf dem Schritte nicht zu hören sind. Sie haben keinen Hund (Luciani mag Hunde nicht, er hat Katzen lieber); außerdem hatte der Mistral das Meer aufgewühlt, so daß es in dieser Nacht unaufhörlich gegen den Strand rollte. Ich konnte also näherkommen, ohne mich vor den drei sehr niedrigen Fenstern fürchten zu müssen, die nach hinten hinausgehen und die heute auf merkwürdige Weise erhellt waren. Die Lampe vorne in der Bar brannte, und ihr Licht fiel durch die offene Tür ins Zimmer. Auf diese Art traf ein Lichtstrahl schräg auf das Fenster, der das Bett in der Ecke jedoch nur schwach beleuchtete. Im dunklen Teil des Zimmers stand ein zweites Bett, in dem sicher das kleine Mädchen schlief. Das Bett, das ich gut sehen konnte, war Madame Laages Bett. Sie lag auf der Seite, zur Wand gedreht, und schlief; der Kopf lag im abgewinkelten Arm, der zweite Arm war gegen das Bettende hin ausgestreckt; ich sah das blonde Haarbüschel der Achselhöhle. Sie schlief nackt, zugedeckt nur mit einem Bettuch, das jedoch ihren Rücken bis fast zu den Hüften frei ließ. Und welch ein Rücken, welche Schultern, welche Arme! Im Licht der Lampe sah die sonnengebräunte Haut beinahe blond aus, sie glänzte wie das volle Haar, das über den abgewinkelten Arm floß. Sie schlief offenbar fest wie ein Tier; ihr Anblick, wie sie so dalag, war eigentlich nicht erregend oder aufreizend; er war einfach schön. Ich betrachtete sie, wie man vielleicht ein wildes Tier in einem Wald betrachtet, das man dort keineswegs vermutet hätte.

Einen Moment lang glaubte ich, sie hätte sich bewegt, aber es war nur ein Schatten. Mein Luciani stand in der geöffneten Tür. Er sah sie an, dann schob er die Tür zu und entfernte sich; die Tür wurde jedoch nicht geschlossen, so daß noch immer ein Lichtstrahl quer über das Bett fiel. In diesem Haus mit den Holzwänden hörte man kein einziges Geräusch; Luciani hatte sich lautlos wie eine Katze zurückgezogen. Er, dort drüben, hinter jener Tür, und ich hinter den Fensterscheiben, wir verstanden uns teuflisch gut.

Als ich das Geräusch der Ruder hörte, bekam ich offengestanden plötzlich Angst. Natürlich kam der Sohn Luciani jede Nacht einmal nach Hause, entweder über den Fluß oder über den langen Steg, über den ich gekommen war. Aber die Art, wie er schnell und hart ruderte, hatte etwas Zorniges; und er stieß das Boot gegen die kleine Landungsbrücke aus Zement, als wollte er es zerschmettern.

In diesem Augenblick verschwand der Lichtstrahl aus dem Zimmer; Toussaint Luciani hatte die Verbindungstür unversehens lautlos geschlossen. Darauf muß er seinem Sohn geradezu entgegengestürzt sein, denn ich hörte ihre Stimmen, als Eugène das Boot noch nicht festgemacht hatte.

Ich habe keine Ahnung, worüber sie stritten, obwohl ich

noch einen Moment stehenblieb, um zu lauschen, bevor ich auf den Wald zueilte. Falls die Streiterei heftig war, einigten sie sich wenigstens in dem Punkt, daß sie beide leise stritten, so, als wäre Madame Laages Schlaf Vater und Sohn gleichermaßen heilig. Aber kurz darauf wurde Madame Laage ziemlich unsanft aus dem Schlaf gerissen.

Als ich eben mit Mühe den Anfang des Wäldchens wiedergefunden hatte, hörte ich den Revolver ein paarmal hintereinander kurz und trocken bellen. Ich überlegte eine Sekunde lang und hastete dann vorwärts, damit ich zu Hause wäre, bevor man möglicherweise nach mir schickte. Angenommen, es war jemand verletzt, was hätte ich denn schon tun können ohne mein Besteck, mit nichts in der Hand als diesen Chininsäckchen?

Im Dorf war alles ruhig; Licht gab es nur mehr in dem Bistro, wo die italienischen Steinmetze logieren, die oft die ganze Nacht hindurch Karten spielen. Und auch wenn der Mistral nicht alle Geräusche gegen den anderen Abhang des Tales getragen hätte, so hätte sich sicher niemand aufgeregt über das, was im »Eden« passierte. Ich hätte mich gar nicht so zu beeilen brauchen.

Obwohl ich sehr müde war, blieb ich noch lange auf; das Fenster im »Eden« war noch immer hell, es war der einzige Lichtschein im ganzen Tal; ich hoffte, daß er bald erlöschen möge, aber er glänzte noch immer, als ich endlich, zum Umfallen müde, zu Bett ging.

Die Haltung von Madame Laage in den nächsten Tagen hat mich einigermaßen aus der Fassung gebracht; ich muß allerdings zugeben, daß mir der Charakter der Skandinavier vollkommen unbekannt ist. Am nächsten Morgen um 8 Uhr, ich trank gerade meinen Kaffee, trat sie ein, ohne anzuklopfen. Luciani möchte mich sehen (sie sagte das in korrektem Französisch, offenbar hatte sie den Satz auswendig gelernt). Ich ging mit ihr hinunter; als wir den Fluß erreichten, ging sie voran, und sie hatte schon die Ruder ergriffen, als ich mich ihr gegenübersetzte. Sie war ziemlich ungeschickt beim Rudern, und es war mir peinlich, zu sehen, wie sie mit verzerrtem Gesicht und in die Stirn hängenden Haaren an den Rudern riß. Aber was sollte ich tun? Ich selber rudere noch viel schlechter. Sie trug eine rote Bluse und eine dreiviertellange Hose, eine sogenannte Seeräuberhose; sie ging barfuß.

Sie hatte selbst Lucianis Verletzung verbunden, in Eile zwar, aber sehr geschickt. Sonderbare Verletzung. Handfläche und Daumen zeigten eine geradlinige Schnittwunde.

»Aber diese Verwundung stammt ja von einem Messer!« rief ich.

Während ich den Verband abnahm, war Madame Laage mit ihrer Tochter aus dem Haus gegangen; jetzt sah man die beiden Hand in Hand zum Meer schreiten.

»Ja«, sagte Luciani. »Die Revolverschüsse hatten nur den Zweck, dieses blödsinnige Stück zu entladen. Ich hatte übrigens unrecht. Eugène hat sich verzogen; diesmal hat er plötzlich Angst bekommen. Hatten Sie vielleicht auch Angst?«

Und wieder einmal hatte ich das deutliche Gefühl, daß Luciani wirklich ein großer Mann war; manche sagen, groß an Bosheit, aber dieser Meinung bin ich nicht.

»Angst könnte man es nicht nennen«, antwortete ich. »Im ersten Augenblick allerdings...«

Luciani sah mir ins Gesicht, dann begann er zu lachen:

»Ich hatte, offengestanden, zuerst geglaubt, Eugène stünde hinter dem Fenster, aber glücklicherweise hat Ihre Brille gefunkelt...«

»Ich wollte Ihnen das Chinin bringen«, sagte ich. »Hier, darf ich es Ihnen überreichen..., das Zeug ist noch immer in meiner Brusttasche.«

Luciani wiederholte leise: »Das Chinin... das Chinin...« Dann sagte er, als schüttelte er eine Lähmung ab: »Madame Laage führt beinahe eine kleine Apotheke mit sich herum, Sie haben ja gesehen, wie gut sie den Verband angelegt hat. Sie ist eine Frau der Tat. Sie hat mir angeboten, Eugène

nachzufahren und ihn ausfindig zu machen. Natürlich habe ich das Angebot abgelehnt. Soll er doch zum Teufel gehen, wie?«
Ich fragte: »Madame Laage bleibt noch hier?«
Das war dumm gewesen; Luciani antwortete nicht, es sei denn, man will eine Antwort in dem sehen, was er nach kurzem Zögern plötzlich sagte. Er blickte zur Decke der Bar auf, wo mehrere Balken geborsten waren, und meinte: »Was für eine Bruchbude! Und es ist nichts zu machen, man müßte einfach alles erneuern...«
Aber solche und ähnliche Aussprüche kann man von Luciani jederzeit und in jeder Gesellschaft hören. Das bedeutet, daß er anders denkt. Ich ging und ärgerte mich über mich selber.
In den nächsten Tagen wurde die Hitze drückend. Für den 15. August erwartete man eine größere Touristenherde, und bei der fürchterlichen Hitze genügte das, um die Gemüter zu beschäftigen. Nach den Vorgängen im »Eden« erschien mir diese absolute Ruhe geradezu unverständlich; daß man diese Geschichte so vollkommen erstickt hatte, verstärkte für mich noch das Drückende der Atmosphäre. Oft war ich nahe daran, dem ersten besten alles zu erzählen, um mich wichtig zu machen. Aber ein bestimmtes Gefühl für Würde hielt mich zurück; ich beherrsche mich jetzt viel mehr als früher, denn ich fürchtete, nach dem ersten Wort schon in ein seniles Geschwätz zu verfallen. Auf der anderen Seite bildete ich mir ein, daß etwas geschehen würde. Ich war ungeduldig, um nicht zu sagen, aufgeregt. Jeden Tag ging Madame Laage an meinem Fenster vorbei, wenn sie am späten Vormittag mit ihrer Tochter ins Dorf kam; sobald sie mich sah, grüßte sie mich, immer mit dem gleichen ruhigen Lächeln, und das brachte mich fast zur Verzweiflung. Sie ging noch immer jeden Tag mehrmals schwimmen. Ich sah ihr zu, wenn sie über den Strand zum »Eden« zurückkehrte; auf dem flachen Dach rauchte der Schornstein, die Rauchwolken waren von einem hellen Graublau, denn in der Küche heizten sie mit

Eukalyptus-Scheiten. Am Abend war das Fenster der Bar lange hell. Und das ging auch so weiter, als wäre gar nichts geschehen, nachdem man hörte, daß Eugène Luciani in einem Nest im Gebirge verhaftet worden war; er hatte in Corte ein Motorrad gestohlen, war daraufhin nach Bastia geflüchtet und hatte über eine Woche in Maquis gelebt, kein Mensch wußte, wie und wovon. Der Lump hatte bei der Festnahme mit dem Messer um sich gestochen und einen der Gendarmen verwundet. Madame Laage hat dennoch weiterhin ihren Urlaub im »Eden« verbracht, sie blieb bis zu dem Tag, der für die Abreise festgesetzt war. Luciani fuhr nach Corte hinauf, um seinen Sohn im Gefängnis zu besuchen; noch am selben Tag kam er zurück, und am Abend war das Fenster im »Eden« erleuchtet wie immer. Diesmal wurde im Dorf geredet, ich dagegen hatte kein Redebedürfnis mehr.

Das alles spielte sich im vergangenen Jahr ab; jetzt ist Luciani nicht mehr hier. Das »Eden« Hotel wurde vom Verband der Jugendherbergen aufgekauft: das verspricht manch festlichen Abend! Nach seiner Entlassung aus dem Gefängnis ging Eugène Luciani zur Marine, irgend jemand hat ihn in Toulon getroffen. Ich glaube nicht, daß Vater und Sohn jemals wieder hierher zurückkommen, und auch im Ort wird längst nicht mehr über sie gesprochen. Ich ärgere mich über mich selbst, daß ich so oft an diese Geschichte denke. Ich kann mir nämlich eine Idee nicht aus dem Kopf schlagen, die mir schon vor langer Zeit einmal gekommen ist: ich möchte wissen, ob Luciani nicht, auf seine Art, ein glücklicher Mensch war. Natürlich kam er ständig vom Heu aufs Stroh, aber ich muß immer wieder daran denken, wie er die letzten Tage in seiner Bruchbude verbracht hat. Damit will ich nicht sagen, daß ich glaube, die norwegische Dame wäre in ihn verliebt gewesen; sicher nicht, auch er war sicher nicht in sie verliebt. Meiner Überzeugung nach spielte in dem Streit zwischen Vater und Sohn die Eifersucht keine Rolle; er wollte einfach Eugène daran hindern, Madame Laage zu belästigen, denn er sah deutlich, daß sie keine Lust dazu hatte, weder mit dem Vater noch mit dem Sohn. Sie erholte sich, es machte ihr Vergnügen, an nichts zu denken, und schließlich hatte auch Luciani das Bedürfnis, sich zu erholen, bevor es wieder von vorne begann. Aber da kam sein Sohn nicht mit. Armer Eugène! Diese prachtvolle Frau, die er jeden Tag nackt sah ... Ein Fischer behauptet, gesehen zu haben, wie Eugène zu einer Zeit, da man ihn weit weg glaubte, in den Felsen oberhalb des Strandes lauerte und Madame Laage, die ausgestreckt auf dem Sand lag, anstarrte. Herrgott, war diese Frau schön! Auch der Fischer betrachtete sie, wenn es sich ergab; ich glaube, Luciani war der einzige, der sich nicht aus der Fassung bringen ließ. Was mußten das, den ganzen August hindurch, für Abende gewesen sein, wenn diese freie und ruhige Frau neben einem lebte, diese lebendige Statue. Sicher war er sehr gut zu dem kleinen Mädchen.

Natürlich weiß niemand etwas davon, wie diese Abende waren, und alles, was ich sage, ist reine Spekulation. Aber jedesmal, wenn ich die Gedanken wieder aufnehme, die mir damals in der Nacht auf meinem Weg zum »Eden« Hotel kamen, zieht eine Erinnerung die andere herbei, und ich verfalle in diese Vorstellungen. Ich war frei damals, ich hatte abgeschlossen mit den verschiedenen Gründen und Motiven, ich hätte sterben können. Schön, schön. Aber dann betrachtete ich durchs Fenster die schlafende Madame Laage ... Was hätte ich an Lucianis Stelle gemacht? Bin ich ein glücklicher Mensch? Im Grunde ist das die wichtigste Frage. Ich verliere mich da leicht ein wenig, aber Geduld, nur Geduld!

ALBERT CAMUS

Der Gast

Der Lehrer schaute zu, wie die beiden Männer zu ihm emporstiegen. Der eine war beritten, der andere zu Fuß. Sie waren noch nicht bei dem Steilhang angelangt, der zu seiner an den Hügel gebauten Schule führte. Inmitten der Steine stapften sie mühsam durch den Schnee über die unermeßliche Weite der öden Hochebene. Das Pferd strauchelte von Zeit zu Zeit. Man hörte es noch nicht, aber man sah die Dampfwolke, die dann jedesmal aus seinen Nüstern drang. Einer der Männer zumindest kannte die Gegend. Sie folgten der Piste, die doch schon seit Tagen unter einer schmutzigweißen Decke begraben lag. Der Lehrer rechnete sich aus, daß sie nicht vor einer halben Stunde ankommen würden. Es war kalt; er kehrte in die Schule zurück, um einen Sweater anzuziehen.

Er durchquerte das leere, eiskalte Klassenzimmer. Auf der Wandtafel flossen die vier mit verschiedenfarbigen Kreiden gezeichneten Ströme Frankreichs seit drei Tagen ihrer Mündung entgegen. Nach acht Monaten der Trockenheit hatte der Schneefall jäh um die Oktobermitte eingesetzt, ohne daß der Regen einen Übergang gebracht hätte, und die etwa zwanzig Schüler, die in den über die Hochebene verstreuten Dörfern wohnten, kamen nicht mehr. Man mußte besseres Wetter abwarten. Daru heizte nur noch den einen, an das Klassenzimmer anstoßenden Raum, der ebenfalls die Hochebene gegen Osten überblickte und seine Wohnung bildete. Ein Fenster ging außerdem wie die des Klassenzimmers nach Süden. Auf dieser Seite befand sich die Schule ein paar Kilometer von der Stelle entfernt, wo das Hochplateau gegen Süden abzufallen begann. Bei klarem Wetter konnte man die wuchtigen violetten Ausläufer des Gebirges sehen, in dem sich das Tor der Wüste öffnete.

Nachdem Daru sich ein bißchen gewärmt hatte, trat er wieder ans Fenster, von dem aus er die beiden Männer zuerst erblickt hatte. Man sah sie nicht mehr. Sie befanden sich jetzt also am Steilhang. Der Himmel war weniger dunkel, in der Nacht hatte es aufgehört zu schneien. Der Tag war mit einem schmutzigen Licht angebrochen, das kaum an Stärke zunahm, als die Wolkendecke höher stieg. Um zwei Uhr nachmittags hätte man meinen können, der Tag beginne eben erst zu dämmern. Aber das war immer noch besser als diese drei Tage, da inmitten der unaufhörlichen Finsternis dichter Schnee gefallen war, während hie und da ein Windstoß an der Doppeltür des Klassenzimmers rüttelte. Daru verbrachte lange Stunden geduldig in seinem Zimmer, das er nur verließ, um im Schuppen nach den Hühnern zu sehen und aus dem Kohlenvorrat zu schöpfen. Zum Glück hatte der kleine Lieferwagen von Tadjid, dem nächsten, nördlich gelegenen Dorf, ihn zwei Tage vor dem Sturm mit Lebensmitteln versehen. In achtundvierzig Stunden würde er wiederkommen.

Er hatte übrigens genug Vorräte, um eine ganze Belagerung auszuhalten: die Säcke voll Korn, die das kleine Zimmer beengten, waren ihm von den Behörden als Notvorrat überlassen worden, damit er den Schülern, deren Familien von der Dürre getroffen worden waren, etwas verteilen konnte. In Tat und Wahrheit hatte das Unglück alle getroffen, da sie ja alle arm waren. Jeden Tag erhielten die Kleinen eine Ration. Daru wußte genau, daß sie ihnen während dieser Zeit des schlechten Wetters gemangelt hatte. Vielleicht würde einer der Väter oder der großen Brüder an diesem Abend heraufkommen, und dann konnte er sie mit Korn versorgen. Es galt, die Zeit bis zur neuen Ernte zu überbrücken, weiter nichts. Jetzt waren Getreideschiffe aus Frankreich unterwegs, das Schlimmste war überstanden. Aber es würde schwerhalten, dieses Elend zu vergessen, dieses Heer zerlumpter, in der Sonne umherirrender Schatten, die Monat um Monat versengten Hochplateaus, die allmählich in sich zusammengeschrumpfte, buchstäblich geröstete Erde, auf

der jeder Stein unter den Füßen zu Staub zerbarst. Da starben die Schafe zu Tausenden, und auch ein paar Menschen hier und dort, ohne daß man dies immer erfuhr.
Er, der in seiner abgelegenen Schule ein beinahe mönchisches Dasein führte, zufrieden übrigens mit dem so wenigen, das er besaß, und mit der Rauheit seines Lebens, fühlte sich angesichts dieses Elends geradezu als Herr, wenn er an seine vier verputzten Wände, sein schmales Ruhebett, seine Bücherregale aus rohem Holz, seine Zisterne und seine wöchentliche Versorgung mit Nahrung und Wasser dachte. Und da plötzlich dieser Schnee, ohne Warnung, ohne die entspannende Wohltat des Regens. So war das Land, es machte das Leben grausam und schwer, selbst abgesehen von den Menschen, die wahrhaftig nichts vereinfachten. Aber Daru war hier geboren. Überall sonst fühlte er sich als Fremdling.
Er trat aus dem Haus und schritt über den ebenen Vorplatz vor der Schule. Die beiden Männer befanden sich jetzt auf halber Höhe des Abhangs. Der Reiter war Balducci, der alte Gendarm, den er schon seit langem kannte. An einem Strick führte er einen Araber, der mit gefesselten Händen und gesenkter Stirn hinterdrein trottete. Der Gendarm machte eine grüßende Gebärde, die Daru unbeantwortet ließ, so sehr war er damit beschäftigt, den Araber zu betrachten; er trug eine ehemals blaue Djellabah und Sandalen an den mit Socken aus grober, ungefärbter Wolle bekleideten Füßen; ein schmaler, kurzer Chèche bedeckte seinen Kopf. Sie kamen näher. Balducci ritt ständig im Schritt, um den Araber nicht zu verletzen, und so ging es nur langsam vorwärts.
Als sie sich auf Rufweite genähert hatten, schrie Balducci: »Eine Stunde für die drei Kilometer von El Ameur hierher!«
Daru, klein und vierschrötig in seinem dicken Sweater, gab keine Antwort, sondern schaute zu, wie sie emporstiegen. Kein einziges Mal hatte der Araber den Kopf erhoben. »Willkommen«, sagte Daru, als sie auf den Vorplatz gelangten. »Kommt herein und wärmt euch.« Balducci stieg schwerfäl-

lig aus dem Sattel, ohne den Strick loszulassen. Unter seinem gesträubten Schnurrbart lächelte er dem Lehrer zu. Seine kleinen dunklen, tiefliegenden Augen unter der sonnenverbrannten Stirn und sein von Fältchen umgebener Mund verliehen ihm ein aufmerksames, beflissenes Aussehen. Daru faßte das Tier beim Zügel und brachte es in den Schuppen, dann kehrte er zu den beiden Männern zurück, die nun in der Schule auf ihn warteten. Er führte sie in seine Stube. »Ich will im Klassenzimmer heizen«, sagte er, »wir haben es bequemer dort.« Als er zurückkehrte, saß Balducci auf dem Diwan. Er hatte den Strick gelöst, der ihn an den Araber band, und dieser kauerte nun neben dem Ofen. Seine Hände waren nach wie vor gefesselt, er hatte seine Kopfbedeckung nach hinten geschoben und schaute zum Fenster hinüber. Daru sah zunächst nur seine riesigen, vollen und glatten Lippen, die beinahe an einen Neger gemahnten; die Nase indessen war gerade, seine dunklen Augen schimmerten fiebrig. Der Chèche gab jetzt eine eigensinnige Stirn frei, und das ganze Gesicht mit der gegerbten, von der Kälte nun ein wenig entfärbten Haut trug einen zugleich ängstlichen und aufrührerischen Ausdruck, der Daru betroffen machte, als der Araber ihm den Kopf zukehrte und ihm voll in die Augen blickte.

»Kommt ins Klassenzimmer«, sagte der Lehrer, »ich mache euch Minzentee.«

»Danke«, sagte Balducci. »So eine Schinderei! Wenn ich nur schon pensioniert wäre!« Und an seinen Gefangenen gerichtet, fügte er auf arabisch hinzu: »Komm.« Der Araber erhob sich und begab sich langsam, seine gefesselten Handgelenke vor der Brust zusammenschließend, ins Schulzimmer.

Gleichzeitig mit dem Tee brachte Daru einen Stuhl. Aber Balducci thronte bereits auf dem vordersten Schülerpult, und der Araber hockte zusammengekauert am Lehrerpodium, dem Ofen gegenüber, der zwischen Schreibtisch und Fenster stand. Als Daru dem Gefangenen sein Glas Tee reichen wollte, zögerte er beim Anblick seiner gebundenen Hände.

»Vielleicht könnte man ihm das abnehmen?«

»Gewiß«, sagte Balducci. »Es war nur für unterwegs.« Er machte Anstalten, sich zu erheben. Aber schon hatte Daru das Glas auf den Boden gestellt und war neben dem Araber niedergekniet. Der schaute ihm wortlos aus seinen fiebernden Augen zu. Als seine Hände frei waren, rieb er seine geschwollenen Handgelenke aneinander, dann nahm er sein Glas und sog die kochend heiße Flüssigkeit hastig in sich ein.

»Schön«, sagte Daru. »Und wohin soll die Reise denn gehen?«

Balducci hob seinen Schnurrbart aus dem Tee. »Hierher, mein Sohn.«

»Ihr seid mir sonderbare Schüler! Wollt ihr hier übernachten?«

»Nein, ich kehre gleich nach El Ameur zurück. Und du wirst unseren Kumpan in Tinguit abliefern. Er wird in der frankoarabischen Gemeinde erwartet.«

Balducci schaute Daru mit einem leisen, freundschaftlichen Lächeln an.

»Was faselst du da?« sagte der Lehrer. »Du willst mich wohl auf den Arm nehmen!«

»Nein, mein Sohn. So lauten die Befehle.«

»Die Befehle? Ich bin doch kein...« Daru zögerte, er wollte den alten Korsen nicht kränken. »Ich meine, es ist nicht mein Beruf.«

»Na und? Was will das schon heißen? Im Krieg übt man jeden Beruf aus.«

»Dann will ich die Kriegserklärung abwarten!«

Balducci nickte beifällig. »Gut. Aber die Befehle sind da, und sie gehen auch dich an. Es rumort, wie es scheint. Man munkelt von einer nahe bevorstehenden Erhebung. Wir sind in gewissem Sinn auf Kriegsfuß gestellt.«

Daru bewahrte seinen verstockten Ausdruck.

»Hör zu, mein Sohn«, sagte Balducci. »Ich mag dich gut, aber so begreif doch! Wir sind in El Ameur kaum ein Dutzend Leute, um ein Land zu überwachen, das so groß ist wie ein kleines Departement, und ich muß zurück. Ich habe den Auftrag, dir diesen Burschen zu übergeben und unverzüglich zurückzukehren. Wir konnten ihn nicht behalten. Sein Dorf geriet in Aufruhr, sie wollten ihn heimholen. Du mußt ihn im Verlauf des morgigen Tages nach Tinguit bringen. Du willst mir doch nicht angeben, daß zwanzig Kilometer einem strammen Kerl wie dir angst machen. Nachher bist du die Sache los. Du kehrst zu deinen Schülern und zu deinem sorglosen Leben zurück.«

Jenseits der Mauer hörte man das Pferd prusten und scharren. Daru schaute zum Fenster hinaus. Das Wetter wurde ganz entschieden besser, das Licht breitete sich weiter über die verschneite Hochebene aus. Sobald der Schnee völlig geschmolzen war, würde die Sonne wieder herrschen und abermals die Felder von Stein versengen. Tagelang würde der unwandelbare Himmel von neuem trockenes Licht über die einsame Weite ausgießen, wo nichts an den Menschen gemahnte.

»Nun«, fragte er und wandte sich wieder Balducci zu, »was hat er denn verbrochen?« Und ehe der Gendarm den Mund auftun konnte, erkundigte er sich noch: »Spricht er Französisch?«

»Nein, kein Wort. Es wurde seit einem Monat nach ihm gefahndet, aber sie hielten ihn versteckt. Er hat seinen Vetter umgebracht.«

»Ist er gegen uns?«

»Ich glaube nicht. Aber das weiß man ja nie.«

»Warum hat er getötet?«

»Familienhändel, glaube ich. Der eine soll dem anderen Korn schuldig geblieben sein. Eine unklare Sache. Kurz und gut, er hat den Vetter mit der Hippe umgebracht, weißt du, wie ein Schaf, zack!...«

Balducci mimte den Schnitt einer Klinge an seiner Kehle und erregte damit die Aufmerksamkeit des Arabers, der ihn mit einer gewissen Besorgnis anblickte. Jäher Zorn überflutete Daru gegen diesen Mann, gegen alle Menschen und ihre

dreckige Bosheit, ihren unermüdlichen Haß, ihren Blutwahn.
Aber der Wasserkessel summte auf dem Ofen. Daru schenkte Balducci nochmals Tee ein, zögerte und füllte dann auch das Glas des Arabers wieder, der ein zweites Mal gierig trank. Seine erhobenen Arme ließen jetzt die Djellabah aufspringen, und der Lehrer konnte seine magere, sehnige Brust sehen.
»Danke, mein Junge«, sagte Balducci. »Und jetzt will ich machen, daß ich fortkomme.«
Er stand auf und näherte sich dem Araber, während er ein dünnes Seil aus der Tasche zog.
»Was machst du?« fragte Daru schroff.
Betroffen zeigte Balducci ihm den Strick.
»Nicht nötig.«
Der alte Gendarm zauderte. »Wie du willst. Du bist doch bewaffnet?«
»Ich habe mein Jagdgewehr.«
»Wo?«
»Im großen Koffer.«
»Neben deinem Bett solltest du es haben.«
»Warum? Ich habe nichts zu fürchten.«
»Du bist nicht ganz bei Trost, mein Sohn. Wenn sie sich erheben, ist keiner sicher, wir sitzen alle im gleichen Boot.«
»Ich werde mich zur Wehr setzen. Ich habe alle Zeit, sie herankommen zu sehen.«
Balducci setzte zu einem Lachen an, dann senkte sich der Schnurrbart plötzlich wieder über die noch weißen Zähne.
»Du hast alle Zeit? Schön. Das sagte ich ja eben. Du warst schon immer ein bißchen angeschlagen. Gerade deshalb mag ich dich gut, mein Sohn war genau wie du.«
Während er sprach, zog er seinen Revolver hervor und legte ihn auf den Schreibtisch.
»Du kannst ihn behalten, ich brauche keine zwei Waffen von hier nach El Ameur.«

Der Revolver schimmerte auf dem Schwarz der Tischplatte. Als der Gendarm sich umdrehte, roch der Lehrer den von ihm ausgehenden Leder- und Pferdegeruch.
»Hör, Balducci«, sagte Daru, »die ganze Geschichte widert mich an, angefangen bei deinem Kunden da. Aber ich werde ihn nicht ausliefern. Mich schlagen will ich, gewiß, wenn es sein muß. Aber das nicht.«
Der alte Gendarm stand aufrecht vor ihm und schaute ihn vorwurfsvoll an.
»Du begehst eine Dummheit«, sagte er langsam. »Auch ich mag das nicht. Einem Menschen einen Strick anlegen – man gewöhnt sich nicht daran, trotz der Jahre nicht, und man schämt sich sogar, ja wahrhaftig. Aber man kann sie nicht einfach gewähren lassen.«
»Ich werde ihn nicht ausliefern«, sagte Daru wieder.
»Es ist Befehl, mein Sohn. Ich wiederhole es dir noch einmal.«
»Ganz recht. Wiederhole ihnen, was ich dir gesagt habe: ich werde ihn nicht ausliefern.«
Balducci machte eine sichtliche Anstrengung, um nachzudenken. Er schaute den Araber an und dann Daru. Endlich faßte er seinen Entschluß.
»Nein. Ich werde keine Meldung erstatten. Wenn du dich von uns lossagen willst, tu, was du nicht lassen kannst, ich werde dich nicht anzeigen. Ich habe Befehl, den Gefangenen abzugeben, und das tue ich. Jetzt mußt du mir nur noch den Zettel unterschreiben.«
»Überflüssig. Ich werde nicht abstreiten, daß du ihn mir dagelassen hast.«
»Sei doch nicht so widerborstig. Ich weiß genau, daß du die Wahrheit sagen wirst. Du bist von hier, du bist ein Mann. Aber unterschreiben mußt du, das ist Vorschrift.«
Daru öffnete seine Schublade, holte ein viereckiges Fläschchen mit violetter Tinte hervor, den Federhalter aus rotem Holz mit der Spitzfeder, die ihm zum Vorzeichnen der Buchstaben diente, und unterschrieb. Der Gendarm faltete das

Blatt sorgfältig zusammen und legte es in seine Brieftasche. Dann begab er sich zur Tür.
»Ich begleite dich hinaus«, sagte Daru.
»Nein«, erwiderte Balducci. »Gib dir keine Mühe mit Höflichkeiten. Du hast mich beleidigt.«
Er schaute den Araber an, der noch unbeweglich an der gleichen Stelle hockte, schniefte kummervoll und wandte sich zur Tür. »Lebe wohl, mein Sohn«, sagte er. Die Tür fiel hinter ihm zu. Seine Gestalt tauchte vor dem Fenster auf und verschwand. Sein Schritt wurde vom Schnee gedämpft. Jenseits der Mauer begann das Pferd zu stampfen, Hühner gerieten in Aufruhr. Kurz darauf kam Balducci nochmals am Fenster vorbei, er zog das Pferd am Halfter nach sich. Ohne sich umzudrehen, ging er zum Steilhang; er entschwand, und das Pferd folgte ihm. Man hörte einen großen Stein dumpf hinunterkollern. Daru kehrte zum Gefangenen zurück, der sich nicht gerührt hatte, ihn jedoch nicht aus den Augen ließ. »Warte«, sagte der Lehrer auf arabisch und schickte sich an, sein Zimmer aufzusuchen. Als er über die Schwelle treten wollte, besann er sich, ging zum Schreibtisch, nahm den Revolver und steckte ihn in die Tasche. Dann begab er sich in seine Stube, ohne sich umzuwenden.
Er blieb lange auf seinem Bett ausgestreckt liegen, schaute zu, wie der Himmel sich allmählich verschloß, und lauschte auf die Stille. Gerade diese Stille hatte ihn während der ersten Zeit bedrückt, als er nach dem Krieg hierhergekommen war. Er hatte um eine Stelle in der kleinen Stadt am Fuß des Vorgebirges eingegeben, das die Hochplateaus von der Wüste trennt. Im Norden grünes und schwarzes, im Süden rosarotes und violettes Felsgemäuer bezeichnete dort die Grenze des ewigen Sommers. Man hatte ihm einen anderen Posten zugewiesen, weiter im Norden, auf der Hochebene selber. Anfänglich waren ihn die Einsamkeit und das Schweigen in diesem undankbaren, nur von Steinen bevölkerten Land hart angekommen. Zuweilen täuschten Furchen ein bebautes Feld vor, aber man hatte sie nur aufgebrochen, um einen be-

stimmten, zum Bauen geeigneten Stein zutage zu fördern. Man pflügte hier nur, um Steine zu ernten. Manchmal kratzte man auch ein paar Erdkrumen zusammen, die sich in Vertiefungen angesammelt hatten, um damit die kärglichen Gärten in den Dörfern fruchtbarer zu machen. So war es nun einmal, der Kiesel bedeckte für sich allein drei Viertel des Landes. Städte entstanden hier, blühten auf und gingen unter; Menschen traten flüchtig auf, liebten sich oder fuhren sich an die Gurgel und starben. In dieser Wüste zählte keiner einen Deut, er nicht und sein Gast nicht. Und doch hätte außerhalb dieser Wüste, dessen war Daru sich gewiß, der eine so wenig wie der andere wirklich zu leben vermocht.

Als er sich erhob, drang kein Geräusch aus dem Klassenzimmer. Er verwunderte sich über die ungeteilte Freude, die er beim bloßen Gedanken empfand, der Araber sei vielleicht entwichen und er werde wieder allein sein, ohne irgendeine Entscheidung treffen zu müssen. Aber der Gefangene war da. Er hatte sich bloß zwischen Ofen und Schreibtisch am Boden ausgestreckt. Mit weit offenen Augen betrachtete er die Zimmerdecke. In dieser Stellung sah man vor allem seine wulstigen Lippen, die ihm einen schmollenden Ausdruck verliehen. »Komm«, sagte Daru. Der Araber erhob sich und folgte ihm. Im anderen Zimmer wies der Lehrer auf einen Stuhl neben dem Tisch am Fenster. Der Araber setzte sich, ohne die Augen von Daru abzuwenden.

»Hast du Hunger?«

»Ja«, sagte der Gefangene.

Daru legte zwei Gedecke auf. Er nahm Mehl und Öl, knetete in einer Schüssel einen Fladenteig und zündete den kleinen Butangas-Backofen an. Während der Fladen buk, ging er hinaus, um im Schuppen Käse, Eier, Datteln und Kondensmilch zu holen. Als der Fladen fertig war, stellte er ihn zum Abkühlen auf den Fenstersims, machte mit Wasser verdünnte Kondensmilch warm und schlug schließlich die Eier zu einem Pfannkuchen. Im Verlauf seiner Hantierungen stieß er an den in der rechten Hosentasche steckenden Revolver. Er stellte die Schüssel auf den Tisch, ging ins Klassenzimmer hinüber und legte den Revolver in seine Schreibtischschublade. Als er wieder ins Zimmer trat, war die Dämmerung hereingebrochen. Er zündete Licht an und bediente den Araber. »Iß«, sagte er. Der andere nahm ein Stück Fladen, führte es gierig zum Munde und hielt inne.

»Und du?« fragte er.

»Du zuerst. Ich esse dann auch.«

Die dicken Lippen öffneten sich ein wenig, der Araber zögerte, dann biß er entschlossen in sein Stück Fladen.

Als sie gegessen hatten, schaute der Araber den Lehrer fragend an.

»Bist du der Richter?«

»Nein. Ich behalte dich bis morgen hier.«

»Warum ißt du mit mir?«

»Ich habe Hunger.«

Der andere schwieg. Daru erhob sich und ging hinaus. Er brachte ein Feldbett aus dem Schuppen und stellte es quer zu seinem eigenen Bett zwischen Tisch und Ofen auf. Aus einem großen, aufrecht in einer Ecke stehenden Koffer, auf dem er seine Akten aufbewahrte, holte er zwei Decken und breitete sie über das Feldbett. Dann blieb er stehen, kam sich müßig vor, setzte sich auf sein Bett. Es gab nichts mehr zu tun, nichts mehr vorzubereiten. Er war gezwungen, diesen Mann anzuschauen. Also schaute er ihn an und versuchte, sich dieses Gesicht in rasendem Zorn vorzustellen. Es wollte ihm nicht gelingen. Er sah nur den zugleich düsteren und glänzenden Blick und den tierhaften Mund.

»Warum hast du ihn getötet?« fragte er in einem Ton, dessen Feindseligkeit ihn selbst überraschte.

Der Araber wandte die Augen ab. »Er ist davongelaufen. Ich habe ihm nachgesetzt.«

Er schaute Daru wieder an, und in seinen Augen stand etwas wie unglückliches Fragen.

»Was wird man jetzt mit mir machen?«

»Hast du Angst?«

Der andere saß plötzlich steif da und blickte zur Seite.
»Tut es dir leid?«
Der Araber schaute ihn mit offenem Mund an. Es war ganz klar, daß er nicht verstand. Ärger begann in Daru hochzusteigen. Gleichzeitig kam er sich mit seinem kräftigen, zwischen den beiden Betten eingezwängten Körper linkisch und unbeholfen vor.
»Leg dich dahin«, sagte er ungeduldig. »Es ist dein Bett.«
Der Araber rührte sich nicht.
»Sag mal!«
Der Lehrer blickte ihn an.
»Kommt der Gendarm morgen wieder?«
»Ich weiß nicht.«
»Kommst du mit uns?«
»Ich weiß nicht. Warum?«
Der Gefangene stand auf und legte sich mit den Füßen gegen das Fenster auf die Decken. Das Licht der elektrischen Birne fiel ihm gerade in die Augen, die er sogleich schloß.
»Warum?« wiederholte Daru, breitbeinig vor dem Bett stehend.
Der Araber schlug die Augen unter dem grellen Licht auf und sah ihn an, wobei er sich bemühte, nicht zu blinzeln.
»Komm mit uns«, sagte er.
Mitten in der Nacht schlief Daru immer noch nicht. Er hatte sich zu Bett gelegt, nachdem er sich völlig ausgekleidet hatte: er pflegte nackt zu schlafen. Aber als er aller Kleider entblößt im Zimmer stand, zögerte er. Er fühlte sich verwundbar und war versucht, sich wieder anzuziehen. Dann zuckte er die Achseln; er hatte sich schon in mancher mißlichen Lage befunden, notfalls würde er seinen Gegner zu Boden schlagen. Von seinem Bett aus konnte er ihn beobachten; er lag nach wie vor unbeweglich auf dem Rücken und hielt die Augen vor dem harten Licht geschlossen. Als Daru es löschte, schienen die nächtlichen Schatten wie auf einen Schlag zu Eis zu erstarren. Allmählich gewann die Nacht wieder Leben, und der sternlose Himmel hinter den Scheiben begann sich sanft

zu regen. Bald vermochte der Lehrer die vor ihm liegende Gestalt zu erkennen. Der Araber rührte sich noch immer nicht, aber seine Augen schienen jetzt offenzustehen. Ein leiser Wind strich um die Schule. Vielleicht würde er die Wolken verjagen, und die Sonne kehrte zurück.

Im Verlauf der Nacht nahm der Wind an Stärke zu. Die Hühner gackerten ein wenig und verstummten dann. Der Araber drehte sich auf die Seite, so daß er Daru den Rücken zukehrte, und der Lehrer vermeinte ihn stöhnen zu hören. Dann lauschte er auf seine Atemzüge, die kräftiger und regelmäßiger geworden waren. Er horchte auf diesen so nahen Atem und sann vor sich hin, ohne einschlafen zu können. In diesem Zimmer, wo er seit einem Jahr schlief, empfand er die Gegenwart des anderen als störend. Sie störte ihn auch, weil sie ihm eine Art Brüderlichkeit aufzwang, die er unter den gegebenen Umständen ablehnte und deren Wesen ihm wohlbekannt war: Männer, Soldaten oder Gefangene, die ein und denselben Raum teilen, gehen eine seltsame Bindung ein, als fänden sie sich jeden Abend, sobald sie mit den Kleidern ihre Rüstung abgelegt haben, über ihre Eigenheiten hinweg in der zeitlosen Gemeinschaft der Müdigkeit und des Traums zusammen. Aber Daru verwies sich diese Gedanken, solche Dummheiten waren ihm zuwider, er mußte schlafen.

Als der Araber sich jedoch ein wenig später unmerklich regte, schlief der Lehrer immer noch nicht. Bei der zweiten Bewegung des Gefangenen straffte sein Körper sich in Alarmbereitschaft. Der Araber richtete sich langsam, beinahe schlafwandlerisch auf den Ellenbogen auf. Dann saß er auf dem Bettrand und wartete unbeweglich, ohne den Kopf nach Daru umzuwenden, als lausche er mit gespanntester Aufmerksamkeit. Daru rührte sich nicht; ihm war eben eingefallen, daß er den Revolver in der Schreibtischschublade gelassen hatte. Es war klüger, unverzüglich zu handeln. Indessen fuhr er fort, den Gefangenen zu beobachten, der mit derselben Geschmeidigkeit seine Füße auf den Boden setzte, wiederum wartete und dann anfing, leise aufzustehen. Daru wollte ihn gerade anrufen, als der Araber sich in ganz natürlichem, aber unglaublich lautlosem Schritt zu entfernen begann. Er begab sich zur hinteren Tür, die in den Schuppen führte. Behutsam schob er den Riegel zurück, ging hinaus und zog die Tür hinter sich zu, ohne sie zu schließen. Daru hatte sich nicht bewegt. ›Er reißt aus‹, dachte er bloß. ›Fort mit Schaden!‹ Dennoch horchte er angestrengt. Die Hühner blieben still, der andere war also auf dem freien Platz draußen. Dann vernahm er ein leises Geplätscher, dessen Bedeutung ihm erst klar wurde, als der Araber wieder unter der Tür auftauchte, sie sorgfältig schloß und sich geräuschlos hinlegte. Da kehrte Daru ihm den Rücken zu und schlief ein. Noch später vermeinte er in der Tiefe seines Schlafs schleichende Schritte um das Schulhaus zu hören. ›Ich träume, ich träume!‹ redete er sich ein. Und er schlief.

Als er erwachte, war der Himmel wolkenlos; durch die Ritzen des Fensters drang kalte, reine Luft. Der Araber schlief; er lag jetzt zusammengerollt unter den Decken, mit offenem Mund, in rückhaltloser Preisgabe. Aber als Daru ihn wachrüttelte, fuhr er in tiefstem Schrecken auf und schaute ihn, ohne ihn zu erkennen, aus verstörten Augen und mit einem so angstvollen Ausdruck an, daß der Lehrer einen Schritt zurückwich.

»Hab keine Angst. Ich bin's. Komm und iß.«

Der Araber schüttelte den Kopf und sagte ja. Sein Gesicht war wieder ruhig, aber sein Ausdruck blieb abwesend und zerstreut.

Der Kaffee war fertig. Sie saßen nebeneinander auf dem Feldbett, tranken und bissen in ihre Fladen. Dann führte Daru den Araber in den Schuppen und zeigte ihm den Wasserhahn, unter dem er sich zu waschen pflegte. Er kehrte ins Zimmer zurück, faltete die Decken, klappte das Feldbett zusammen, machte sein eigenes Bett und räumte auf. Dann ging er durch das Schulzimmer auf den Vorplatz hinaus. Schon stieg die Sonne am blauen Himmel empor; ein weiches, helles Licht überflutete das öde Hochplateau. Am Steilhang begann der

Schnee stellenweise zu schmelzen. Bald würden die Steine wieder zum Vorschein kommen. Der Lehrer kauerte am Rand der Hochebene und betrachtete die wüste Weite. Er dachte an Balducci. Er hatte ihm weh getan, er hatte ihn gewissermaßen fortgeschickt, als wollte er nicht mit ihm im gleichen Boot sitzen. Das Lebewohl des Gendarmen klang ihm noch im Ohr, und ohne zu wissen warum, fühlte er sich merkwürdig leer und hilflos. In diesem Augenblick vernahm man das Husten des Gefangenen auf der anderen Seite der Schule. Daru hörte beinahe wider Willen hin, dann warf er wütend einen Stein, der durch die Luft pfiff, ehe er sich im Schnee vergrub. Das sinnlose Verbrechen dieses Mannes empörte ihn, aber ihn auszuliefern ging gegen die Ehre: der bloße Gedanke daran war eine Demütigung, die ihn rasend machte. Und er verfluchte zugleich die Seinen, die ihm diesen Mann geschickt hatten, und den Araber, der es gewagt hatte, zu töten, der es aber nicht verstanden hatte, zu fliehen. Daru erhob sich, ging unentschlossen auf dem freien Platz hin und her, verharrte unbeweglich und betrat dann die Schule.

Der Araber stand über den Zementboden des Schuppens gebeugt und putzte sich mit zwei Fingern die Zähne. Daru betrachtete ihn. »Komm«, sagte er dann. Von dem Gefangenen gefolgt, betrat er sein Zimmer. Er zog eine Jagdjoppe über seinen Sweater und schlüpfte in seine Marschschuhe. Er wartete stehend, bis der Araber seinen Chèche wieder aufgesetzt und die Sandalen angezogen hatte. Sie gingen ins Schulzimmer hinüber, und der Lehrer wies auf die Tür. »Geh«, sagte er. Der andere rührte sich nicht. »Ich komme«, sagte Daru. Der Araber ging hinaus. Daru kehrte in sein Zimmer zurück, holte Zwieback, Datteln und Zucker und packte alles ein. Ehe er das Klassenzimmer verließ, stand er eine Sekunde zögernd vor seinem Schreibtisch, dann trat er über die Schwelle und schloß die Schule hinter sich ab. »Hier durch«, sagte er. Er schlug die Richtung nach Osten ein, und der Gefangene folgte ihm. Aber als sie ein kleines Stückchen von der Schule entfernt waren, glaubte Daru, ein leises Geräusch in seinem Rücken zu hören. Er kehrte um und machte einen Rundgang um das Haus: es war niemand da. Der Araber sah ihm zu, offensichtlich ohne zu begreifen. »Gehen wir«, sagte Daru.

Sie marschierten eine Stunde und machten dann neben einer Felsnadel aus Kalkstein halt. Der Schnee schmolz immer rascher, die Sonne sog die Lachen allsogleich auf und säuberte mit unglaublicher Geschwindigkeit die ganze Hochebene, die nach und nach trocknete und wie die Luft zu vibrieren begann. Als sie sich wieder auf den Weg machten, hallte der Boden unter ihren Schritten. Von Zeit zu Zeit schwang sich ein Vogel mit lebensfrohem Schrei vor ihnen durch den Raum. Tiefatmend sog Daru das frische Licht in sich ein. Eine gewisse Berauschtheit stieg in ihm auf angesichts der gewaltigen, vertrauten Weite, die jetzt unter ihrer Haube blauen Himmels beinahe überall gelb gefärbt war. Sie marschierten wieder eine Stunde in südlicher Richtung und gelangten auf eine abgeflachte Anhöhe aus bröckeligem Fels. Von hier an senkte sich das Hochplateau gegen Osten in eine Tiefebene, in der man ein paar dürftige Bäume erkennen konnte, und südwärts einem Gewirr von Felsen entgegen, das der Landschaft ein zerrissenes Aussehen verlieh.

Daru blickte forschend in beide Richtungen. Man sah nur Himmel bis zum Horizont, kein menschliches Wesen zeigte sich. Er kehrte sich dem Araber zu, der ihn verständnislos anschaute. Daru streckte ihm ein Päckchen hin. »Nimm«, sagte er. »Es sind Datteln, Brot und Zucker drin. Damit kannst du zwei Tage durchhalten. Und da hast du tausend Francs.« Der Araber nahm das Päckchen und das Geld, aber er hielt seine vollen Hände auf Brusthöhe, als wisse er nicht, was er mit diesen Gaben anfangen solle. »Jetzt paß auf«, sagte der Lehrer und zeigte nach Osten, »das ist der Weg nach Tinguit. Du hast zwei Stunden zu gehen. In Tinguit befinden sich die Behörden und die Polizei. Sie erwarten dich.« Der Araber blickte nach Osten, er hielt Lebensmittel und Geld

noch immer an sich gedrückt. Daru faßte ihn am Arm und zwang ihn unsanft zu einer Vierteldrehung nach Süden. Am Fuß der Anhöhe, auf der sie standen, konnte man einen kaum erkennbaren Weg ahnen. »Das ist die Piste, die über die Hochebene führt. In einem Tagesmarsch kommst du zu den Weiden und den ersten Nomaden. Sie werden dich aufnehmen und beschützen, wie ihr Gesetz es verlangt.« Der Araber hatte sich jetzt Daru zugewandt, und so etwas wie panische Angst erfüllte sein Gesicht. »Hör zu«, sagte er. Daru schüttelte den Kopf. »Nein, schweig. Ich gehe jetzt.« Er kehrte ihm den Rücken und machte zwei große Schritte in Richtung auf die Schule, schaute den unbeweglich dastehenden Araber noch einmal mit unentschlossener Miene an und ging dann weiter. Ein paar Minuten lang hörte er nur seine eigenen Schritte, die hart auf der kalten Erde aufklangen, und wandte den Kopf nicht um. Nach einem Weilchen blickte er indessen zurück. Der Araber stand immer noch am Rand des Hügels, mit hängenden Armen jetzt, und schaute dem Lehrer nach. Daru spürte, wie seine Kehle sich zusammenschnürte. Aber er fluchte vor Ungeduld, winkte noch einmal und schritt weiter. Er war schon ein gutes Stück entfernt, als er wieder stehenblieb und zurückschaute. Der Hügel war leer.
Daru zauderte. Die Sonne stand jetzt ziemlich hoch und begann, seine Stirn zu zerstechen. Der Lehrer kehrte um, erst unschlüssig, dann voll Entschiedenheit. Als er die kleine Anhöhe erreichte, war er in Schweiß gebadet. Er hastete hinauf und blieb atemlos oben stehen. Die Felsenfelder im Süden zeichneten sich deutlich am blauen Himmel ab, aber über der Ebene im Osten erhoben sich bereits die Dunstschleier der Hitze. Und in diesem leichten Dunst entdeckte Daru mit beklommenem Herzen den Araber, der langsam dahinschritt auf dem Weg zum Gefängnis.
Ein wenig später stand der Lehrer am Fenster seines Klassenzimmers und schaute blicklos in das junge Licht hinaus, das sich stürmisch von der Höhe des Himmels über die ganze Weite des Hochplateaus ergoß. Hinter ihm auf der Wandtafel

breiteten sich zwischen den Windungen der Ströme Frankreichs die von ungelenker Hand mit Kreide geschriebenen Worte, die er eben gelesen hatte: ›Du hast unseren Bruder ausgeliefert. Das wirst du büßen.‹ Daru sah den Himmel, die Hochebene und was sich unsichtbar dahinter bis zum Meer erstreckte. In diesem weiten Land, das er so sehr geliebt hatte, war er allein.

MARGUERITE DURAS

Madame Dodin

Jeden Morgen stellte Madame Dodin, unsere Portiersfrau, die Mülltonnen vors Haus. Vom kleinen Innenhof schleift sie sie bis auf die Straße, mit allen Kräften, ohne sich zu schonen tut sie das, in der Hoffnung, uns im Bett durch das scharrende Geräusch aufzuschrecken, damit allmorgendlich unser Schlaf ebenso unterbrochen sei wie der ihre. Wenn sie die Tonne über die beiden Treppenstufen zieht, die den Hauseingang vom Gehsteig trennen, hört man den dumpfen Knall, auf den sie zählt, um uns aufzuwecken. Doch wir sind daran gewöhnt.

Von allen Pflichten ihres Hausmeisteramtes verabscheut Madame Dodin diese am meisten. Zweifellos geht es nicht ihr allein so. Aber es gibt, glaube ich, in Paris keine Portiersfrau, die davor einen so beständigen Widerwillen empfindet. Nichts konnte ihn je abschwächen, weder die nun schon zehnjährige Gewohnheit noch die Kenntnis des Lebens und ebensowenig ihr Alter; auch der starke Trost, den sie in der Freundschaft mit dem Straßenkehrer Gaston findet, hilft ihr darüber nicht hinweg. Jeden Tag steigt er ihr hoch, ihre Abwehr dagegen bleibt auch unvermindert. Kein Schatten von Schicksalsergebung hat sie je gestreift. Zwischen ihr und der Mülltonne geht es um Leben oder Tod. Davon lebt sie, doch daran könnte sie auch sterben. Nicht allein aus Wut über sie, sondern auch für ihre allgemeine und totale Abschaffung. Andere mögen spektakulärere Anlässe zu Heroismus haben, Madame Dodin hat nur diesen. Das ist der große Kampf, den ihr das Leben aufzwingt.

Kein Tag verstreicht, ohne daß sie nicht einem Mieter einen neuen Beweis dieses Abscheus gibt. Sie findet dazu fortwährend neue Gründe. Sie sind mannigfaltig und entstammen ausnahmslos einer schreienden Böswilligkeit. Und da sie jeden Tag ihre Hinterlist unterhalten muß, wählt sie dazu täglich einen anderen, gleichgültig welchen Mieter als Opfer aus: sei's nun die anerkannteste Berühmtheit des Viertels, der ehrenwerteste, älteste oder angesehenste Mieter. Im allgemeinen trifft es jedoch den, der zuletzt seinen Mülleimer in die Tonne leert. Bis zum letzten hält sie noch an sich, aber beim letzten geht sie hoch. Das ist eine der Eigentümlichkeiten unseres Hauses, Nr. 5 der rue Sainte-Eulalie. Man wird angepfiffen, weil man Kehricht herabträgt. Mit anderen Worten: weil man ißt, man folglich noch lebt, weil man noch nicht tot ist. Mithin wird man angeschnauzt, weil man noch nicht aufgehört hat zu essen, zu leben, hört doch das Kehrichtleeren nicht auf, bis man abgekratzt ist, denn wer nicht darin ersticken will, muß ihn wohl runtertragen. Das ist es denn auch, was man, sofern man's wagt, Madame Dodin entgegnet. Ganz zwecklos, denn sie teilt diese Anschauung nicht. Sie sagt, unsere Ansichten seien keine, sie wolle sie nicht hören.

»Alle sind sie die gleichen, punkto Kehrricht«, sagt sie, »und alles Schweine, punkto Portiersfrau.«

Würde Madame Dodin nur einmal unseren Standpunkt teilen, so würde ihr das in ihren Augen und den ihres zuverlässigen Komplicen, des Straßenkehrers Gaston, vor dem Feinde, den Mietern, eine unrettbare Blöße geben.

So streitet man uns im Haus Nr. 5 der rue Sainte-Eulalie regelmäßig unser ungeschriebenes, aber wie wir glauben: unumstößliches Recht auf Kehricht, das heißt auf Leben, ab.

Einige von uns, die Naivsten, entrüsten sich noch darüber, auch über die mangelnde Höflichkeit, mit der sie ebenso traktiert werden wie der Bewohner des sechsten Stockwerks, von dem sich in irgend etwas zu unterscheiden sie nichts als normal fänden. Diese Erzürnten jedoch sind Madame Dodins Lieblinge, die knöpft sie sich mit dem saftigsten Ergebnis und unbestreitbar mit dem größten Vergnügen vor.

Eine wahre Mühsal sei es, längst ihrem Alter nicht mehr angemessen, so posaunt sie, und dies nur deshalb, weil wir nicht jeden Tag unsern Eimer leeren. Wenn wir ihn leerten, wie wir sollten, erklärt sie, das heißt täglich, wäre die Tonne weniger schwer und ließe sich leichter auf die Straße ziehen. Aber kommt das nicht aufs gleiche heraus, antworten wir jedesmal, sofern wir ihn nicht alle zusammen am gleichen Tag leeren? Oder wenn die Hälfte von uns ihn jeden zweiten Tag leerte? Oder ein Drittel jeden dritten Tag?

Nein, erwiderte Madame Dodin, in Sachen Gestank käme das nicht aufs gleiche heraus. »Und außerdem gibt's keinen Grund: ich leere die Tonne jeden Tag, sie haben's nur gleich zu halten.«

Man bringt dieselben Gedanken abermals vor, darauf sie: »Wie können Sie das wissen? Ich aber weiß es mit jedem Atemzug.«

Einige von uns haben es aufgegeben. Wir antworten ihr nicht mehr. Ich leere meinen Abfalleimer nicht jeden Tag. Ich habe ihr auseinandergesetzt warum, habe ihr gesagt, wie schwer es sei. Mit nur drei Lauchblättern am Grund des Eimers, wie soll man da nicht bis zum nächsten Tag warten. Dann kommt's auch vor, daß man vergißt, daß man keinen Mut hat und noch einen Tag zuwarten will, ehe man sich ihrem Zorn aussetzt. So weiß Madame Dodin, daß es einige gibt, die den ehrlichen Wunsch haben, täglich ihren Eimer zu leeren, denen es aber dazu an Ausdauer fehlt. Daß sie sich darüber schämen, Gewissensbisse haben, daß aber die Natur des Menschen so ist... Diese Mieter ist sie geneigt, ein wenig von der Masse der andern auszusondern, zumindest von denen, die verbissen auf ihrem Recht bestehen, zu leben, zu essen, zu atmen, das heißt, Abfälle zu haben. Aber wenn es nur darum ginge!

Ihre Gründe betet sie nicht wie eine Litanei unaufhörlich vor, sondern bringt sie im Gegenteil außergewöhnlich geschickt an den Mann. Sie hat die Notwendigkeit, sie abzuwandeln, eingesehen, um uns gegenüber ihr Ansehen als Mülltonnenmärtyrerin zu bewahren. Sie kennt die Macht ihrer barbari-

schen Ingeniosität, die die kühnsten Widerreder entwaffnet und die verbissensten entmutigt.
Doch argumentiert sie weniger häufig mit dem Gestank als mit anderem; deshalb wohl, weil jener am besten ausdrückt, was ihr die Sache bedeutet. Gewiß ist es für sie unerträglich, im Hof, neben ihrer Loge, einen Behälter mit tagealten Abfällen zu haben; die Vorstellung an sich und den Geruch kann sie nicht ertragen. Doch das sagt sie nicht. Sie sagt:
»Wenn die Pfäffischen am Freitag Fisch essen, tauchen am Sonntag die Fischköpfe auf. Das steht nirgends geschrieben. Die Mieter also, ob pfaffengläubig oder nicht, alles Schweine punkto Portiersfrau.«
Mag sie auch, nüchtern überlegt, sich das Recht zuerkennen, die Tonne schwer zu finden, so ist sie doch weniger überzeugt, ob sie ein Recht hat, sie stinkend zu finden. Deshalb erwähnt sie das nur im Zorn, wenn alle Scham von ihr abgefallen. Die Schwere ist ja tatsächlich kaum zu bestreiten und nötigenfalls meß- und beweisbar, aber der Gestank, den sie ausströmt, ist ziemlich relativ – hauptsächlich für ihren Geruchssinn. Er haftet bekanntermaßen jeder Mülltonne an. Alle stinken, könnte man ihr erwidern, geben Sie doch zu, daß sie für diese Arbeit halt nicht geschaffen sind. Allein gerade vom Gegenteil möchte sie uns überzeugen, daß nämlich der Müll von Nummer 5 rue Sainte-Eulalie etwas Besonderes ist, stinkender als jeder andere, daß keine Portiersfrau seinen Gestank aushalten könnte. Deshalb bringt sie dies Argument nur versteckt vor, hinterhältig, um uns den grundsätzlichen Widerwillen nicht zu enthüllen, den ihr diese Arbeit selbst mit pünktlichen Bewohnern einflößen würde. Sie will nicht ihre Gewalt über uns aufgeben, sich von ihren Feinden lösen. Was bliebe ihr denn für ihren apokalyptischen Zorn, der manchmal vier Tage dauert und sich von einem einzigen Mieter schnell auf alle andern erstreckt, auf die Welt der Mieter im allgemeinen und bald auf die ganze Menschheit – ausgenommen Gaston. Daher wird sie nicht so dumm sein zu sagen, der Müll stinke. Sie sagt vielmehr, wer diese gut-

gekleideten Mieter sehe, die, aus ihrer Miete zu schließen, so reich sind, würde sie nicht für so »heuchlerisch« halten, bei sich verfaulende, stinkende und viele Tage alte Abfälle zu behalten. Sie, in deren Leben der Müll eine bestimmte Rolle spiele, die die Letzte der Letzten sei, würde so etwas nicht ertragen.

Vielleicht müßte einer von uns zugunsten von Madame Dodin den andern einen Brief schreiben. Ich dachte manchmal, das könnte meine Aufgabe sein. Aber mit solchen Briefen geschieht immer das gleiche. Man schreibt sie weniger der Empfänger wegen – die Mieter werden steinern, wenn man für die Concièrge plädiert – als weswegen? Um sie Madame Dodin und dem Straßenkehrer zu zeigen. Sie allein, sagt man sich, könnten mich verstehen und wären von dem Unternehmen gerührt. Doch zu welcher Regelmäßigkeit, meinen Abfalleimer betreffend, wäre ich dann gehalten? Zu welcher Sittenstrenge? Ganz zu schweigen davon, daß bei der leisesten Verfehlung Madame Dodin diesen Brief als zusätzliche Heuchelei enthüllen würde. Davon auch, daß sie zu großes Wohlwollen ihr gegenüber nicht erträgt, bestätigt es ihr doch am besten, daß nichts die völlige Negierung verringern kann, die ihr von den Mietern widerfährt und die für sie in der täglichen Mülltonnenfron Ausdruck findet.

Hier seien nun, mangels möglicher Empfänger, die beiden Briefe mitgeteilt, die ich zu ihren Gunsten hätte schreiben mögen. Der erste lautet:

»Madame Dodin, unsere Hauswartefrau, behauptet, daß, weil jeder von uns seinen Abfalleimer nicht täglich leert, die Tonne viel schwerer sei, als wenn wir ihn täglich leerten, wie es überdies unsere Pflicht wäre. Begründet wäre das nur, falls wir durch eine befremdliche Übereinkunft dazu kämen, unsere Abfälle fast alle am *gleichen* Tage herunterzutragen. Anders ausgedrückt: es scheint Tage zu geben, da wir zur Abfalleerung besonders gestimmt sind, jeder von uns in einer gleichen Bereitschaft; günstige Mülltage in gewissem Sinn. Seit Jahren gehe das so, behauptet Madame Dodin.

Und keiner von uns hat je versucht, ihre Worte nachzuprüfen. Im Grunde ist es nicht ausgeschlossen, daß sie recht hat. Es gibt in der Welt, das wissen wir wohl, noch viel befremdlichere Koinzidenzen, die wir nicht in Zweifel ziehen, da sie uns in anziehender Form erscheinen und nicht betreffen, uns zu nichts verpflichten. So wollen wir denn Madame Dodins Aussagen annehmen. Warum auch nicht? Laßt uns daher die kleine Anstrengung tun, unsern Abfall täglich herunterzutragen. Wir würden Madame Dodin damit die größte Freude bereiten für die Zeit, die ihr unter uns zu weilen noch gegeben ist. Der Zwangsdienst an der Tonne fiele ihr nun leicht. Mehr noch: er würde in ihren Augen zum Zeichen unserer Hochachtung ihr gegenüber und ihres Sieges über uns.«
Wenn ich diesen Brief hier vorlege, schockiert er niemanden. Aber hätte ich ihn maschinengeschrieben an die Mieter abgeschickt, hätte er sie alle ohne Ausnahme aufgebracht. So sind sie nun mal: von ihrer Portiersfrau kann man nur über die Druckerschwärze zu ihnen sprechen, andernfalls werden sie stahlhart.
Nun der zweite Brief, den ich gern geschrieben hätte. Ihn je abschicken zu wollen, war ich nie verblendet genug. Ohne Zweifel hätte ich jedoch ein solches Schreiben vor allem Madame Dodin und Gaston zu lesen gegeben:
»Haben Sie daran gedacht«, hätte ich geschrieben, »haben wir ein einziges Mal daran gedacht, was diese Mülltonne denn ist, über die sich Madame Dodin beschwert. Was wir nicht mehr haben wollen, mit Ekel von uns werfen, aus unserer Wohnung, wird Madame Dodins Teil, ihr Lebensinhalt, wofür man sie bezahlt, ihr täglich Brot. Ist es nicht verständlich, daß sie nach zehn Jahren solcher Tätigkeit uns zeigen will, was es damit auf sich hat? Was möchte sie? Sie möchte, verstehen Sie, daß wir verstehen. Zu diesem Zweck würde sie uns nötigen, wenn sie es könnte, unsere Abfälle uns wieder einzuverleiben, die Gemüseschalen zu knabbern, die Knochen und alten Konservenbüchsen zu benagen, unsere

Zigarettenstummel zu verschlingen. Dies um, wie sie es nennt, uns leben zu lehren, oder vielmehr, um uns beizubringen, was es letztlich heißt zu leben. Doch würde diese Lösung genügen? Zweifellos nicht. Denn es ginge nur um unsere eigenen Knochen, die Stummel unserer Freunde, nicht aber um die anonymen Knochen und Stummel aller Mieter insgesamt. Das wäre noch nicht das Neue, verschieden in seinen Teilen, diese Einheit, die man Müll nennt, und die am Ursprung einer besonderen Wartung steht, welche gerade Madame Dodin, unserer Portiersfrau, zugefallen ist. Denn kein Unterschied besteht zwischen unserem Müll und unseren Gedanken, beispielsweise, oder sogar unserer Philosophie und unseren Anschauungen. Unser Müll ist nicht *der* Müll. Und unsere Ansicht von Madame Dodin gibt kein Bild von Madame Dodin. Madame Dodins Müll hingegen ist der Müll schlechthin, und ihre Ansicht von uns gibt ein genaues Bild unserer Lage ihr gegenüber. Das müssen wir ein für alle Male zugeben und anerkennen. Dank der Mülltonne besitzt Madame Dodin ein Abstraktionsvermögen, eine Kenntnis von uns, die wir nie besitzen werden. Von unseren Kotelettknochen ausgehend fand sie diese grundlegende Regel: ›Die Mieter sind immer Schweine punkto Portiersfrau. Was immer sie tun, und auch die besten.‹ Ein verfaulter Fischkopf in einem unserer Abfalleimer verstänkert ihre ganze Nacht und stellt uns in ihren Augen bloß. Leider steht es mit unseren Abfällen, ich wiederhole es, wie mit unseren Gedanken. Wie sollen wir ihr wahres Schicksal erkennen, wenn wir sie einmal in die Welt gestreut haben? Madame Dodin ist die Realität der Welt. Unsere Abfälle finden ihre Realität, einmal in den Händen von Madame Dodin. Die Realität der Welt ist hart, dennoch nehmen wir sie hin. Nehmen wir denn auch Madame Dodin hin. Bringen wir für sie, wenn schon nicht Respekt, so doch eine gerechte Wertschätzung auf.«
Ha, wenn ich die Mieter aufgefordert hätte, ihrer Concièrge eine gerechte Wertschätzung entgegenzubringen! Sie wären

sich beleidigt vorgekommen. Und in diesem Brief hätten sie eine weitaus schwerere Beleidigung erblickt als in der schlimmsten Beschimpfung jener Madame Dodin, die ich zu verteidigen versucht hatte. Ich wäre damit zum Feind übergelaufen; ich hätte die Stahlfront der Mieter verraten.

GENEVIÈVE SERREAU

Opas und Kompanie

Mit neun Jahren habe ich jede Menge Opas und Omas, einige mehr, andere weniger alt. Niemand in der Schule hat so viele. Sie tauchen vor allem auf, wenn etwas gefeiert wird, sie versäumen nicht eine Gelegenheit, und außerdem statten wir uns von Zeit zu Zeit Sonntagsbesuche ab. Wir haben Familiengeist, wie Papa sagt. Als er das eines Tages vor Gästen wiederholte, hat Mama das übel aufgenommen. Sie hat gesagt: »Geist haben wir nicht, bloß Familie.« Papa hat sich darüber aufgeregt, ich weiß nicht recht warum: »Immer mußt du widersprechen.« Um ein Haar hätte es Streit gegeben, nur gut, daß die Gäste da waren.
Von meines Vaters Seite sind ein Opa und eine Oma da, und nach ihnen kommen, noch älter, der Opa und die Oma von Papa, die Uropa und Uroma genannt werden, um sie von den anderen zu unterscheiden, obwohl sie das gar nicht mögen; sie wollten weiter Opa und Oma genannt werden wie früher, vor meiner Geburt. Denn meinetwegen hat sich alles geändert. Nach meiner Geburt sind alle, wie Papa sagt, »eine Etage tiefer gerutscht«. – »Tut mir leid, wenn es ihnen nicht gefällt«, hat Mama gesagt, »wir nennen sie Uropa und Uroma.« Es stimmt, man kann nicht zwei Opas und zwei Omas haben, man wüßte ja nie, mit wem oder von wem man spricht. Wir haben es ihnen erklärt. Viele Male. Aber sie bestehen darauf. Die Alten sind dickköpfig, Mama sagt das auch. Jedesmal, wenn wir Uropa und Uroma besuchen, nimmt mich Mama vor, noch ehe sie die zerbrochene Gattertür des kleinen Gartens aufschiebt: »Du sagst also ›Guten Tag, Uroma, guten Tag, Uropa.‹.« Papa ärgert das, er sagt: »Aber ich bitte dich, besteh doch nicht darauf.« So kommt es, daß wir schon am Streiten sind, ehe wir eintreten. Ich

habe es mit einem Dreh versucht, aber das ist schiefgegangen. Einmal habe ich beim Hereinkommen nur »Guten Tag« gesagt und nichts weiter. Und ich habe ihnen Küßchen gegeben. Aber Uroma hat das nicht mit sich machen lassen, sie hat gefragt: »Guten Tag, wer?« – »Guten Tag, Uroma«, habe ich gesagt, und schwupp! hat der Streit begonnen, wie vorauszusehen war. Denn Mama beobachtete mich, und hätte ich »Guten Tag, Oma« gesagt – dann hätte ich auf dem Rückweg etwas abbekommen.

Von meiner Mutter her sind sie einer weniger. Zunächst wären ein Opi und eine Omi zu nennen, und dann ist da noch ein sehr alter Opaps, welcher der Papa meiner Omi ist und ganz allein lebt, seine Uromi ist schon lange tot. Opi und Omi wurden zum Glück immer so genannt, es brauchte nichts geändert zu werden. Der Opaps ist ein kleines bißchen verrückt. Weil er früher Seemann war, möchte er, daß man ihn Matrose nennt: »Guten Tag, Matrose! Wie geht's, Matrose?« Aber Mama meint, es gehöre sich nicht, einen so alten Großvater Matrose zu nennen, sie hat ihn immer Opaps genannt, sagt sie, und will dabei bleiben. Mir würde es Spaß machen, ihn Matrose zu nennen, er erzählt immer Geschichten von Schiffbrüchen, das heißt, er kennt zwei fast gleiche Geschichten, eine endet gut, die andere schlimm – das Schiff wird versenkt, und alle Seeleute ertrinken, außer ihm, dem Opaps. Die mag ich lieber. Papa sagt, Opaps hat nie wirklich Schiffbruch erlitten, er wiederholt nur, was er früher einmal von Schiffbrüchen gelesen hat, mit Korsaren, die entern, denn Korsaren gibt es schon sehr lange nicht mehr. Ich sage mir, Opaps ist so alt, daß er schon Korsaren gekannt haben mag, die letzten Korsaren. Mama denkt ganz wie ich, sie sagt, er hat sich nichts ausgedacht, er hat das alles erlebt, aber zum Glück wird darüber bei uns zu Hause nicht allzuoft gesprochen, denn jedesmal gibt es dann Krach.

Mama wurmt es ein bißchen, daß von ihrer Seite nur drei Alte da sind und vier von Papa her. So hat sie denn zu Papa gesagt, als wir das Telegramm bekamen, worin stand, der

Uropa von meinem Papa sei sehr krank und werde sicherlich sterben: »Du siehst, unsterblich war er denn doch nicht.« Und dann hat sie zum Spaß hinzugefügt: »Man müßte die beiden, die übrigbleiben, miteinander verheiraten, deine Uroma und meinen Opaps.« Aber Papa gefiel das überhaupt nicht, er hat gesagt: »Du könntest wenigstens warten, bis Uropa tot ist, ehe du dummes Zeug redest.« So kam es wieder zum Streit, aber zu keinem langen, denn Papa studierte gerade den Fahrplan. Tags darauf, an einem Freitag, fuhren wir mit dem Zug in Uropas und Uromas Dorf. Das Dorf ist sehr alt, es heißt Le Figuelaire und liegt in der Normandie. Dort gibt es nur noch alte Leute, man findet weder Kühe noch Pferde, noch Traktoren, nichts als Hühner und Kaninchen und ein paar Schweine. Im Zug hat mir Papa gesagt, der Uropa habe Alterskrebs, der gäbe keinen Pardon, und für die Uroma sei das sehr schlimm, da ihre Beine geschwollen und dick wie Säulen sind und sie sich fast nicht mehr aus ihrem Lehnstuhl rührt. Der Uropa war noch nicht tot, als wir ankamen, er lag in seinem Bett, er hat uns angesehen und überhaupt nichts gesagt. Uroma aber redete ununterbrochen in ihrem Lehnstuhl, sie jammerte laut und sagte: »Was soll bloß aus mir werden? Niemand kümmert sich um mich!« Wir mußten sie beruhigen. Mama hat eine Fertigsuppe auf einem kleinen, von ihr dazu mitgebrachten Campingkocher aufgesetzt, und Papa hat Holz unter dem Wetterdach hervorgeholt, um im Küchenherd ein tüchtiges Feuer zu machen. Uroma wollte, daß Mama die Suppe auf dem Herd kochte, aber Mama zog ihr Gerät vor, das ist sauberer, und es geht schneller damit. Mama hoffte im stillen, daß Uropa am Freitag stürbe, dann könnten wir ihn sonntags beerdigen und müßten nicht noch einmal nach Le Figuelaire zurück. Mir gefiel es gut, das ganze Wochenende über im Dorf zu bleiben, mir die Tiere anzusehen und auf der Wiese herumzulaufen. Ich hatte meine Knallbüchse mit Zündblättchen und meinen Cowboy-Gürtel mitgebracht. Uropa hatte uns wahrscheinlich gehört, denn er starb, wie wir es erhofft hatten, am Frei-

tag gegen zehn oder elf Uhr abends. Mein Papa, meine Mama und ich, wir hatten uns alle drei in das große Bett hinter der Küche gelegt, andere Betten gab es nicht. Ich konnte nicht einschlafen, sie hörten nicht auf, im Dunkeln leise aufeinander einzureden. Und plötzlich hörten wir ein sehr starkes Röcheln, das war Uropa, der endgültig starb. So konnten wir ihn am Sonntag ohne weiteres beerdigen.
Als wir nach dem Begräbnis wieder zu Hause waren, begann ich schlecht zu träumen, ich sah immerfort Uromas Gesicht, wie sie ganz allein in ihrer Küche saß und uns fortgehen sah. Sie klammerte sich an Papas Jacke und sagte: »Nimm mich doch mit.« Natürlich würden wir sie nicht mitnehmen, in unserer Wohnung ist kein Platz, und man darf auch die Alten nicht aus ihrer gewohnten Umgebung reißen, hat Mama gesagt, sonst sind sie ganz verloren. Papa hat ihr Geld in einem Umschlag auf den Tisch gelegt und ist mit einer Nachbarin übereingekommen, daß sie sich ein bißchen um Uroma kümmert, Feuer für sie macht und ihr Suppe kocht und sie ab und zu saubermacht. »Wir kommen dich wieder besuchen«, sagte Papa. Sie hat nichts mehr gesagt. Sie sah uns nur an, vor allem mich, mit ihren blauen Augen, die fast weiß sind, als hätte man sie zu oft gewaschen. Als wir sie verließen, habe ich ihr, um ihr eine Freude zu machen, zugerufen: »Auf Wiedersehen, Oma«, und es sollte mir gleich sein, wenn ich auf dem Weg zum Bahnhof eine gelangt bekam. Aber ich glaube, das hat ihr nicht einmal Freude gemacht, und Mama hat danach mit mir geschimpft. Uroma kam mich nachts in meinen Träumen besuchen, das heißt ihre blauen, fast weißen Augen, und davor fürchtete ich mich. Mama hat gesagt, ich sei zu empfindlich, und sie hat mir etwas zum Einnehmen gegeben, um die Träume zu vertreiben.
Meine Tante Léone, Mamas Schwester, hat ein Baby bekommen. Die Taufe wurde gefeiert. Weil es bei Tante Léone und Onkel Paul sehr eng zugeht, baten sie darum, daß in unserer Wohnung gefeiert würde, die auch nicht besonders groß ist, aber immerhin haben wir drei Zimmer. Mama hat Ja gesagt,

aber unter der Bedingung, daß es uns nichts kostete. Wirklich, wenn wir ihnen die vier Wände borgen, ist es wohl das wenigste, daß sie für Essen und Trinken aufkommen, es ist schließlich ihr Baby. Papa hat aber doch Taufdragees gekauft, um sie an die ganze Gesellschaft zu verteilen. Tante Léone traf als erste mit ihrem Baby bei uns ein, weil sie ihm, bevor es in die Kirche ging, ein Fläschchen wärmen mußte. Das Baby ist sehr häßlich, gelblich wie alte Kerzen, aber Tante Léone vergöttert es, sie nennet es ihr Entlein. Mama hat ihr gesagt, sie müßte ihm die Brust geben, und Tante Léone hat geantwortet: »Kümmere dich um deine eigenen Angelegenheiten, ich will keine Hängebrüste haben wie du.« Mama ist böse geworden, das Baby hat angefangen zu schreien, wir waren wieder einmal mitten in einem Krach. Nur gut, daß Opi und Omi an der Tür läuteten, das lenkte ab. Sie brachten eine Flasche Ricard mit.
In der Kirche hat das Baby die ganze Zeit über geweint. Opa hörte nicht auf, mich in den Po zu kneifen und dabei in sich hineinzulachen, warum, weiß ich nicht. Als wir wieder draußen waren, hat er zu mir gesagt: »Ich verabscheue die Pfaffen, sie stinken.« Ich habe zu ihm gesagt, das sei kein Grund, mich in den Po zu kneifen, und er hat gelacht und konnte nicht mehr aufhören. Da die Oma wegen ihres Rheumas nicht hatte kommen können, hat sich Omi um ihn gekümmert, sie klopfte ihm kräftig auf den Rücken, um sein Lachen zu bremsen, so daß er umfiel. Er wurde wieder auf die Beine gestellt, ihm gefiel das Ganze nicht, alle hatten ihren Spaß, er blutete aus der Nase. »Das fängt ja gut an«, hat Mama gesagt.
Zu Hause haben wir uns dann ins Wohnzimmer gepackt, so gut es ging, wir waren unserer acht, neun mit dem getauften Baby. Wir hatten den Opaps noch nicht gesehen und hofften fest, er habe vergessen zu kommen, denn er ist sehr dick und braucht viel Platz. Er kam zum Aperitif, wir wußten nicht recht, wohin mit ihm. Tante Léone hat den Wagen mit dem Baby in meine Kammer geschoben, so hatten wir es beque-

mer, aber Opi und Opa wollten unbedingt fernsehen, weil gerade die Reklame lief, und die sehen sie am liebsten, ich mag sie auch, die kleinen, ulkigen Geschichten, wo es um Waschpulver oder um Käse geht. Das war unbequem, alle mußten in einer Ecke zusammenrücken, und mich störten die Köpfe. Das Zuhören war noch schwieriger, weil Onkel Paul und Papa über ihre Karren redeten, darüber, ob der Renault oder der Peugeot besser sei, und dann legte Opaps mit einer seiner Schiffbruchsgeschichten los, es war nicht möglich, ihn zum Schweigen zu bringen, alle redeten gleichzeitig. Mama versuchte zu verhindern, daß die Flasche Ricard ausgetrunken wurde, sie hätte es gern gehabt, wenn nach der Feier noch etwas für uns darin geblieben wäre, aber Omi hörte nicht auf, allen einzuschenken, denn es war ihr Ricard, und sie wußte ja, daß sie, falls welcher übrigbliebe, den nicht wieder mitnehmen konnte. Überhaupt, wie Papa immer sagt: »Wenn Omi sich etwas in den Kopf gesetzt hat, ist es zwecklos, ihr zu widersprechen.« Sie ist eben wer, die Omi. Auch ich hatte Ricard getrunken, zwei Gläser, mit Wasser verdünnt, und ich fühlte mich sehr wohl. Ich hatte sogar angefangen, den Opaps Matrose zu nennen: »Gib mir mal das Salz rüber, Matrose. Mach schon, iß dein Brot, Matrose.« Mama sah mich groß an, aber Opaps freute sich mächtig, er sagte: »Du wirst auch Matrose, du.« Ich glaube, er hat das während der ganzen Mahlzeit wiederholt. Wir saßen alle neun fröhlich um den runden Tisch herum, sie hatten sich noch nicht allzusehr gezankt, gewiß weil sie alle diesen Ricard getrunken hatten, das macht lustig. Tante Léone und Mama brachten die vollen Schüsseln aus der Küche und legten den Alten vor, besonders Opaps und Opi, die so gefräßig sind; die beiden würden alles allein aufessen und niemandem etwas übriglassen. Opa hat auf einmal, wer weiß warum, angefangen zu weinen, und dann haben wir begriffen, warum. Er weinte, weil Omi ihn umgehauen hatte, als wir aus der Kirche kamen. Er sagte: »Mein Leben lang hat man mich niedergestoßen, das ist nicht gerecht.« Gleich darauf begann wieder seine Nase zu bluten. Er mußte abgewischt und getröstet werden. Onkel Paul erzählte drollige Geschichten. Schweinische Geschichten, sagt Mama dazu. Sie mag das nicht. Es war gemütlich, sie so herumalbern zu sehen, und sogar Opa hat wieder ganz toll gelacht. Mama versuchte, Onkel Paul zum Schweigen zu bringen, sie sagte: »Hör auf, ich bitte dich, denk an den Kleinen.« Der Kleine war ich.

Das Baby brüllte seit kurzem in meiner Kammer. »Léone, geh und gib deinem kleinen Christen zu trinken«, hat Onkel Paul gesagt. Aber Tante Léone hatte zuviel Wein auf den Ricard getrunken, weißen und roten durcheinander, davon wird einem schlecht. Sie sagte immerzu: »Der geht mir auf den Wecker, der Bengel, geht mir auf den Wecker, geh selber.« Sie sagte das keineswegs zum Spaß, sie war ganz sonderbar, sie legte sich aufs Sofa und schlief ein. Das war peinlich. Das Baby schrie nicht mehr. Onkel Paul, der doch so nett ist, hat ihr zwei tüchtige Maulschellen gegeben, auf jede Backe eine. Ihr Kopf bewegte sich davon auf dem Kissen, aber sie hat nicht einmal die Augen aufgemacht. »Die ist aber stur«, hat Papa gesagt. Omi ist auf Onkel Paul böse geworden: »Ich verbiete Ihnen, meine Tochter zu schlagen, Sie Strolch.« Die Omi ist eben wer, die hat vor niemandem Angst. »Es war ja nur, um sie wachzukriegen«, hat Onkel Paul gesagt. Er sah verärgert drein. Nur Omi, die war nicht mehr zu bremsen. Zur Ablenkung hat Papa die Dragees hervorgeholt, die er bereitliegen hatte. Alles beruhigte sich. Die Alten mögen Taufdragees leidenschaftlich gern. Papa hatte eine große Schachtel gekauft und die Dragees in Tütchen abgefüllt, für jeden eines. Aber natürlich hatte Papa nicht richtig gezählt, es fehlte ein Tütchen. »Das sieht dir ähnlich«, hat Mama gesagt, »du verzählst dich immer.« – »Hättest es ja selbst machen können«, hat Papa gesagt, »ich habe meinen ganzen Samstagnachmittag damit verbracht.« Um der Sache ein Ende zu machen, haben sie Tante Léones Tütchen genommen und dem Opaps gegeben, der keins hatte. Die Alten machten sich nun daran, die Dragees zu lutschen. Als sie an die Mandel kamen, war es aus mit dem Vergnügen. Opaps und Opi konnten die Mandel nicht knabbern, weil sie fast keine Zähne mehr haben, und den anderen fiel es sehr schwer. »Konntest du denn keine kaufen, wo etwas Weiches drin ist!« hat Opaps gesagt. Er hat die Mandel auf das Tischtuch gespuckt. Und dann hat Omi die Dragees in ihrem Tütchen und die in Opis Tütchen gezählt, und sie hat gemerkt, daß sie zwei weniger hatte. Da fing sie wieder an zu nörgeln.

Das Baby brüllte von neuem. »Geh und schläfere deinen kleinen Cousin ein bißchen ein«, hat Mama zu mir gesagt. Ich hatte überhaupt keine Lust, mich mit dem Baby abzugeben, aber ich mußte schon gehorchen. Wenn es schrie, war das Baby noch häßlicher. Es war immer noch gelb, und es roch nach Kacke. Da hatte ich einen Einfall. Ich habe einen Löffel voll Ricard gegossen. Es war noch ein ganz kleiner Rest unten in der Flasche, die in der Küche stand. Das habe ich ihm in seinen offenen Mund gegossen. Zuerst hatte ich Angst, daß das Baby erstickte, ich muß zu schnell geschüttet haben. Ich habe es auf die Seite gedreht und ihm ein bißchen auf den Rücken geklopft, wie es Omi mit Opa gemacht hatte, damit sein Lachen aufhörte. Das hat gewirkt. Es machte Geräusche mit seinem Mund, es saugte wohl den Ricard ein, es schien ihn zu mögen. Und dann, schnurr! mit einemmal ist es eingeschlafen. Man hätte auch ihm Maulschellen geben können, es wäre ebensowenig aufgewacht wie Tante Léone. Ich bin ins Wohnzimmer zurückgegangen, und Mama war ganz erstaunt, daß ich das Baby so schnell hatte beruhigen können.

Im Wohnzimmer war es richtig friedlich, man hatte das Fernsehen angestellt, sie brachten einen Western. Opi und Opaps, die nicht mehr besonders gut sehen, hatten sich unmittelbar vor die Mattscheibe gesetzt, und das nahm den anderen ganz schön die Sicht. Zum Gück waren Omi und Opa auf ihren Stühlen eingeschlafen, und wir haben sie in eine Ecke gescho-

ben. Ich hatte mich seitlich an den Apparat herangeschmuggelt, und so sah ich die Bilder etwas verzerrt, aber ich hörte Pferde galoppieren, dann die Pfiffe eines Zuges und jede Menge Revolverschüsse. Die Sendung lief schon, als sie eingeschaltet wurde, und wir verstanden das Ganze nicht so recht. Plötzlich setzte eine tolle Musik ein, und ich war sicher, das war das Zeichen für den Schluß. Indem ich mich entsprechend krümmte, gelang es mir immerhin, das letzte Bild richtig zu sehen: Da waren ein Cowboy und eine Dame, die sich in Großaufnahme küßten, und einer auf seinem Pferd, der weinte und seinen Revolver auf den Himmel abschoß.
Sobald es zu Ende war, stand Mama auf: »Los, los, es ist spät, ihr müßt jetzt nach Hause, alles aufstehen.« Sie haben schon noch eine halbe Stunde gebraucht, um sich anzuziehen, und ihre Siebensachen zusammenzusammeln. Onkel Paul wußte nicht mehr, wo ihm der Kopf stand: Tante Léone schlief immer noch, und das Baby, das auch schlief, mußte für den Heimweg in seine Decken gewickelt werden. Zum Glück war Onkel Paul mit seinem Lieferwagen gekommen, und als er seine Familie darin untergebracht hatte, lud er noch Opi und Omi auf, die nicht weit von ihm wohnen. Der Opaps machte einen Höllenspektakel, er wollte auch in den Lieferwagen steigen, aber es war kein Platz mehr darin, und er wohnte in entgegengesetzter Richtung. Man mußte ihm ein Taxi bestellen. Aber er hatte sein Portemonnaie vergessen und hatte daher kein Geld, um die Fahrt zu bezahlen. »Da muß er eben zu Fuß nach Hause gehen«, hat Papa gesagt. Mama war wütend, sie gab Opaps zehn Francs und sagte dazu: »Du wärst nicht so knickerig, wenn er dein Uropa wäre.« – »Ich verbiete dir, von meinem Uropa zu sprechen«, hat Papa gesagt, »von meinem armen Uropa, der tot ist.« Ich glaubte, er würde anfangen zu weinen. »Na, na«, sagte der Opaps, »streitet euch nicht an einem Festtag, es kommt nicht so oft vor, daß wir feiern und die ganze Familie beisammen ist.« – »Gott sei Dank«, hat Mama gesagt.

Als alle fort waren, hat sich Mama aufs Sofa gesetzt und einen giftigen Blick auf all das schmutzige Geschirr auf dem Tisch geworfen, auf das vollgekleckerte Tischtuch, das ausgeschüttete Zeug, das Papier und die Krümel am Fußboden. Papa pfiff vor sich hin, die Hände in den Hosentaschen, und sah aus dem Fenster. Ich habe mich schnell in meine Kammer verdrückt, denn ich wußte genau, sie würden sich wieder streiten, das bleibt nie aus, wenn die Familie fort ist.
Ich habe ein Doppelblatt aus meinem großen Geometrieheft gerissen und habe angefangen, mit meinen Faserstiften zu zeichnen. Wenn ich zeichne, denke ich an nichts mehr, es ist, als wäre ich ganz woanders. Ich habe zuerst Uropas Grab auf dem Friedhof von Le Figuelaire gemalt, mit den Veilchen in dem kleinen Blumentopf und dem Kranz aus Plaste. Daneben habe ich Uromas Grab gezeichnet, gewiß lag sie lieber dort, als daß sie ganz allein in ihrer Küche saß. Aber weil sie noch nicht tot war, habe ich sie liegend in das Rechteck hineingezeichnet, sehr ähnlich, vor allem ihre blauen, fast weißen Augen. Ich habe dann so weitergemacht mit den Gräbern. Jeder bekam seins, sogar Uromi, die Frau von Opaps, die ich nie gesehen habe. Die beiden Toten, Uropa und Uromi, hatten keine Gestalt mehr, bloß ihren Namen. Ich habe nur die Lebenden in ihr Grab hineingezeichnet, alle mit ihrem kleinen Kreuz über dem Kopf oder unter den Füßen. Ich war sehr froh, daß ich diesen Einfall hatte. Sie waren nicht alle so gut gelungen, Oma und Opi waren mir ganz mißglückt, aber schließlich stand da ihr Name, irren konnte man sich nicht. Mama habe ich sehr sorgfältig in ihrem Sonntagskleid gezeichnet, Papa war nicht ganz so gut geraten, aber man erkannte ihn doch. Am ähnlichsten von allen war sich Tante Léone, genau so, wie wir sie auf dem Sofa hatten liegen sehen, als sie ihren Rausch nach dem Ricard und dem Wein ausschlief. Ich merkte, daß ich das Baby vergessen hatte, und habe es zwischen Tante Léone und Onkel Paul untergebracht, auf einem winzigen Grab liegend, sein Gesicht hätte man für eine Zitrone halten können, darüber mußte ich la-

chen. Zwischen die Gräber habe ich viele Blumen und Bäume gemalt, das war wirklich hübsch. Es blieb viel Himmelsraum frei, weil sie ja alle lagen, so habe ich zum Schluß einen Jungen gezeichnet, der breitbeinig mitten auf dem Blatt stand, über den Gräbern. Er trug Cowboysachen, hielt einen Revolver in der Hand, ein zweiter Revolver hing ihm in seinem Futteral am Schenkel herunter. Auch der war mir sehr gut gelungen. Über seinen Kopf habe ich im Halbrund mit großen, roten Buchstaben ICH geschrieben, das sah aus wie Sonnenstrahlen. Ich habe immerhin eine Stunde gebraucht, um das alles zu zeichnen, und ich war wirklich stolz auf das Ergebnis. Der Krach, den sie nebenan beim Streiten machten, hat mich überhaupt nicht gestört.

Mama ist ganz leise in meine Kammer getreten: »Was machst du denn da?« Ich habe meine Zeichnung genommen und sie mit ausgestrecktem Arm hochgehalten, damit sie das Bild gut sehen und bewundern könnte. Sie stand hinter mir, und sie sagte nichts. Sie sagte rein gar nichts. Ich hörte sie schwer atmen, als hätte sie soeben einen Hundertmeterlauf hinter sich. Allerdings hätte ich ahnen müssen, daß dies kein gutes Zeichen war. Dann bekam ich die erste Kopfnuß. Sie schrie wie am Spieß: »Du kleiner Bösewicht, kleiner Bösewicht!« Sie hatte mir die Zeichnung entrissen, sie hielt sie in einer Hand, und mit der anderen fuhr sie fort, mir freigebig Schellen zu verabreichen. Ich war so verdutzt, daß ich nicht einmal schrie. Ich schützte mich, wie ich konnte, und hoffte, sie würde bald ermüden. Vor allem hatte ich Angst, sie könnte die Zeichnung beschädigen. Sie schrie weiter: »Kleiner Bösewicht!« aber immer leiser, und dann begann sie zu schluchzen. Sie hörte auf, mich zu verdreschen, sie ließ sich auf mein Bett fallen und weinte, weinte, wie sie nur immer weinen konnte, die Hände vor ihrem Gesicht. Ich habe bei der Gelegenheit meine Zeichnung wieder sachte an mich genommen und habe sie in mein Geometrieheft gesteckt und das Heft in meine Schulmappe, ich war so gut wie sicher, daß sie diese dort nicht wiederfinden würde.

Schließlich ist auch Papa gekommen. Alle beide sahen wir nun zu, wie sie weinte, und begriffen nichts. »Was hast du wieder angestellt?« hat Papa gefragt. »Nichts, nichts«, habe ich gesagt, »sie hat mich gehauen, ich weiß nicht mal warum.« Und weil das die reine Wahrheit war, hat er mir geglaubt.

PIERRE GASCAR

Der kleine Platz

Das Haus des Bäckers war es, über das ich immer das Wetter heraufkommen sah. Nicht daß es niedriger gewesen wäre als all die anderen, die den kleinen Platz umschlossen, aber es stand auf der Westseite, und sein Dach aus runden, von der Sonne gebleichten Ziegeln befand sich im Gegenstrom zum Lauf des Himmels.

An den ruhigsten Tagen, wenn der Wind den Rauch aus dem Schornstein des Backofens kaum bewegte, sah ich über dem First der Bäckerei langsam dicke weiße Wolken aufsteigen, die sich erst viel später verfinstern und noch lange einen leuchtenden Saum behalten würden. Das Gewitter schob sich am Abend zusammen, wenn es Schwere gewann aus dem Schatten der Dämmerung, und eine tiefer hängende Nacht über die Erde zog.

Das Haus des Bäckers, dessen Backstube auf den kleinen Platz hinausging, blieb lebendig gegen das anfangs reglose und langsam verblassende Licht des Himmels, dann gegen die Verfinsterung der Wetterwolken, schließlich gegen die ersten Windstöße des Unwetters, die den Rauch in einem Funkenwirbel auf das Dach und auf den Platz hinunterschlugen.

Ein Schub Brote folgte dem andern, hin und wieder tanzte der Lichterschein des Ofens in dem Raum, wo zwei Männer mit nacktem Oberkörper werkten, weiß und ausgedörrt vom Feuer. Wenn der Ofen brennend rot wurde, warfen sie die Glut, um sie zu ersticken, in große Blechkanister, die so hoch waren wie ich, das zehnjährige Kind, und stellten sie zum Abkühlen vor die Backstubentür.

Der Platz, der unter der Sonne vor dem nahenden Gewitter schon kochte, schien sich dann zu entzünden. Es war eine düstere Hitze, erstickend wie die Hölle, ein blinder Sommer dem Sommer hinzugefügt. Wenn ich mich den Kanistern näherte, hörte ich das Knistern der Holzkohle, die sich darin bildete. Später, in der Backstube, die die beiden Bäcker verlassen hatten, um etwas trinken zu gehen, knisterten auch die aufgereihten heißen Brote, wie eine Wiese in der Sonne, auf der die Heuschrecken rascheln.

Der Geruch des Brotes wurde, wenn ich die Augen schloß, der Atem einer Erde, die, vom Feuer verlassen, aufriß in Erwartung des Regens. Man hätte meinen können, mit dem Gewitter wäre jetzt ein wenig von dem noch feurigen Schatten des leeren Ofens am Himmel. Von einem Luftzug aus der offenen Tür der Backstube getrieben, wehte Holzasche mitten über den Platz, eine kleine graue Schleppe, die in sich zusammenfiel und sich rasch mit dem Staub vermischte, in dem sich ein schwarzes Huhn plusterte.

Die ersten Regentropfen fielen bisweilen, bevor die großen, mit Glut gefüllten Kanister kalt waren, und verzischten auf ihren Deckeln, auf denen ich vergeblich kleine Kuchen aus Brotteig zu backen versuchte, den ich aus der Backstube genommen hatte.

Ich rannte zurück zu unserem Haus auf der anderen Seite des Platzes und blieb unter dem Vordach stehen, um den Regen fallen und die Wetterwolken jagen zu sehen. Drüben leuchtete die Backstube auf von einem neuen Schub Brote. Der Rauch aus dem Backofen kämpfte gegen den Wind und warf hin und wieder eine Handvoll Funken in den unwetterblauen Himmel.

Unten bewegten sich die beiden weißen Leiber im Lichtschein, und die Backstube wurde für mich der Kohlenbunker eines Dampfers, dessen Rauch der Sturm niederschlug. Der Duft war verschwunden, endlich kam die Kühle, ein fader Wassergeruch im Wind: der Regen hatte das Brot ausgelöscht.

Es gab nicht nur Gewitter. Es gab auch die Wintertage, wo die Hitze der Kanister an der Schwelle der Backstube eine

Zone des Willkomms auftat und der Wind Schleppen aus Mehl und Asche vorübertrieb, die feinem Schnee glichen. Wenn die Tür der Backstube sich öffnete, um sich sogleich wieder zu schließen, zog der Duft des heißen Brotes ein in das Schweigen des Frostes wie ein menschliches Wort, das man auffängt: der Winter ließ das Brot sprechen.

Aber ob das Gewitter drohte und der Regen, ob der Frost den Boden härtete, ob ein Frühlingsmorgen am Himmel stand, mit Taubenflug über dem Platz, oder ob es sacht in den sinkenden Tag nieselte – die Frau des Bäckers lief...

Es war die Frau des jüngeren der beiden Männer, denn in der Backstube arbeiteten Vater und Sohn. Sie war ziemlich groß, dunkel, mit einem Ausdruck unruhiger Erwartung im Gesicht. Sie schloß die verglaste Tür der Backstube hinter sich, stand regungslos auf der Schwelle, um prüfend über den Platz zu spähen, und dann, wenn sie ihn offenbar für verlassen hielt, stürzte sie los.

Sie lief ganz gerade, die Hände vor der Brust gefaltet, und warf die Beine zur Seite, wie es Frauen tun, die ein Rock behindert. Sie erreichte die gegenüberliegende Seite des Platzes, ein wenig links von unserm Haus, wo den ganzen Tag eine Remise offenstand, die zur Bäckerei gehörte. Ein alter Lieferwagen war darin untergestellt, der dazu diente, das Brot zu den Bauernhöfen zu bringen.

Die Frau des Bäckers tat einen Schritt ins Innere der Remise, strich sich mit der Hand ordnend über das dunkle Haar, wandte sich um und lief wieder los über den verlassenen Platz.

Auf der Schwelle der Backstube angekommen, blickte sie durch das vom Mehl fast blinde Fenster, als wollte sie sich vergewissern, daß keiner der beiden Bäcker auf sie acht hatte, und wenn niemand auf dem Platz auftauchte, lief sie wieder zur Remise und wieder zurück zur Bäckerei. Dieses Treiben wiederholte sich noch einige Minuten, und dann, ob sie nun außer Atem war oder sich beobachtet fühlte, kehrte sie in die Backstube zurück.

Eine Stunde später überließ sie sich erneut diesem ziellosen Drang, diesem überstürzten Hin- und Herlaufen, dieser versperrten Flucht, die sie bis zur Erschöpfung ausdehnte, wenn die Stunde günstig war. Ich sah sie dann, bleicher als zuvor, die Hand auf ihr Herz pressen, bevor sie in die Backstube zurückkehrte, und etwas wie Besänftigung oder Freude erhellte ihr Gesicht: man spürte, daß sie erlöst war.
Diese Erlösung währte nicht lange. Der Morgen oder der Nachmittag ging nicht zu Ende, ohne daß ich die Frau des Bäckers erneut mit unruhiger Miene auf der Schwelle der Backstube erscheinen sah, wo sie sich, die nervösen Hände gefaltet, zum Laufen bereit machte. Meine Anwesenheit zählte für sie nicht. Ich spielte auf der Erde, manchmal auf ihrem Weg, und ihre Absätze klapperten neben meinem Gesicht vorbei in einem schwingenden Flug von schwarzen Röcken und feinen Kniekehlen. Die Frau des Bäckers wich kaum zur Seite. Wenig fehlte, und sie wäre über mich hinweggesprungen.
Sie kümmerte sich auch herzlich wenig um die Anwohner des kleinen Platzes, die jeden Tag vor ihren Häusern den gleichen Beschäftigungen nachgingen: die alte Frau, die ihr den Rücken zukehrte und sich über ihren Zuber beugte, den Gemüsehändler, der bedächtig vom Saft der Früchte des Sommers befleckte Obsthorden übereinander stapelte – den Hufschmied.
Seine Schmiede lag in einem Winkel des Platzes, an der Ecke des Gäßchens, das hier einmündete. Es war ein abgesonderter Ort, mit Flußkieseln gepflastert und immer düster, bewohnt von dem Feuer der Schmiede, einem Feuer von schwefliger Glut, durchzogen vom Atmen des Blasebalgs oder bläulich dämmernd. Dort herrschten ein Geruch nach verbranntem Horn und heißem Eisen und die Schmerzen der Tiere, die beschlagen werden.
Die Pferde wurden draußen beschlagen. Aus dem Gleichgewicht gebracht, glitten sie auf den runden Steinen des Pflasters aus. Der Sohn des Hufschmieds, gebückt und die Hände

verschränkt wie zur Hilfestellung für einen Reiter, fing ihr ganzes Gewicht auf, das gegen seine Lederschürze drückte. Er war ein junger Bursche mit einer weißen Stirn unter dunklen Locken. Er war unlängst von den Soldaten zurückgekommen, sprach wenig und biß sich auf die Lippen, wenn das Pferd, entkräftet von der Marter des Beschlagens, ausglitt und gegen ihn fiel.

Für die Ochsen und Kühe, die in der Gegend viel vorgespannt wurden, ging alles im Innern der Schmiede vor sich, in dem von Kuhmist verdreckten Holzgestell der schweren Vorrichtung, die man einen »Notstall« nennt.

Gurte hielten das Tier, ein Flaschenzug hievte es hoch innerhalb des wackligen Gerüsts, und über seinen steif weggestreckten Füßen schlossen sich hölzerne Ringe. Die Kuh brüllte noch lange, aber da sie nicht fort konnte, teilten sich ihre Bewegungen nur noch dem knarrenden Foltergestell mit. Es schwankte schwerfällig: aus dem Toben wurde Schlingern, aus der verzweifelten Anstrengung die kürzeste Welle, die sich bricht. Im Dunkel der Schmiede, die sich im Flackerschein des Feuers schattengleich bewegte und in dem die von gespannten Seilen umgrenzten Stützen des »Notstalls« immer höher wuchsen, schwamm eine vertäute Kuh.

Auf jener Seite des Platzes, in der atemabschnürenden Enge des Gäßchens, war alles nur geduldige Gewalt, Winterdunkel, rötliche Glut oder kurze blaue Flammen, Geruch nach Kohle oder Horn, rauchgeschwärzte, von Eisenteilen geschuppte Wände. Man schürte hier ein Leiden ohne Schreie, das dem Überdruß nahekam und im trägen Gang des Tages zurückströmte auf die beiden Männer, die Nägel in die Hufe der Tiere schlugen.

Wie hell wäre mir die Bäckerei erschienen mit ihrem tanzenden Feuer, im freigebigen Duft des Brotes, hätte ich nicht gewußt, daß eine Gewitterhitze oder eine gewisse Reglosigkeit am Abend genügte, um ihre Reinheit zu verderben, das Brot dem Fluch anheimfallen zu lassen, dieses Haus in eine

weißgebrannte Hölle zu verwandeln, in dem eine erstickende Güte herrschte!
Und selbst im gewöhnlichen Lauf der Tage, wenn die Luft leicht war, wenn Frühling war, wenn die beiden Bäcker fröhlich waren und mich in die Backstube ließen, wo ich mir am Backtrogrand Teig zusammenkratzte für meine Kuchen, die auf den Glutkanistern nie fertigbacken würden und die ich nie würde essen können, selbst dann ahnte ich bisweilen, daß die Einfachheit dieses dem Idyll des Brotes geweihten Hauses eintönig und grausam werden konnte.
Sicherlich wollte die dunkelhaarige Frau eine lebendigere Freiheit zurückgewinnen, wenn sie lief. Die Leute nannten sie kokett, sagten, sie sei darum besorgt, sich durch ihre ständigen Übungen schlank zu erhalten. Sie fanden sogar ein paar Entschuldigungen für sie: jeder wußte doch, daß der Geruch des Brotes nährte und dick machte, wenn man ihn den ganzen Tag einatmete und sich nicht bewegte. Und schließlich war der Bäcker eifersüchtig und ließ seine Frau nie allein ins Dorf gehen.
Unter den starren, vom Mehl geweißten Haaren zeigte das Gesicht des jungen Bäckers einen Ausdruck trauriger Bestürzung. Der Mann erschien manchmal auf der Schwelle der Backstube, mit nacktem Oberkörper, krummrückig und fröstelnd, ähnlich einem Badenden, den der Schatten überrascht hat und der auf eine freie Kabine wartet, um seine Kleider anzuziehen. Er beobachtete, wie seine Frau zur Remise lief, und wenn sie zurückkam, immer laufend, nötigte er sie in die Backstube, wo ich sie von außen sah, wild im Feuerschein des Ofens, wie sie ungeduldige Gesten machte.
Ich erriet, daß der Bäcker seiner Frau vorwarf, sich vor den Bewohnern des Platzes zur Schau zu stellen. Sie mußte wohl glauben, sie wären von ihren Beschäftigungen in Anspruch genommen und zu sehr daran gewöhnt, sie laufen zu sehen, um sich davon ablenken zu lassen. Ich aber wußte, daß sie weniger gleichgültig waren, als es anfangs geschienen hatte.

Mochte die schläfrige Aufmerksamkeit der schwarzgekleideten dicken alten Frau noch angehen, die durch Herstellung von Konserven reich geworden war und vom Frühjahr an unentwegt auf ihrem mit Kapuzinerkresse geschmückten Balkon saß; mochten die trägen, selbst schon waschwasserfarbenen Augen der Frau noch angehen, die sich sekundenlang von ihrem Zuber aufrichtete; mochte auch der mitleidlose Blick noch angehen, den der Gemüsehändler, ein kahler, dürrer Mann, ihr zuwarf, während er mit der Hand seine Obsthorden im Gleichgewicht hielt. Zwischen den Zähnen nannte er sie eine Hure. Ich hockte neben ihm. Ich verstand das Wort nicht recht, aber ich wußte, daß es eine Beleidigung war. Die Beleidigung wog nicht schwer. Ebenso wie die Blicke all dieser Zeugen nicht schwer wogen.

Es gab nur einen einzigen Blick auf dem Platz, der schwer wog, der brannte, der eine schmerzliche Beharrlichkeit annahm und mich beunruhigte: der Blick des jungen Hufschmieds.

Der Bursche stand ein wenig gebückt, mit den Händen den Fuß des Pferdes haltend, das beschlagen wurde, und blickte zum Platz. Der Vater brachte das rotglühende Eisen aus der Schmiede und setzte es auf den rauchenden hornigen Huf, und durch die kleine, beißende Wolke hindurch blickte der Sohn des Hufschmieds immer noch zu der Frau des Bäckers, die über den Platz lief.

Wenn es kein Pferd zu beschlagen gab, machte er sich vor der Schmiede mit allerlei kleinen Verrichtungen zu schaffen, sammelte zwischen den runden Steinen die langen, keilförmigen Nägel auf, die dem Schmied beim Beschlagen aus der Hand gerutscht waren, richtete sich hoch, blieb stehen und blickte auf die dunkelhaarige Frau, die über den Platz lief. Wenn das geschah, fand ich, daß der Sohn des Hufschmieds böse aussah.

Ich war nicht der einzige, den er ein wenig erschreckte. Die Leute des Viertels flüsterten einander zu, daß er drauf und dran sei, den Verstand zu verlieren. Er sei immer schon

schweigsam gewesen, und gerade so kündige sich die Krankheit meistens an. Manchmal im Lauf des Tages trug der Sohn des Hufschmieds einen Eimer Wasser vor die Tür der Schmiede, schöpfte daraus mit beiden Händen und begoß sich immer wieder von neuem den Kopf.
Er war bleich, und in seinen Augen stand Verstörtheit. Er ließ die nassen Hände lange auf dem Gesicht ruhen, als schmerzte es ihn und als wäre die Kühle des Wassers das einzige Heilmittel, falls es nicht das einzige Heilmittel wäre, die Handflächen zermalmend auf die Augen zu pressen und nichts mehr zu sehen.
Dennoch, hinter der Härte seines Gesichts, hinter der fast grausamen Beharrlichkeit seines Blickes, wenn er die Frau des Bäckers laufen sah, entdeckte ich etwas wie ein Wachsen, eine Begierde, eine Freude.
Der Bäcker, der soeben mit nacktem Oberkörper auf die Schwelle der Backstube getreten war und sich die Schultern rieb, war zu weit entfernt, um zu sehen, wovon sich das Gesicht des jungen Hufschmieds unter der schmerzvollen Miene erhellte. Dennoch schob er seine Frau nachdrücklich ins Innere der Backstube, als sie angelaufen kam. Seine Bewegungen waren fest. Er entzog seine Frau einer Gefahr, von der mir die Reglosigkeit des jungen Hufschmieds und die dunkle Durchsichtigkeit seines Gesichts nur eine unklare Vorstellung gaben.
Kurz zuvor schien der Bäcker, während er seine Frau beim Laufen beobachtete, den Sohn des Hufschmieds nicht gesehen zu haben, der aufrecht mit geballten Fäusten an der Ecke des Platzes stand. Man sagte, es sei gefährlich, die Verrückten anzusehen: der menschliche Blick ziehe sie magnetisch an und zeige ihnen das Ziel der Gewalttätigkeit, deren Erwachen sie bislang unterdrückt hätten.
Seit ein paar Tagen blickte auch ich den Sohn des Hufschmieds nur verstohlen an oder nur dann, wenn er nicht aufrecht und krampfhaft gespannt an der Ecke des Platzes stand. Den Platz stahl er mir jetzt, er machte ihn sich ganz zu

eigen mit seinem beharrlichen Blick, und dann war mir immer, als dränge aus der Schmiede ein stärkerer Geruch nach Horn und Glut zu uns herüber.
Früher hatte der Platz mir gehört, mit seiner jungen Ulme, auf deren schiefen Stamm ich rittlings hinaufklomm, mit seinen Schmutzwasserrinnen, in denen ich Fliegen ertränkte, mit seinem Westhimmel, der über dem Haus des Bäckers heraufglitt, mit all diesem Frieden, den nun ein einziger Blick zerstören konnte und den auch so viele abgewandte Blicke veränderten.
Aus Vorsicht hatte ich beschlossen, den meinen ebenfalls abzuwenden, wie der Bäcker, und gerade um diese Zeit war es, daß die dunkelhaarige Frau, die über den Platz lief, den Sohn des Hufschmieds anzublicken begann.
Ich beobachtete, daß sie von nun an, um aus der Backstube zu treten, die Stunde wählte, wo ihr Mann und ihr Schwiegervater in einer Pause in die Küche gingen, um sich zu erfrischen, und noch häufiger die Tage, an denen ihr Mann das Brot an die entfernten Bauernhöfe lieferte. Während die Frau des Bäckers zwischen der Backstube und der Remise hin- und herlief, wandte sie zwei-, dreimal den Blick zu dem Sohn des Hufschmieds, der Schritt für Schritt bis zur äußersten Grenze des gepflasterten Bereichs der Schmiede näherkam.
Anfangs hielt der Sohn des Hufschmieds die Fäuste geschlossen, dann aber, wenn die dunkelhaarige Frau des Bäckers ihn ein paarmal angeblickt hatte, öffnete er sie und ließ die Hände langsam an seiner Lederschürze herabgleiten.
Ich selber las nichts in den Blicken der Frau des Bäckers. Nichts als einen ungeheuren Ernst. Sie gehörten zu diesen Blicken der Erwachsenen, verschattet, vom Wimpernschlag überdeckt, bei denen ich denken mußte, daß wir bald kein Brot mehr haben würden oder daß jemand ganz in der Nähe im Sterben läge.
Der Gemüsehändler, zu dem ich manchmal ging, denn er gab mir Latten von seinen Obsthorden, aus denen ich mir Flugzeuge baute, nährte noch meine Furcht. Auch er hatte diese

Blicke aufgefangen, die zwischen der Frau, die mit auf der Brust gefalteten Händen lief, und dem Sohn des Hufschmieds, der bleicher denn je wie erstarrt dastand, gewechselt wurden. Der Gemüsehändler wiederholte ständig zwischen den Zähnen, das würde schlimm enden, o ja, das würde schlimm enden, eines Tages.

Welchen Tages? Ich sah den Himmel über dem Haus des Bäkkers heraufziehen. Er war ebenso langsam wie früher, Träger von Wetterwolken oder von Licht vergoldet, und ich fragte mich, ob seine Verfinsterungen und sein Leuchten unser Leben widerspiegelten, ob die Geschichten der Menschen dort oben Licht und Dunkel machten und ob an dem Tag, da auf dem kleinen Platz etwas schlimm enden würde, wie der Gemüsehändler voraussagte, ein noch nie gesehenes Leilaken, ein gelberes Gewitter, ein tieferer Nebel uns zudecken würde.

Inzwischen wurde der Platz zu einem Kampfplatz, wo sich geheimnisvoll Kräfte maßen. Nie zuvor war er mir so klein erschienen, und das schlimmste war, daß ich mir überflüssig darauf vorkam. Der Bäcker verlor die Geduld, weil er mich den ganzen Tag dort sah. Wenn ich mich der Backstube näherte, zu der mir jetzt der Zutritt verweigert wurde, schrie er mich an, ich solle anderswo im Dorf spielen, auf der anderen Seite unseres Hauses, das auf eine Gasse hinausging, oder mit anderen Kindern, an der Kirche, wo sie zusammenkamen. Weshalb trieb ich mich immer auf diesem Platz herum, etwa um den Aufpasser zu machen?

Ich machte nicht den Aufpasser. Sie waren alle da, um mich herum, ohne mich zu sehen, und ich blickte sie an, wie ich den Himmel anblickte, den Boden des Platzes, den Stamm der jungen Ulme, den Tod meiner Mücken in dem schmutzigen Wasser, und sie waren eingeschlossen in das, was ich vom Leben erhielt, ohne Suchen, ohne echte Gaben...

Ich antwortete dem Bäcker nicht, aber als ich fortging, fort von der Backstube, wurde ich sehr traurig, weil ich entdeckt hatte, daß das Böse in meinen kleinen Platz eingedrungen war. Alles ringsum schien mir trübe, verdüstert, obwohl es immer der gleiche Himmel war, und ich sagte mir, vielleicht sei es dieser unsichtbare Schatten, dieses feine Altwerden des Lichts, das die unheilvollen Tage färbte, die Tage, wo etwas schlimm endete, in den Häusern und auf den Plätzen.

Die Frau des Bäckers lief immer noch hin und her. Ihr Mann rief sie manchmal laut zurück. Von der Ecke des Platzes blickte der Sohn des Hufschmieds sie an. Seine Blässe, die außerordentliche Anspannung, die sein Gesicht verriet, schienen sich der Frau des Bäckers mitgeteilt zu haben. Sie blickte den Sohn des Hufschmieds jetzt häufiger an und zerknüllte zuweilen ein Taschentuch zwischen den Händen.

Würden sie denn nie miteinander sprechen? Mich beängstigte die Schwere ihres Schweigens. Es lastete auf mir, während ich, auf der Erde sitzend, mit der flachen Hand den Staub glattstrich. Der kleine Platz wurde um mich her ganz stumm. Es war, als hätten alle Bewohner für eine kurze Weile ihre Arbeit unterbrochen und warteten, daß der plötzliche lähmende Druck wiche. Der Bäcker kam manchmal heraus und rief seine Frau. Sie verschwand in der Backstube. Dann kehrte das Leben behutsam wieder zurück... Ja, alles würde schlimm enden. Jeden Tag spannte sich dieses Schweigen ein wenig mehr.

Und eines Morgens kam das Pferd.

Es war ein Rappe mit glänzendem Fell, einer jener Halbblüter, wie sie die Landleute vor ihre Breaks spannen. Er war gerade beschlagen worden, und der Hufschmied trug sein Werkzeug in die Schmiede, als das Pferd davontrottete, auf die Mitte des Platzes zu, ohne daß der Sohn des Hufschmieds, der es losgebunden hatte, auch nur einen Schritt tat, um es zurückzuholen.

Die Frau des Bäckers lief über den Platz. Sie sah das Pferd auf sich zukommen. Es ging im Schritt, im Klirren seiner neuen Hufeisen, die seinen Gang noch kraftvoller machten. Die Frau flüchtete sich in die Remise. Das Pferd, das zweifellos das Dunkel und die breiten Torflügel eines Stalles erkannte,

näherte sich ihr. Die Frau preßte sich verängstigt mit dem Rücken gegen die Kühlerhaube des Lieferwagens und rührte sich nicht. Das Pferd bleib vor ihr stehen und warf hin und wieder den Kopf zurück, vielleicht wartete es auf ein Wort, vielleicht war es verwundert, daß es nicht hinein konnte.
Da sah ich den Sohn des Hufschmieds herankommen. Er lief nicht. Er ging ziemlich schnell, ein wenig steif, das Gesicht angespannt und so bleich wie das eines Mannes, der sich soeben verletzt hat und in zwei Sekunden anfangen wird zu bluten. Er trat neben das Pferd, und ohne eine Bewegung zu machen, blieb er stehen und blickte die Frau des Bäckers an. Und auch sie blickte ihn fest an. Mehrere Bewohner des Platzes standen auf den Schwellen ihrer Häuser. Sie beobachteten die Szene ohne ein Wort. Ich erwartete, daß die Tür der Backstube sich öffnete. Sie öffnete sich nicht. Mir schien, das schwarze Pferd habe angefangen zu zittern.
Und jäh, als durchstieße sie die tiefe Finsternis, aus der ich kam, als sei sie endlich kenntlich gemacht unter so vielen unbenannten Wirklichkeiten, war eine Gewißheit in mir da, begann zu existieren.
Ich begriff, daß alles, was in diesem Tier lebte, die Kraft der Muskeln, das noch nicht befreite Wiehern, der Traum von einem Raum freier als der Raum, alles, was gezügelt lebte, in diesem Mann und in dieser Frau war, die, einer vor dem andern, stumm sich anblickten.
Die Frau des Bäckers schlug endlich die Augen nieder. Der Sohn des Hufschmieds nahm das Pferd beim Zügel und schritt langsam zurück zur Ecke des Platzes. Auch das Pferd schien ermattet. Es war noch nicht Mittag, und doch hätte man glauben können, es wäre Abend auf dem Platz. Die Frau des Bäckers blieb noch eine kurze Weile in der Remise. Sie hielt den Kopf gesenkt. Als sie ihn hob und aus der Remise gelaufen kam, sah ich, daß ihr Gesicht sich rosig gefärbt hatte, oder besser, es war ganz hell geworden. Ich fand, daß die Frau des Bäckers schön war. Sie überquerte den Platz unter den Blicken der Bewohner und schloß die Tür der Back-

stube hinter sich. Die war leer: der Bäcker hatte nichts gesehen.

Von diesem Tag an wußte ich, daß die Zeit, die der Gemüsehändler vorausgesagt hatte, nahe war. Niemand war sich mehr im unklaren darüber, weshalb die Frau des Bäckers von einer Seite des Platzes zur andern lief. Man sagte, sie braucht nicht mehr zu laufen, um abzunehmen: die Liebe allein verhindert, daß sie dick wird. Und diese Liebe, trotz der Entfernung, trotz des Schweigens, wurde Sieger.

Der Sohn des Hufschmieds hatte nicht mehr die verstörten Augen, die ihm noch vor kurzem die Zwangsjacke verheißen hatten. Man sah ihn nicht mehr lange über einem Eimer den Kopf mit Wasser überschütten. Wenn die Frau des Bäckers lief, trat er ein wenig vor auf den Platz, hinaus aus dem gepflasterten Bereich der Schmiede, und blickte die Frau des Bäckers mit ruhiger Aufmerksamkeit an, eine Zigarette in der Hand. Er ließ seine Lederschürze in der Schmiede, knöpfte den Kragen seines schwarzen Hemdes zu und stand da, ganz wie die Männer auf einem Ball, wenn sie mit den Augen der Tänzerin folgen, die sie zum nächsten Tanz auffordern wollen. Erst wenn die Frau des Bäckers wieder in die Backstube trat, wechselte sein Blick die Farbe. Der Sohn des Hufschmieds kehrte nicht sofort in die Schmiede zurück: er rauchte nervös seine Zigarette zu Ende und blickte hinüber zur Bäckerei.

Manchmal, wenn der Sohn des Hufschmieds noch dort am selben Platz stand, kam der Bäcker aus der Backstube, um Wasser zu holen. Er tat, als sähe er den Jungen nicht, aber wenn er von der Pumpe zurückging, tappte er mit vorgerecktem Kinn und verzerrtem Gesicht, als wären die Eimer schwerer als gewöhnlich.

Ich dachte, eigentlich müßten die Männer eines Tages soweit kommen, sich zu schlagen. Der Gemüsehändler dachte das auch, aber da er von Anfang an auf der Seite des Bäckers stand, fürchtete er die Grausamkeit seines Nebenbuhlers. Er hielt ihn für fähig, ein Eisen zu benutzen, und der Bäcker war halbnackt.

Er war auch halbnackt, als er an jenem Tag auf den Platz kam, da alles im Begriff schien, sich zu entscheiden. Es war ein Markttag, Fuhrwerke drängten sich dicht an dicht auf dem Platz. Die Bauern ließen sie schon am Morgen da stehen, eins am andern, wie es gerade kam, und führten ihre Pferde in die Stallungen eines Cafés.

Bald zum Himmel gerichtet, bald auf dem Boden ruhend und ineinander verhakt, bildeten die Deichseln der Wagen eine Einheit, die an Segelschiffahrt erinnerte, ohne die Segel, oder an einen verwüsteten Wald. Ich war mehr für die Schiffahrt: jedes Rad wurde für mich zum Rad des Steuermanns. Zwischen den hohen, lackierten Deichseln schien der Himmel schneller vorüberzuziehen. Es gab auch noch den Platz unter den Wagen, wo ich, wie in einem Schiffsraum, über mir die rauhe Kehrseite des Holzes sah.

Da saß ich, auf der Erde, mit der vergitterten Aussicht auf die Räder all der Wagen, als ich die Beine der Frau des Bäckers erkannte. Ich richtete mich ein wenig zwischen den Deichseln auf, um sie zu beobachten. Langsam stieg sie über die Deichseln, über die eine, über die nächste, um zur Remise zu gelangen. Sie tat es blindlings, denn die oft mit einer Plane bedeckten Fuhrwerke schlossen sie von allen Seiten ein und ragten ihr über den Kopf. Daß die Frau des Bäckers ein wenig die Richtung verloren hatte, erklärte jedoch nicht, wieso sie unterwegs stehenblieb und, sich gegen ein Rad lehnend, das Gesicht mit einem Ausdruck der Erwartung zum Himmel hob.

Plötzlich hörte ich Schritte hinter mir, zwischen den Fuhrwerken, und zog mich schleunigst in meinen Zufluchtsort unter dem Wagen zurück. Ein Mann bewegte sich hinter den Rädern. Ich erkannte diese von Wasser und Kohle fleckigen Schuhe, die schwarze Leinenhose: es war der Sohn des Hufschmieds. Er wand sich geschickt zwischen den Wagen durch und sprang über die Deichseln. Er entdeckte die Frau des Bäckers ziemlich rasch. Als sie hörte, daß jemand kam, stand sie regungslos, den Rücken gegen ein Rad gelehnt.

Ich verstand ihre Worte nicht. Sprachen sie überhaupt? Sie standen einander gegenüber, ihre Beine berührten sich. Der Sohn des Hufschmieds hatte die Hände auf die Hüften der Frau gelegt. Sie umklammerte hinter ihrem Rücken zwei Speichen des Rades. Nach einigen Augenblicken schwankte die Frau leicht, und das Rad drehte sich ein wenig, es knirschte im Sand.

Jemand begann zu rufen, ziemlich weit hinter dem Wirrwar der Wagen. Es war der Bäcker, der sich beunruhigte, weil seine Frau nicht zurückgekommen war. Er rief sie bei ihrem Vornamen. Sie hieß Simone. Die Stimme war befehlend und klagend zugleich. Simone und der Sohn des Hufschmieds, die Beine ineinander verschlungen, schienen immer schwerer auf dem Wagenrad zu lasten, das sich erneut ein wenig bewegte.

Waren sie taub, ahnten sie nicht die Gefahr? Nein, eben hatten sie sich getrennt, eine Sekunde lang, um zu lauschen, und wenn sie sich nun von neuem aneinanderpreßten, so gewiß, um ihre Lust durch jenes seltsame Erschauern, jene scharfe und gewollte Angst zu vertiefen, die ich von dem Augenblick her kannte, wenn ich beim Räuber-und-Gendarm-Spiel von meinen Freunden entdeckt wurde, und die ich jetzt mit ihnen empfand. Ich erriet, daß sie von der Frucht begehrten, sich, eines am andern, nackt zu fühlen.

Der Bäcker, immerfort rufend, verirrte sich zwischen den Fuhrwerken. Endlich kam er näher, und der Sohn des Hufschmieds duckte sich und verschwand rasch und geräuschlos. Da erst antwortete die Frau des Bäckers ihrem Mann. Ob er so dumm war, zu glauben, sie wäre verlorengegangen? Ich kroch auf allen vieren unter den Wagen durch. Ich sah den Bäcker. Er stand ein wenig gebeugt mit nacktem Oberkörper zwischen den Deichseln. Er hatte seine Frau noch nicht entdeckt. Ich versteckte mich vor ihm. Er war mir ganz nahe. Durch die Speichen eines Rades sah ich, daß er am ganzen Leibe zitterte.

Von diesem Tag an zeigte sich die Frau des Bäckers weniger

häufig auf dem Platz. Sie lief nur noch hinüber, wenn ihr Mann fort war, um Brot zu den Bauernhöfen zu bringen. Sie verschwand für eine lange Zeit in der Remise. Auch der Sohn des Hufschmieds kam weniger häufig aus der Schmiede, und er hob kaum den Kopf, wenn die Frau des Bäckers über den Platz lief, während er ein Pferd beschlug.

Der Gemüsehändler jedoch sagte immer wieder, daß er der Sache nicht traute. Seine Unruhe machte mich sicher. Ich wartete auf den nächsten Markttag. Als er da war, richtete ich mich schon am Morgen unter den Wagen ein. Zuerst hörte ich, daß ein frisch beschlagenes Pferd zwischen Wagendeichseln geführt wurde. Ich schlich näher, ließ mich aber nicht sehen. Der Sohn des Hufschmieds spannte einen Rappen vor einen Planwagen, das Pferd sah genauso aus wie jenes, das er vor einiger Zeit auf den Platz hatte entlaufen lassen. Als er es angeschirrt hatte, blieb er neben dem Pferd stehen und strich ihm liebkosend über den Hals.

Dann hörte ich über den Boden des Platzes einen eiligen Schritt klappern, den ich gut kannte. Die Frau des Bäckers lief, durch die Wagen hindurch, zur Remise. Als sie wieder herauskam, trug sie einen kleinen geflochtenen Koffer in der Hand. Sie ging auf den bespannten Wagen zu. Der Sohn des Hufschmieds pfiff leise, um der Frau die Richtung zu weisen. Er half ihr auf den Wagen, und sie glitt unter die Plane.

Ich hatte mich hochgerichtet. Der Sohn des Hufschmieds, der sich eben anschickte, auf den Wagen zu steigen, sah mich. Er legte einen Finger auf den Mund, womit er mich bat zu schweigen. Er fragte mich mit dem Blick. Ich versprach es mit einem Kopfnicken. Der Sohn des Hufschmieds sprang auf den Bock, ergriff die Zügel und lenkte das Pferd so geschickt, daß er den Wagen freibekam. Die Räder rollten lange über das Kopfsteinpflaster der Gasse, und dann hörte ich nichts mehr. Ein paar Minuten später kam der Bäcker und rief nach seiner Frau. Er redete vor sich hin, zwischen den Fuhrwerken, und rieb sich mit gekreuzten Armen die nackten Schultern. Er sah mich lange an. Ich wandte den Kopf ab.

Der Besitzer des Rappen fand sein Pferd und seinen Wagen in der Kreisstadt wieder; ein Brief, den der Sohn des Hufschmieds in der Schmiede zurückgelassen hatte, bat ihn, sie sich dort abzuholen. Der Bäcker verlor fast den Verstand. Man sah ihn bisweilen in einem schwarzen Jackett auf der Schwelle der Backstube, wo sein Vater nach wie vor das Brot backte, in dem Dunkel, in dem die Lichter tanzten. Über der Bäckerei war der Himmel immer noch derselbe.

Lange Zeit später erfuhr man, daß der Sohn des Hufschmieds und die Frau des Bäckers in einer großen Stadt nahe am Meer lebten. Einige sagten, sie seien glücklich, andere sagten, sie seien es nicht. Unter diesen war der Gemüsehändler. Manchmal gab er mir einen Pfirsich. Je nachdem, wie die Tage waren, war der Pfirsich gut oder schmeckte fade...

HERVÉ BAZIN

Mansarde zu vermieten

Die dicke Marthe saß auf ihrem krummbeinigen Stuhl, und während sie an den Fingern rechnete, noch einmal rechnete, überschlug und verglich, fühlte sie sich innerlich ebenso unbehaglich wie am Hinterteil. Ihre Nachbarin, die Concierge von Nr. 18, hatte bei einer ähnlichen Gelegenheit sechzigtausend herausgeschlagen. Die Mansarde in Nr. 18 hatte allerdings mindestens ihre sechzehn Quadratmeter. Meine WCs sind nicht so dreckig, sagte sich Marthe, und bei mir liegen die Wasserhähne näher am Treppenabsatz. Außerdem gab der Hahn das Wasser im Strahl ab und nicht nur tropfenweise wie in Nr. 18. Über das ›bei mir‹ mußte sie lächeln, als sie es bedachte. Der Hofhund ist Besitz, und auch er fühlt sich, weil er bellen darf, ein bißchen als Besitzer. Und wenn man noch weiter überlegte, so war der Verwalter schließlich nur ein größerer Wachhund, er selbst hatte auch nichts, außer der Machtbefugnis, im Namen des minderjährigen Eigentümers zu handeln, der alles nur auf dem Papier besaß. Doch wohin kommt man, bitte sehr, wenn man den Dingen auf den Grund geht? Man entdeckt, daß ein Bedürfnis einem das Recht gibt. Und Marthe brauchte diese Mansarde. Genaugenommen, brauchte sie sie zwar nicht, sie hatte eine Wohnung, eine sehr schlechte, aber immerhin eine Wohnung. Sie brauchte den Gewinn, den sie daraus ziehen konnte, daß viele so eine Mansarde brauchten. Ihr Bedürfnis war ebenso echt, denn sie hatte keinen Sou mehr, aber von zweitrangiger Dringlichkeit, denn sie hatte ein Dach. Ist ein zweitrangiges Bedürfnis, wenn es das eigene ist, nicht dringlicher als das erstrangige anderer Leute?

»Das ist nicht alles«, sagte sie vor sich hin, um sich aufzumuntern. »Ich muß die Post raufbringen.« Sie tastete ihr

Knie ab. Ihr verflixter Alter war bei seiner verflixten Glaserarbeit; keiner, der ihr die Treppen abnahm. Mit dem Knie! Emilie hätte es ja an Stelle von Adrien machen können, aber die schlief in ihrem Klappbett oder tat so, als schliefe sie, lag neben ihrer Tochter, schlaff und rosig auf das Laken hingestreckt. Sie war spät heimgekommen, sie war müde, man konnte sie trotz allem nicht wecken, das Kind. Marthe streckte den Arm aus, ergriff den Stapel Briefe, der auf dem Wachstuch lag, und schnüffelte ein bißchen darin herum. »Viele Küsse« versprach eine Postkarte aus Korsika der Kleinen im zweiten Stock. Ihre Mutter täte gut, ein bißchen aufzupassen, man weiß nie, was hinter den harmlosesten Bemerkungen steckt. Davon konnte sie ein Lied singen. Hatte sich Emilie nicht, um ihre Mutter und alle anderen zu täuschen, von ihrem Buchhandlungsgehilfen Prospekte schikken lassen, in denen bestimmte Preise angekreuzt waren! »*Du und ich*, Taschenformat, farbiger Kunstledereinband... 650 Franc«, das hieß: Ich erwarte dich um 18 Uhr 50. Ein Laufbursche aus der Buchhandlung, man denke, und von dem hatte sie Colette! Na ja, sie hätte auch den Buchhändler vorziehen können... Während Marthe über ihr Knie strich, ging ihr der Gedanke durch den Kopf, daß es doch anständig von Emilie gewesen sei, sich für den Gehilfen zu entscheiden, ganz abgesehen von dem Kind.
Zwei Briefe in der Hand wägend, drehte Marthe einen dritten um und las den Absender. Wissen ist Macht über die Kinder, nicht wahr? Dann stieß sie mit einer heftigen Bewegung die Post von sich. Sie verabscheute sich plötzlich. Daß man solche Sachen macht! Man kennt sich ja selbst nicht mehr! Genau wie mit dieser Mansarde: eine Gelegenheit, durch krumme Touren etwas herauszuschlagen. Überrascht wandte sie sich um: Madame Paquet, die Stuhlvermieterin aus dem sechsten Stock, kam auf ihren Kreppsohlen von Saint-Nicaise zurück und flötete hinter Marthes Rücken: »Nichts für mich?«
»Nichts, Madame«, sagte Marthe mürrisch.

Es war nichts da, und obwohl Marthe erst seit acht Tagen diese Stellung hatte, ahnte sie, daß für Madame Paquet außer Prospekten und der Quittung nie etwas Besonderes dasein würde, daß sie aber auf dieses wenige erpicht genug war, ihre Nase in die Loge zu stecken. Man konnte ihr nur beim Schauen zuschauen. Sie schob mit der Zunge eine halb aufgelutschte Pfefferminzpastille in die Backentasche. All ihre Lebhaftigkeit hatte sich in den Augen und den beweglichen Nasenflügeln eingenistet, sie stand reglos, fast steif, als sie die Unordnung registrierte und den Geruch nach billigem Wein, Katze und saurer Milch einatmete. Ein Lächeln zog ihre Lippen schmal, die sich vorsichtig öffneten. »Ich wollte noch fragen«, begann sie, »für die freie Mansarde da oben hätte ich jemanden ...«

Der Stuhl ächzte, Marthe drehte sich erheitert, mit gefalteten Händen um: »Die Mansarde, meine Gute ... Da sind Sie bestimmt die sechste. Seit heute morgen reißt das nicht ab. Ich hatte noch nicht meinen Kaffee getrunken, da waren schon die Malots bei mir. Die haben zu viert acht Quadratmeter, stellen Sie sich vor! Danach kam Madame Mongrinel zu mir, dann die Kollegin aus Nr. 54, dann eine barmherzige Schwester ...«

»Schwester Marie vom Heiligen Antlitz, denke ich«, sagte Madame Paquet.

»Ich glaube«, fuhr Marthe fort. »Lauter Kusinen und Schützlinge, sie fallen nur so vom Himmel! Sogar der Briefträger hat davon angefangen. Man möchte hundert solche Mansarden haben. Und zum guten Schluß kam Madame Surmulat mit einer Empfehlung des Verwalters nach dem Zimmer fragen. Anscheinend weiß sie nicht mehr, wo sie ihr Eingemachtes unterbringen soll.« –

»Es wäre schade, wenn das verderben würde«, bemerkte Madame Paquet salbungsvoll.

»Eine Empfehlung des Verwalters«, grollte Marthe, »man kann nicht tun, was man will.«

Ein kurzes Schweigen schob sich zwischen die beiden

Frauen. Die ist ja schnell, dachte Madame Paquet. Sieht ganz harmlos aus und bringt schon ihr Schäfchen ins trockne. Es ist doch nicht zu glauben, bei diesen fetten Wachteln geht alles wie geschmiert; die Zunge dient ihnen nur zum Schlukken, sie denken an nichts als an ihren Vorteil, damit sie sich mästen können.

Da stand sie auf ihren dürren Beinen, zwei Parallelen zum Regenschirm, und dachte wehmütig zurück an eine Zeit, zu der jeden Morgen, wenn sie von der Messe kam, in eben dieser Loge die Chronik des Viertels ergänzt wurde, die einen den ganzen Tag beschäftigte und munter hielt. Marthe ihrerseits in ihrem aus Kartoffeln gewachsenen Armeleutespeck, den das Fasten sogar noch aufschwemmte, betrachtete Melanie mit zunehmender instinktiver Feindseligkeit, der Feindseligkeit des Specks gegen den Knochen, der Fetten gegen die Mageren. Ihre Unterlippe schob sich vor, ihre gelben Augen schweiften zur Decke, als wollte sie die zum Zeugen ihrer Machtlosigkeit anrufen.

»Sie werden es sicher richtig machen, ich weiß«, murmelte Madame Paquet. Und sie glitt geräuschlos zur Treppe.

Marthe wartete eine Minute, schüttelte den Kopf, ließ das Knie los und rieb lange ihren mit einer Art Kropf gezierten Hals; an diesem Kropf hatte sich ein Knoten gebildet, der nicht zurückging. Als sie sich sicher glaubte, daß niemand als ihre Katze sie hörte, wetterte sie gegen ihre Bedenken: »Ja was denn, man kann doch nicht alles umsonst hergeben. Hat man denn überhaupt das Recht dazu, wenn zu Hause alle Hunger haben?«

Das war die Stimme der Vernunft. Aber plötzlich öffnete sich vor Marthe ein Auge, Emilies Auge; dann öffnete sich ein Mund, Emilies Mund, und die Tochter sagte sanft: »Das ist jedenfalls gemein für die Malots! Du weißt ja, was Papa gesagt hat.«

»Du schlaf!« fuhr Marthe sie an, sie wußte nicht recht, ob sie ihre Tochter oder ihr Gewissen schalt, die beide schläfrig waren.

Sie war aufgestanden und humpelte mit der Zunge schnalzend davon, um in ihrer engen Küche einen hart gewordenen kläglichen Rest Käse zu kauen. Ach, bei Adriens genauso kläglichem Lohn konnte man sich nicht den Luxus leisten, die Gelegenheit ungenutzt zu lassen. Adrien war ein guter Kerl. Er hatte gesagt: »Gib sie doch den Malots, deine Mansarde.« Männer wie Adrien denken, weil sie ihren Lohn unangetastet heimbringen, müßte er reichen, vier Personen zu ernähren. Für einen Wohlhabenden wie Madame Surmulat war die Mansarde mindestens ihre sechzigtausend Franc wert, sechzigtausend alte Franc, die angenehmer zu zählen waren als sechshundert neue. Und Marthe hatte so gute Verwendung dafür, daß sie die Summe, wenn sie noch einmal nachrechnete, schon recht klein fand. Dreißigtausend Franc Schulden in der Gegend, ein neues Kleid für Emilie, ein Kleid für die Kleine, Schuhe für Adrien, die rückständigen Raten für die Nähmaschine, ein gutes Essen gar nicht gerechnet – ja, sechzigtausend für alles zusammen, das ging gerade auf. Sie hätte achtzigtausend Franc gebraucht. Sie würde achtzigtausend fordern; hundert, damit sie achtzig bekäme. Und wenn Madame Surmulat sich nicht darauf einließ, dann eben nicht! Die Empfehlung des Verwalters war nicht verpflichtend. Marthe hatte selbst mit ihm darüber gesprochen. Man konnte Besseres finden: einen Ausländer, dem es pressiert, einen Studenten, der einen Vater hat, ein Mädchen, das eine Bleibe für seine Liebschaften sucht – die sehen mitunter nicht darauf, und das kommt einem wie gerufen.

Wie abwesend, die niedrige Stirn gerunzelt und durch das viele Denken ganz schmal zusammengeschrumpft, betrat Marthe wieder ihre Loge. Der kleine Zeiger der Wanduhr, der schon immer nach links verbogen war, zeigte auf neun; der große, der nach rechts verbogen war, erreichte verquer die halbe Stunde, die die Uhr nicht mehr schlug. »Zehn Uhr fünfundzwanzig«, murmelte Marthe nach schwierigem Kopfrechnen. Sie hatte noch nicht eingekauft. Marthe zuckte die Achseln. Emilie war wieder eingeschlafen. Schlafen ist so

gut wie essen. Wieviel war übrigens noch da? Ihre Hand tauchte in die feuchten Tiefen ihrer Bluse und zog ein seltsames, an einer schwarzen Schnur befestigtes Skapulier hervor, ihre Geldbörse, eine mit groben Stichen genähte Börse aus Stoff, an deren schwierige Bestandsaufnahme sie nun ging. Natürlich kam es nicht in Frage, das geheiligte Fach mit dem Geld für Colettes Milch anzutasten, das hundertfünfzig Franc enthielt. Aber konnte man nicht stillschweigend von dem Betrag aus dem zweiten Fach, der für den jeweils nächsten Tag bestimmt war, etwas in das dritte überweisen, das die Summe für diesen Tag barg? Marthe zählte, zählte noch einmal, und es waren immer wieder zweihundertundsiebzig Franc, zwei Franc siebzig in schwerem Geld, wie die Leute sagen. Marthe seufzte, schloß die Börse, zögerte, öffnete sie abermals, schloß sie abermals, und endlich, gerechtfertigt durch ihre persönliche Arithmetik (und die Anwendung des kleinsten gemeinsamen Nenners: ein Kilo Kartoffeln), nahm sie die siebzig Franc heraus. Für Adrien blieb noch eine Büchse Ölsardinen, und wenn er nicht zufrieden war, mußte er Überstunden ausfindig machen. Sechstausend Franc in der Woche, das ist kein Geld! Konnte er seinen Lohn nicht auf einmal hergeben, statt ihn ihr in Portionen zuzuteilen, weil sie angeblich sonst nie den Anschluß fänden? Der Anschluß! Ein schöner Unsinn. Wäre es nicht besser, ein paar Tage gut zu essen, auf das Risiko hin, an anderen Tagen zu darben, als den ganzen Monat lang kärglich zu leben? Einmal nach Herzenslust essen und dann von dieser Befriedigung leben, in der Gewißheit, daß sie sich wiederholen wird – ist das nicht der einzige Weg, dieses Elend aufzuhellen?
»Siebzig Franc. Hundert Gramm Gehacktes! Und da soll ich meine Mansarde sozusagen für nichts hergeben!«
Ein kurzes Miauen antwortete ihr. Hungrig kam die Katze unter dem Bett hervor und schmeichelte um Marthes Knöchel, ungeachtet der Gefahr eines Fußtritts. Natürlich die Graue, dieses verfressene Vieh! Marthe wollte sie schon wegstoßen, doch sie besann sich. Das gute Katzentier! Das Kinn

auf dem Hals, die Brüste auf den Schenkeln, bückte sie sich mühsam, um die Katze zu fassen, und dann strich sie ihr lange das Fell, vom Kopf zum Schwanz. Das gescheite Katzentier, gab sich vielleicht nur einmal im Vierteljahr der Liebe hin, aber mit einer Begierde, mit einer Überzeugung, daß in einer Nacht die Kater in Scharen kamen. Und so versessen war sie auf Lunge, daß sie ihr Pfund in drei Bissen verschlang, egal, ob dann die nächste Woche der Heißhunger sie verzehrte und sie nur ihren Schnurrbart zu lecken hatte. Was für eine Natur! Und dabei so geschickt, das Luder, daß sie die Tür aufschob, um dem Wunder nachzuhelfen.

Unvermittelt losgelassen, fiel die Katze geschmeidig auf die Füße, während Marthe die Post zusammenraffte, eilig die Loge verließ und auf die Treppe zurollte. An der Tür fiel ihr ein, daß sie den Schlüssel vergessen hatte. Mein Gott, der Schlüssel! Der kostbare Schlüssel für die Mansarde da oben. Erschreckend unvorsichtig! Jeder Beliebige konnte ihn an sich nehmen, sich dort einnisten, einfach sein Quartier aufschlagen und sie, Marthe, um ihren ehrlichen Gewinn bringen. Die Malots, zum Beispiel, obwohl die Unglücklichen im allgemeinen nicht sehr dreist sind. Oder der Kunde der Paquet – vielleicht derselbe, den Schwester Marie vom Heiligen Angesicht gemeint hatte. Solche Leute haben immer einen langen Arm und den Mund voll schöner Worte, um ihre Kreaturen unterzubringen. Man soll nur mal versuchen, sie wieder hinauszusetzen – es findet sich immer ein Gesetz zu ihrem Schutz, und es sind immer gute Seelen da, gewohnt, auf unsere Kosten wohltätig zu sein, die gleich Lärm schlagen, wenn man nur die Stirne zu runzeln wagt.

Marthe zog sich hinauf, sie schnaubte schon wie ein Seehund. Verfluchte Treppe! Man wird eben nicht Concierge, wenn man ein steifes Knie hat. Ideal wäre die Stelle als Austernverkäuferin auf der Terrasse eines gewissen Cafés in der Rue Belleville gewesen. Marthe mochte Austern schrecklich gern, und wenn es darum ging, ein Dutzend im Handumdrehen zu öffnen, so hätte sie ihresgleichen gesucht. Im Winter war es zwar kalt, und eben das war Adriens scheinheiliger Einwand gewesen: »Du frierst doch so leicht«, und er hatte hinzugefügt: »Übrigens kostet das Geld, und du hast keinen Sou.« Als ob es keinen Kredit gäbe. Der ewige Spielverderber fürchtete, ihr eine Freude zu machen... Diese schreckliche Treppe. Ohne Zweifel brauchte sie jemanden für die Gänge in die Etagen, wenn Emilie darauf bestand, den Tag zur Nacht zu machen. Von einem Absatz zum anderen waren es neunzehn Stufen, und Marthe zählte jede einzelne, während sie sich am Geländer hochzog, das in seiner ganzen Länge erzitterte. In der zweiten Etage war sie schon in Schweiß gebadet. Zwischen der dritten und vierten mußte sie eine Pause machen und sich auf der sechsundsechzigsten Stufe schräg auf das halbe Hinterteil setzen, das die Stufe in seiner ganzen Breite nicht fassen konnte.

Ein ungewohntes Geräusch brachte sie gleich wieder auf die Beine. Über ihr, in der Mansarde, waren Schritte zu hören. In ihrer Mansarde. Sie sagte ganz laut: »So ist es richtig. Das geschieht dir recht.« Und als sie das sagte, wunderte sie sich einen Augenblick, daß sie dabei weniger an die Strafe für ihre Unvorsichtigkeit als an die für ihre kleinen Berechnungen dachte. Aber diese Erkenntnis verwischte sich gleich. Der äußerste Geldmangel empörte Marthe, und die Empörung gab ihr neue Kraft. Wie ein Ball sprang sie auf den letzten Treppenabsatz; wie ein Elefant drang sie in den Korridor ein, dessen dünne Verschläge zitterten. Sie gönnte der kleinen Malot, die mit einer Emaillekanne in der Hand zum Wasserhahn lief, nicht einmal einen Blick. Auch Madame Paquet beachtete sie nicht, die hinter ihrer halboffenen Tür – so konnte sie besser hören – ihr flaches Profil sehen ließ und gerade eine Marinade bereitete, wobei ihr zwei zu einem Ölständer umgewandelte Ölkännchen halfen. Noch ganz in Schwung, blieb Marthe erst auf der Schwelle der Mansarde stehen, wo sie atemlos und ganz bestürzt wie festgenagelt verharrte... Steif und im Vollgefühl ihres Rechts, in untadelig weißer Bluse, ergriff Madame Surmulat schon Besitz von dem Raum. Und ohne auch nur den Kopf zu wenden, sagte sie von oben herab: »Machen Sie doch zu, es zieht ja.« Marthe schloß mechanisch die Tür und blickte auf das Schlüsselloch, das war leer. Kein Schlüssel. Er drehte sich am Finger der Lebensmittelhändlerin, der Schlüssel. Und diese wandte sich jetzt an Rose, ihr Mädchen, das gleichgültig einen Besen über die Dielen führte, und fügte beiläufig hinzu: »Und diese Ecke hier, mein Kind, sehen Sie nicht die Staubflocken?« An den Türrahmen gelehnt, kämpfte Marthe gegen das ungewohnte Versiegen ihres Speichels. Sie konnte sich nur mühsam fassen. Die Sicherheit, die Unverfrorenheit der Reichen beeindruckten sie also immer wieder. Den Blick auf Madame Surmulats große Füße gerichtet, die in weiten Pantoffeln steckten, begann sie Rose zu helfen, von einer ansteckenden Unterwürfigkeit niedergezwungen.

Schließlich brachte sie leise hervor: »Nun, Madame, ist es Ihnen so recht?«

»Es muß wohl«, sagte Madame Surmulat nachlässig. »Für Sie ist es freilich nur ein Bodenwinkel«, bemerkte Marthe, sie kam nicht davon los.

»Ein Bodenwinkel, Sie sagen es, in dem ich nicht einmal flüssige Konserven abstellen kann, weil sie im Winter gefrieren und dadurch verderben würden«, erklärte Madame Surmulat.

Sie schwieg, um Rose mit gebietendem Finger ein Spinngewebe zu zeigen. Marthe überstürzte sich vor Höflichkeit und Feigheit. Für diesen Bodenwinkel hatte ihr die Concierge von Nr. 54 zwanzigtausend Franc geboten; sogar die Malots hätten ihr gut zehn gegeben. Die Partie war verloren. Ein Fehlschuß. Nur die Armen bezahlen für den Schmutz einen hohen Preis. Was würde diese hier dafür geben, für die ein Lagerraum von fünfzehn Quadratmetern nur eine bescheidene Gelegenheit war und die herausgerückt hätte, was man verlangte, wäre er bereits weg gewesen? So war es nun mal, man ließ sich immer wieder übertölpeln. Dabei wußte Marthe recht gut, daß niemals etwas zu gewinnen ist bei dieser Sorte, die ihre Wichtigkeit schon als ein Recht auf Bevorzugung betrachtet, die vorher schöne Reden macht und wenn sie bedient ist, ein schiefes Maul zieht, um zu bedeuten, daß sie einem nicht groß was schuldig ist, und um eine wohlverdiente Belohnung in Mildtätigkeit umzumünzen. Na also. Der Schlüssel baumelte munter an Madame Surmulats Finger, doch sie zuckte nicht mit der Wimper, und als sie der zusammengeknickten Marthe mit den Fingerspitzen einen vierfach gefalteten Schein in die allzu eilig geöffnete Hand schob, geruhte sie nur zu murmeln: »Also, meinen besten Dank... Aber bitte, das ist doch selbstverständlich. Ich möchte Sie nur noch bitten, auf die Leute zu achten, die hinaufgehen. Diese Mansardentüren schließen so schlecht, und ich habe keine Lust, mir meine Ware stehlen zu lassen... Haben Sie meine Post? Sie kommt heute spät.«

Diesen Umstand nahm sie höchst selten zur Kenntnis. Für Madame Surmulat waren keine Briefe dabei. Für Madame Surmulat waren außer einer Zeitung nur zwei Prospekte gekommen, die sie bedächtig zerriß, wobei sie vor sich hin sprach: »Es sind wenigstens keine Rechnungen.«

Und damit war die ganze Angelegenheit für sie erledigt. Sie riß mit dem Daumen die Banderole des »Parisien« auf, entfaltete ihn sechzig Zentimeter vor ihren alterssichtigen Augen, um die Nase in den täglichen Kriminalbericht zu stecken. Doch beobachtete sie nach wie vor Rose, der die obligaten Ausführungen über die unseligen Folgen von Gefühlsverirrungen und schlechtem Umgang nicht erspart blieben.

»Wieder eine ledige Mutter, die ihr Kind erwürgt hat!« sagte Madame entrüstet.

Aber Marthe hörte sie nicht mehr. Hochrot, eine prachtvolle Auswahl von Schimpfworten auf den Lippen, und so geschwollen vor Wut, daß sie noch dicker geworden schien, polterte sie die Treppe hinunter, rollte wie eine Lawine von Absatz zu Absatz.

Fünfhundert Franc, diese Gaunerin hatte es gewagt, ihr fünfhundert Franc zu geben! Die würde sie aber ganz gewiß in ihre Gebete einschließen, die brauchte sich nicht zu wundern, wenn ihr eines Tages eine unangenehme Geschichte passierte. Fünfhundert Franc! Der Gewinnausfall mitten in der Zeit der mageren Kühe war hart, aber er war nicht so aufreizend wie die Demütigung, daß sie sich so simpel und durch eigene Schuld hatte übers Ohr hauen lassen. Außer sich, zerknüllte sie die Post im Laufen, ohne daran zu denken, sie unter die Türen zu schieben, sie schnaubte und schimpfte und schwor, sie wüßte nun, daß sie die dümmste aller Kühe sei und daß sie mit allen ein Wörtchen reden würde, und zuerst mit der kleinen Heuchlerin Emilie, die sie schon auf den Schwung bringen wollte, splitternackt würde sie sie notfalls aus dem Bett jagen.

Wie ein Sturmwind brach sie in die Loge ein.

»Was ist los?« hörte sie eine vertraute Stimme, die durch einen dichten Schnurrbart drang.

Emilie und die Kleine planschten in der Küche. Adrien war schon zurückgekehrt; friedlich wie sein Taschenmesser schnitt er sich Bissen zurecht. Ein Würfel Brot, ein Stück Sardine. Und er murrte nicht, obwohl er nichts weiter hatte. Noch ein Würfel, noch ein Stück Sardine. Er war widerlich in seiner Ahnungslosigkeit.

»Fünfhundert alte Franc«, rief Marthe, »verstehst du? Sie hat mir fünfhundert alte Franc gegeben, die Surmulat!«

»Ich hatte dir doch gesagt...« Er vollendete seinen Satz nicht, aber er runzelte die Stirn; seine Messerspitze verfehlte in der Büchse einen Sardinenkopf, und die wahre Marthe, die, die wegen ihres leeren Einkaufskorbes nicht den Kopf verlor, fühlte sich gerichtet, sie schüttete ihr ganzes Herz aus.

»Fünfhundert Franc für eine Gaunerei!« stöhnte sie.

»Da siehst du es, das kommt dabei heraus für unsereinen!« entgegnete Adrien, ohne zu lachen.

Marthe seufzte, sie vergaß, den Mund zu schließen. Auch sie hatte keinen großen Wortschatz. »Für unsereinen freilich«, wiederholte sie überzeugt. Gaunereien lassen sich nicht im

Kleinen machen. Aber es muß eben im Kleinen sein, wenn man mit sauberen Füßen durch dieses dreckige Leben kommen will. Marthes Blick wurde weich. Adrien, zum Beispiel, der machte sich nicht schmutzig. Und angesichts dieses Mannes, der an seinem letzten Bissen kaute und dessen ölige Schnurrbartspitzen sich im Rhythmus seiner Kiefer bewegten, fragte sich Marthe plötzlich, warum ihr schlimmes Knie ihr weniger schwer erschien und warum sie sich so merkwürdig befriedigt fühlte durch ihr Mißgeschick.

ROGER GRENIER

Normandie

In den Szenarios von *Madame Bovary*... Unterbrechen Sie mich nicht gleich, das Wort Szenario ist von Flaubert. Man muß nicht glauben, daß es von der Erfindung des Kinos herstammt, es ist seit 1764 bezeugt. In den Szenarios von *Madame Bovary* also, die in der Stadtbibliothek von Rouen unter der Signatur *gg9* katalogisiert sind und die dank der Ausgabe von Jean Pommier und Gabrielle Leleu bei José Corti und der beim Club de l'Honnête Homme jedermann lesen kann, heißt der Abbé, der im Gasthof Lion d'Or seinen Schirm abholt, Grenier. Im Roman wird er zu Bournisien. Die Grenier der Literatur hätten es schlechter treffen können: Flaubert, Faulkner. (Ich spreche nicht von einem traurigen Herrn, der in einem der schlechtesten Romane von Balzac als Statist auftritt, Charles Grenier, genannt Fleur-de-Genêt, Deserteur der neunundsechzigsten Halbbrigade, Mitglied der Bande, die die Postkutsche von Westen überfällt, hingerichtet 1809.)

»Alle Figuren dieses Buches sind vollständig erfunden, und Yonville-l'Abbaye selbst ist ein Dorf, *das nicht existiert*, genauso wie Rieulle usw.«, antwortet Flaubert einem Leser, der sich in etwas einmischt, das ihn nichts angeht. Doch wir kennen die Protagonisten des *fait divers*, der ihm als Ausgangspunkt gedient hat, Delphine Delamare und ihren Mann Eugène, Sanitätsoffizier, die ihr armseliges Leben in Ry, einem Dorf des Departement Seine-Maritime, vorzeitig beendet haben.

Ich bin bei einem Spaziergang in der Normandie in Ry vorbeigekommen. Als ich durch jene Straße ging, deren Häuser sich nicht verändert haben, war ich schon bewegt, bevor ich das Dorf betrat. Das wunderte mich nicht, und gleichzeitig

sagte ich mir, daß es verwunderlich sei. Ich hatte unlängst Bethlehem und das Heilige Grab gesehen, die mich vollkommen gleichgültig gelassen hatten. Diese Orte der Geburt und des Todes der von unserer Kultur zum Gott auserwählten Person bedeuteten mir weniger als die Umgebung, in der mein alter Flaubert seinen Roman angesiedelt hatte. Und dabei ist Delphine Delamare, geborene Couturier, ja nicht einmal Emma Bovary. Flaubert muß wenig über sie gewußt haben, das wenige, das die Zeitungen und die Leute von Rouen zum Zeitpunkt ihres Selbstmords gesagt haben mögen, vorausgesetzt es war Selbstmord, was durch keine offizielle Verlautbarung und keinen konkreten Beweis gestützt wird. Um seine Heldin zu gestalten, hat er sich vieler anderer Vorbilder bedient, angefangen mit dem, was er in sich selbst gefunden haben dürfte. Aber das machte nichts. Es genügte, daß in Ry der leichtere Geist derjenigen schwebte, die ein wenig Emma gewesen war. Eine solche Wirkung hat manchmal ein Buch. Emma Bovary selbst wäre nicht die Frau, die man kennt, wenn sie nicht so viel gelesen hätte. In den Szenarios, da ich nun schon einmal angefangen habe, sie zu zitieren, bittet sie darum, in ein Leichentuch aus Samt gehüllt zu werden, das Haar über die Schultern gebreitet. Sie hatte das *in einem Buch* gelesen.
Vielleicht ist es auch heute noch nicht leicht in Ry, eine junge Frau zu sein.

Thérèse Hugon war in Issy-les-Moulineaux geboren und hatte nicht weit von dem Altersheim, das früher *Les Petits Ménages* genannt wurde, ihre Jugend verbracht. Als sie zwölf Jahre alt war, hatte sie ihre Mutter verloren. Ihr Vater, der in einem Maklerbüro arbeitete, hatte sich bald wieder verheiratet. Die Heranwachsende hatte sich allein gefühlt und als einzige Zuflucht den Traum gehabt. Sie wäre gern Musikerin gewesen, doch das war Phantasie. Die Tonleiter war ihr nie beigebracht worden, und sie hatte nie ein Instrument angerührt. In Issy an der Place Corentin-Celton schaute sie auf die

Straße, an deren Ende sich das Ausstellungsgelände befand und dann Paris. Noch weiter geradeaus war die Porte de Versailles, wo die lange Rue de Vaugirard begann, die bis ins Quartier Latin führte, die Welt der Studenten, der Künstler... Sie las viel, wahllos: Klassiker, Autoren, die in *Apostrophes* auftraten, und auch Barbara Cartland und ihre Schüler. Ihr Vater war kein Krösus und brauchte Geld für sein neues Heim. Er hatte sie nicht lange zur Schule gehen lassen. Nachdem sie eine Prüfung bestanden hatte, war sie beim Crédit Agricole eingetreten.

Über die Weihnachtstage organisierte der Betriebsrat der Bank einen kurzen Skiurlaub in einem kleinen Ort Savoyens zu einem konkurrenzlosen Preis. Von ihren Kollegen gedrängt, ließ Thérèse sich in Versuchung führen. Zum erstenmal sah sie die Alpen. Zum erstenmal schnallte sie Ski an. Doch sie war nicht sportlich, erwies sich als ungeschickt, fiel vornüber und renkte sich die linke Schulter aus. Es war nichts Ernstes. Der Arzt, der das Gelenk wieder einrenkte, verschrieb ihr Heilgymnastik.

So lernte sie René Bailleul kennen. Das war ein großer sanfter Junge, der wenig sprach. Er war etwa dreißig Jahre alt und arbeitete in einer Massagepraxis unweit der Porte de Vanves. Seine dicken Fingerglieder massierten zart die verletzte Schulter. Dann stellte er sich hinter die Patientin, nahm, immer noch genauso zart, den Arm und ließ ihn, während er ihn fest in der Hand hielt, langsam kreisen, um dem Gelenk die Beweglichkeit zurückzugeben. Thérèse stieß manchmal einen kleinen Schmerzensschrei aus. René Bailleul entschuldigte sich:

»Verzeihung, ich bin zu weit gegangen.«

Es kam vor, daß ihr der Schmerz gegen ihren Willen die Tränen in die Augen trieb. Sie machte es sich zum Vorwurf und sagte sich, sie sei entschieden zu traurig veranlagt, immer bereit zu flennen. Und das Bewußtsein, zur Traurigkeit zu neigen, vergrößerte diese noch mehr. Sie spürte, daß sie nahe daran war, richtig zu weinen. Und das in dem Augenblick, da ihr trübseliges Leben eine angenehmere Wendung nahm. Denn ihr schien, als seien die therapeutischen Gesten des Heilgymnastikers eine Ausdrucksweise, als ersetzten Finger und Hände die Sprache. Bei diesem großen Kerl verstanden sie besser als Worte, Bewunderung, Zärtlichkeit, vielleicht Liebe, sicher Begehren auszudrücken.

Wenn er sie im Wartezimmer abholte, wo es ihr nicht gelang, sich auf die Modezeitschriften zu konzentrieren, machte er nicht einmal den Mund auf, um ihr guten Tag zu sagen, sondern nickte nur schüchtern mit dem Kopf. Sie sprang auf, als ließe sie die Überraschung hochfahren. Dann folgte sie ihm fügsam. Während sie in einer Ecke des Behandlungszimmers nicht ohne Verrenkungen wegen ihrer Verletzung Jacke und Bluse auszog, sah er sie nicht an, ordnete Papiere, notierte etwas in seinem Kalender. Dann, wenn sie nähergekommen war und im Büstenhalter vor ihm stand, blickte er endlich auf und sagte stets:

»Sehen wir uns die Schulter an.«

Doch erst, wenn die kräftige Hand sich auf sie legte und ihre Muskeln, ihre Sehnen zu kneten begann, fand sie ihn wieder.

Als sie sich am Ende einer jener Sitzungen, die ziemlich anstrengend gewesen war, mit der rechten Hand die schmerzende Schulter rieb, bedeckte er diese Hand mit der seinen und fing an, mit den Fingerspitzen vorsichtig die Schulter, den Halsansatz zu streicheln. Er tastete sich am Träger des Büstenhalters entlang und faßte den Busen an. Sie überließ sich ihm, doch er stammelte verwirrt, sie solle nicht glauben, daß er gewöhnlich so mit seinen Klientinnen umgehe. Er würde seine Klientinnen nicht einmal anschauen. Sie seien wie Maschinen, die zu reparieren sein Beruf sei. Sie aber, das sei etwas anderes, er liebe sie.

Die beiden jungen Leute beschlossen zu heiraten, um so mehr, als René überlegte, daß für ihn die Zeit gekommen sei, sich selbständig zu machen. Es war schwierig, in ihm die Liebe und die Pläne allgemeinerer Art auseinanderzuhalten.

Schon seit einiger Zeit erkundigte er sich, erforschte, wo er eine Praxis eröffnen könnte, ohne sich einer allzu großen Konkurrenz auszusetzen. Schließlich wählte er einen kleinen Marktflecken im Nordosten von Rouen, an der Grenze zwischen Normandie und Picardie. Dort hatte sich noch nie ein Heilgymnastiker niedergelassen, und es gab in der Umgebung zahlreiche Dörfer, aus denen es möglich sein mußte, Patienten anzuziehen.

»Und Paris ist auch nicht weit. Wir werden oft hinkommen. Rouen ist nur zwei Schritte entfernt. Das ist eine große Stadt mit Kinos. Aber ich habe nichts dagegen, auf dem Land zu leben. Das ist gesünder. Bist du nicht meiner Meinung?«

Thérèse wagte nichts zu sagen. René fuhr fort:

»Wir werden ans Meer fahren. Dieppe, Étretat.«

Schließlich verriet er, wie der Ort hieß, wo er beschlossen hatte, sich niederzulassen:

»Ry.«

»Was für ein komischer Name!« sagte Thérèse. »Und was ist, abgesehen vom Namen, an dem Dorf Besonderes?«

»Nichts. Du wirst selbst urteilen.«

Noch bevor sie dort ankamen, fragte sie sich, warum ihr Mann sie nicht gewarnt hatte. Auf allen Straßen in der Nachbarschaft wiesen Schilder die Touristen darauf hin, daß Ry die Heimat Madame Bovarys sei. Sie schrie auf und fragte ihn, warum er ihr nichts gesagt habe.

»Ich weiß auch nicht«, sagte René.

»Aber du hast doch *Madame Bovary* gelesen? Alle Welt hat *Madame Bovary* gelesen.«

»Ja, eine Frauengeschichte.«

»Fast hättest du eine Weibergeschichte gesagt.«

»Aber was soll das überhaupt heißen, die Heimat von Madam Bovary?«

»Das heißt, daß das Dorf Flaubert als Vorbild gedient haben muß. Oder daß sogar eine Madame Bovary dort wohnte. Ich weiß nicht. Wir müssen uns erkundigen. Ja, Emma Bovary muß in Ry gelebt haben, wie wir es tun werden. Denn ich kenne dich. Dein Entschluß ist schon gefaßt.«

Tatsächlich eröffnete René Bailleul eine Praxis in Ry. Thérèse erreichte, daß sie an die örtliche Zweigstelle des Crédit Agricole versetzt wurde. Sie verschuldeten sich, dank der Stellung der jungen Frau zu einem vorteilhaften Zinssatz, und konnten so ein kleines einstöckiges Haus kaufen am Ende des Dorfes, nahe beim Fluß, da wo die Straße anzusteigen beginnt.

Jeden Tag auf dem Weg zur Bank ging sie an einem merkwürdigen Museum vorbei, wo die wichtigsten Kapitel von Flauberts Roman von kleinen Automaten dargestellt waren. Es gab das Klassenzimmer, in das Charles Bovary kommt, den Besuch beim Vater Rouault, die Hochzeit, den Ball, die Landwirtschaftsausstellung, die unselige Operation des Klumpfußes, die Droschke, aus der eine weibliche Hand herausragte. Für den Ehebruch saß die kleine Puppe auf der Kante eines großen Himmelbetts. Der Automat drehte sich, daß man Léon im Zimmer stehen sah. In der Bewegung öffneten sich das aufgeknöpfte Kleid und das Korsett auf ihren rosigen Busen. Man kam zu der Szene, wo sie, gefolgt von dem jungen Justin, in die Giftkammer eindringt und das tödliche weiße Pulver schluckt. Dann das Ende, Emma ganz steif, das schwarze Haar auf den weißen Kopfkissen ausgebreitet. Charles an ihrem Lager weinend, Abbé Bournisien (ehemals Grenier) und Homais, zusammengesunken auf Stühlen. Und das letzte Bild, wo die kleine Berthe ihren Vater, Charles Bovary, tot auf der Bank in der Gartenlaube findet. Es könnte nicht getreuer sein. Dennoch gab es in Thérèses Augen einen gewichtigen Fehler. Die bewegten Puppen, die in jeder Szene Emma darstellten, hatten ein rundes, pfiffiges Gesicht. Keine Spur von Schwäche, von Lebensüberdruß. Sie erinnerten sie an eine Schulfreundin, Simone Ledureau, die die ganze Zeit lachte und das Leben von der guten Seite nahm.

Bild für Bild, während die Püppchen sich bewegten, für den großen Ball im Schloß Walzer tanzten, machte sie noch einmal den Rundgang durch den Saal. Als sie wegging, hatte sie den

Eindruck, daß die Geschichte der Madame Bovary nicht sehr interessant sei.
In den ersten Monaten kämpfte René hart, um sich einen Patientenstamm heranzuziehen. Weiter blickte er nicht. Doch, er hätte gern Kinder gehabt, zwei oder drei, eben mehrere, dann wären alle seine Wünsche erfüllt. Im Augenblick war übrigens kein Baby in Sicht. Thérèse bedauerte es bald: es hätte etwas Neues in ihrem Leben gegeben, bald beglückwünschte sie sich: ohne Kind war sie frei. Doch frei wozu? Immer mehr flüchtete sie sich in unbestimmte Träumereien, ein Anderswo aus Nebel, aus Rauch. Jetzt dachte sie an Emma wie an eine Leidensgenossin. Sie fühlte sich dazu verurteilt, in Ry zu leben und zu sterben. Sie erinnerte sich an all die Zeit, die sie in Issy-les-Moulineaux damit verbracht hatte, am Ende der langen Rue Ernest-Renan den mythischen Punkt zu erspähen, wo Paris begann. Und viel mehr als an Emma Bovary dachte sie an jene Delphine Delamare, die hier verkümmert war, die vor Langeweile eingegangen sein mußte und sich im Alter von siebenundzwanzig Jahren vergiftet hatte. Wenn ich zufällig eine Tochter bekomme, sagte sie sich, dann nenne ich sie Delphine.
Sie suchte ihr Grab auf dem Friedhof, fand es aber nicht. Eines Tages, als sie so neugierig gewesen war, bis zur Kirche hinaufzugehen, um ihr seltsames holzgeschnitztes, zugegebenermaßen ziemlich wurmstichiges Renaissanceportal aus der Nähe zu sehen, bemerkte sie an der Mauer zwei Gräber, wahrscheinlich alles, was vom Pfarrfriedhof übriggeblieben war. Das eine war durch einen waagrechten Stein und das andere durch einen senkrechten Stein gekennzeichnet. Zwei Jugendliche, ein Junge und ein Mädchen, saßen auf dem waagrechten Stein. Sie rauchten Zigaretten. Das Mädchen, eine füllige Normannin, warf eine leere Marlboro-Schachtel zu Boden. Auf dem senkrechten Grabstein las Thérèse:
»Hier ruht Eugène Delamare, Arzt in Ry, gestorben am 7. Dezember 1849 im Alter von 37 Jahren.«
Also war der andere vielleicht von Delphine. Und man hätte

diese beiden Gräber im Gedenken an den Roman, zu dem diese Toten inspiriert hatten, gerettet. Die beiden jungen Leute waren jetzt dabei, sich zu küssen, sich anzufassen, allein auf der Welt.
»Entschuldigt«, sagte Thérèse. »Würdet ihr bitte aufstehen? Ich möchte sehen, was da steht.«
Sie erhoben sich und gingen maulend ein bißchen weiter weg:
»Hier kann man sich nirgends hinsetzen.«
Das Mädchen wackelte mit seinem dicken, in Jeans gezwängten Hinterteil.
Es war wirklich das Grab von Delphine. Und die beiden hatten keine Ahnung, daß sie sich auf den Gebeinen von Madame Bovary liebten! Was war von ihr übrig in dieser feuchten Erde?
Thérèse war so gerührt, daß sie ihrem Mann das Grab zeigen wollte. Doch er weigerte sich kategorisch:
»Mir graust es vor Friedhöfen.«
Die Inschrift auf dem Stein begann mit »Erinnert euch...«. Thérèse hörte nicht auf, sich zu erinnern. Die junge Frau besuchte ab und zu Delphine. Dank eines Buches war das Dorf, wo sie gestrandet war, magisch geworden, und das erlaubte ihr, die eigene Hoffnungslosigkeit ein wenig zu lieben. Vor ihr hatte eine Frau in diesem Dorf gesehen, daß von der Zukunft nichts zu erwarten war. Eines Tages konnte sie sich über den Grabstein beugen und flüstern:
»Weißt du, Delphine, ich bin auch siebenundzwanzig!«

Ein ortsansässiger Bildhauer, ein verspäteter Surrealist, eröffnete eine Ausstellung in einem Kulturzentrum der näheren Umgebung, im Schloß von Vascoeuil. Dieser Künstler hatte Ärger mit seiner Wirbelsäule, wahrscheinlich verursacht von der Anstrengung beim Bearbeiten und Formen des Schrotts, den er zu seinem wichtigsten Material machte. Er war Klient des Heilgymnastikers, und er schickte ihm eine Einladung zur Vernissage. In der ganzen Stadt und sogar in der Bank kündigten übrigens kleine Plakate die Ausstellung an. Der Herbst war schön. René Bailleul und seine Frau gingen im Park zwischen den Skulpturen spazieren. Sie begannen, ein wenig die Leute zu kennen, Kunden der Praxis und der Bank.

Im Verlauf der Besichtigung kreuzten zwei Männer mehrmals ihren Weg. Der eine sagte zu seinem Begleiter, einem großen Schwarzhaarigen, der einen schmalen Bart trug:

»Hast du die Kleine gesehen? Sie hat Sommersprossen auf dem Busen.«

Thérèse trug in der Tat ein weit ausgeschnittenes Kleid.

Die Worte seines Freundes waren es, die Christian Aubourgoins Neugier weckten. Sonst hätte er sie nicht beachtet. Einige Worte genügen manchmal, die Einbildungskraft anzuregen, und können der Anlaß eines Liebesgefühls sein.

»Ich kenne sie doch«, sagte er. »Sie arbeitet im Crédit Agricole. Ich habe sie oft hinter ihrem Schalter gesehen. Schauen wir sie uns aus der Nähe an.«

Thérèse erkannte Christian Aubourgoin. Sie wußte, daß er Lehrer in einem Collège von Gournay-en-Bray war. Im Plauderton teilte der junge Mann ganz nebenbei mit:

»Ich schreibe eine Doktorarbeit über *Madame Bovary*. Notgedrungen, wenn man in Ry wohnt...«

Da fragte Thérèse ihn beklommen:

»Sie müssen es wissen, Delphine Delamare, das ist sie doch?...«

Christian Aubourgoin lächelte, wie sie fand, rätselhaft. Sie spürte, daß er auf ihren Busen schielte. Sie dachte an die Sommersprossen. Manchmal fand sie sie lustig, mal schämte sie sich ihrer wie eines Makels.

»Wir werden noch darüber sprechen«, sagte der Lehrer mit dem schmalen Bart.

Er entfernte sich mit seinem Freund, indem er dem Lauf eines künstlichen Baches folgte, der sich durch den Park schlängelte. Dann überquerte er einen Steg und verschwand.

Einige Wochen später war sie seine Geliebte.

Die Liebschaften Emmas hatten sich im Wald, in Rodolphes Schloß, in einem Hotelzimmer in Rouen abgespielt. Nichts von dem war in Reichweite der Bankangestellten. Die Wälder waren geschrumpft, und was davon blieb, war überlaufen, der Geliebte hatte kein Schloß, und eine an die Bürozeiten gebundene Frau hatte keine Zeit, nachmittags die Hotels der Kreisstadt aufzusuchen. Doch der Lehrer verstand es, zum Hausfreund zu werden. Die Tête-à-têtes, immer zu rasch, gestohlene Zeit, fanden vor allem bei ihm statt, seltener bei ihr. René ging jeden Mittwochabend weg, um ein Judotraining mitzumachen.

Christian Aubourgoin war oft zum Essen bei den Bailleuls eingeladen, etwa einmal in der Woche. Ab und zu führte er sie seinerseits in ein Restaurant von Rouen, und sie beendeten den Abend beim Bowling. René zeigte seine Kraft und seine Gewandtheit, und er freute sich daran wie ein Kind. Thérèse wurde nicht müde, ihren Geliebten über Madame Bovary auszufragen. Da er die Doktorarbeit schrieb, mußte er ja alles wissen. »War Delphine Delamare schön?«

»Maxime Du Camp behauptet, daß sie eine eher häßliche kleine Frau war mit glanzlosem, gelbem Haar und Sommersprossen.«

»Ist das wahr? Das sagst du, um mich zu ärgern.«

»Du Camp ist so gut wie der einzige Zeuge.«

»Ich habe auch Sommersprossen. Ich wußte ja, daß du das scheußlich findest.«

»Ich nicht. Maxime Du Camp. Erinnerst du dich an unsere erste Begegnung im Park von Vascoeuil? Weißt du, was mich an diesem Tag angezogen hat bei dir? Die Sommersprossen auf deinem Busen.«

René, der sich einen Augenblick entfernt hatte, kam wieder mit seinem friedlichen Lächeln.

»Worüber habt ihr gesprochen?«

»Über *Madame Bovary*, wie üblich. Thérèse ist unersättlich. Da hast du was angestellt, als du dich in Ry niedergelassen hast!«

»Ach, weißt du, *Madame Bovary*, für mich...«
»Und für mich erst, wenn da nicht diese verflixte Doktorarbeit wäre! Wie sagte Vater Flaubert: ›Mir scheint, ich durchquere eine Einsamkeit ohne Ende, um ich weiß nicht wohin zu kommen. Und ich bin zugleich die Wüste, der Reisende und das Kamel.‹«
Warum bezog er diese furchtbaren Worte auf sich? Thérèse hatte Tränen in den Augen. Sie versuchte, sich wieder zu fassen. Da sie fand, daß ihre Männer zuviel Bier tranken, machte sie eine Bemerkung: »Ihr werdet eine Wampe kriegen.«
»Glaubst du, daß Emma sich einer solchen Sprache bediente?« erwiderte der Lehrer.
Es kam auch vor, daß sie Trabrennen besuchten. Solche wurden überall veranstaltet in diesem Land der Pferdezucht. Sie drängten sich alle drei an die weiße Umzäunung der Rennbahn. Der Wind ließ Thérèses Haar flattern, und sie hob die nackten Arme, um es aus den Augen zu streichen. Sie spürte, daß sie bezaubernd war.
»Ich mag lieber Hindernisrennen«, sagte sie. »Wenn sie über den Fluß springen.«
»Du bist nie zufrieden«, entgegnete der eine oder andere ihrer Gefährten.
Als ihre erste Verliebtheit vorüber war, mußte sie sich eingestehen, daß ihr der Geliebte kaum mehr intellektuelle Befriedigung verschaffte als ihr Mann. Alles was er gewollt hatte, war, mit ihr zu schlafen. Doch ihr von Madame Bovary zu erzählen, ihr Ratschläge für die Lektüre zu geben, ihren Geist zu bilden, darum mußte sie flehen, und er wurde es sehr schnell müde. Oder er warf ihr Zitate hin wie:
»Flaubert schrieb an Louise Colet: ›Hat der Anblick eines alten Paars Stiefel nicht etwas zutiefst Trauriges und bitter Melancholisches!‹«
Sie frage sich, ob er sich über sie lustig mache.
Da begab sie sich wieder zur seitlichen Kirchenmauer und sprach mit Delphine unter ihrem Stein. Sie war jetzt ihre beste Freundin.

»Es stimmt nicht, daß du häßlich warst. Ich verstehe dich so gut. Du hattest große Sehnsüchte. Aber was tun in Ry?«
Diese Unterhaltungen – man darf das Wort verwenden, weil sie den Eindruck hatte, mit der jungen Frau des vergangenen Jahrhunderts Vertraulichkeiten auszutauschen – milderten ein wenig ihre Traurigkeit. Wieder einmal wollte sie weinen, und sie sagte sich, daß es ihr guttun würde, sich einem großen Tränenstrom zu überlassen. Doch sie wagte es nicht, aus Angst, daß jemand sie dabei überraschen könnte. Offengestanden war sie seit dem Tag, als ein Liebespaar dieses Grab gewählt hatte, um sich in Ruhe zu küssen, niemandem mehr begegnet.
»Wenn Christian mich nimmt«, sagte sie zu Delphine, »ist es wunderbar. Aber gleich danach ist er voller Kälte, Gleichgültigkeit. Hast du einen Mann gekannt, der fähig war zu Zärtlichkeit? Gibt es das?«
Was Christian Aubourgoin anging, so begann er, Thérèse ganz und gar langweilig zu finden. Jetzt, da er ihrer überdrüssig war, hatten die Sommersprossen ihren Reiz verloren. Unlust überkam ihn bei dem Gedanken an die Vorsichtsmaßnahmen, die immer neuen Listen. Er hatte auch die Abendessen am Tisch des Heilgymnastikers satt. Er machte sich rar.
René sagte zu seiner Frau:
»Hast du nicht bemerkt, daß Christian uns sitzenläßt? Ich frage mich, ob du ihn nicht verstimmt hast. Du belästigst ihn die ganze Zeit mit deinen Fragen über Madame Bovary. Du solltest begreifen, daß der arme Junge, wenn er sich stundenlang den Kopf über seine Doktorarbeit zerbrochen hat, gerne mal über etwas anderes reden möchte.«
Thérèse ging und sagte zu Delphine:
»Ich bin völlig verzweifelt.«
Es regnete an diesem Tag. In dieser Gegend regnete es häufig, das war bekannt. Emma kam von ihren Eskapaden mit durchnäßtem Kleid und schmutzigen Stiefelchen zurück.
Die Jahreszeiten folgten einander. An einem Herbstabend sagte sich Thérèse, daß sie Christian nun drei Jahre liebte und

daß das genügt hatte, diese Liebe fast abzutöten. Seit zwei Wochen hatte ihr Geliebter nichts von sich hören lassen. Eines Tages, als er keinen Unterricht hatte und zu Hause sein mußte, hielt sie es nicht mehr aus. Sie fand einen Vorwand, um sich von der Bank zu entfernen. Sie lief und klopfte an seiner Tür. Er war tatsächlich da.

»Entschuldige«, sagte sie. »Ich konnte kommen. Da... Störe ich dich auch nicht?«

»Ich habe gearbeitet.«

Er zeigte auf seinen mit Blättern, Akten, Büchern bedeckten Tisch. Thérèse kam näher. Sie wagte nicht, die Seiten der Doktorarbeit anzurühren, nicht einmal, jene zu lesen, die in Sichtweite waren.

»Arme Frau«, sagte sie.

Dieser bescheidene Ausruf schien Christian in Zorn zu versetzen. Thérèse hatte Tränen in den Augen.

»Ich kann kein Wort mehr sagen, ohne dich zu verärgern.«

Christian sah sie an, als würde er über sie zu Gericht sitzen. Schließlich sprach er das Urteil, und von den ersten Wörtern an fühlte Thérèse, daß er schon lange über sie nachdachte, daß er sie mehrmals zurückgehalten haben mußte und daß er, da er nun einmal angefangen hatte, nicht mehr ablassen würde, so wie man sich in einen Feind verbeißt.

»Wann wirst du aufhören, mit deiner Bovary zu jammern, ihren Träumen, ihrem Ideal, ihrem Leid, in einem mittelmäßigen Milieu leben zu müssen.? Was ist das für dich, die Bovary? Eine hehre Frau, deren unglückliches Schicksal dich über deine eigenen Unzufriedenheiten hinwegtröstet?«

»Wenn es dich stört, spreche ich nicht mehr darüber.«

»Aber ich werde darüber sprechen, ein für allemal. Meine Arbeit...«

Er sprach diese vier Silben mit Würde aus, und der Gedanke, daß er endlich mit ihr über seine Arbeit sprechen würde, richtete die junge Frau ein wenig auf.

»Meine Arbeit geht über die Szenarios von *Madame Bovary*. So nannte Flaubert seine Entwürfe, seine Skizzen.«

Er ergriff ein Buch, das sich fast von selbst auf Seiten öffnete, wo er mit Bleistift Anmerkungen gemacht, wo er Sätze unterstrichen hatte.

»Vater Flaubert hat seine Geschichte in gutem Stil hingeschmiert. Das hat ihn nicht davor bewahrt, einen Prozeß wegen Verstoßes gegen die Moral angehängt zu bekommen. Stell dir vor, der kaiserliche Anwalt Pinard hätte die Szenarios gelesen! Denn da ist die Frau von Charles Bovary keine Bürgerliche, die eine geistige Überspanntheit in den Ehebruch treibt. Die ist ganz einfach eine Nymphomanin. Zum Beispiel der Ausritt, wo sie sich zum erstenmal ›hingab‹, wie es im Roman heißt, das war im Szenario: ›deutlich die Geste Rodolphes zeigen, der ihr mit einer Hand an den Hintern faßt und mit der anderen um die Taille...‹. Und dies: ›Der gelangweilte Rodolphe behandelt sie wie eine Hure, fickt sie zu Tode, sie liebt ihn dafür nur noch mehr.‹ Und bezüglich der Rendezvous im Garten: ›Die Art, auf die sie ihn liebte, zutiefst schweinisch.‹ Das Resümee nach dem Treffen mit Léon im Theater von Rouen ist vielsagend: ›Verabredung im voraus getroffen, um es zu treiben.‹

Christian ließ ein Zitat nach dem anderen auf sie niederprasseln, wie Ohrfeigen.

»Und ihre Heimfahrten! ›Rückkehr am Abend, Aufbruch von Rouen, ertrunken in Unzucht, Haaren, Tränen, Champagner.‹«

Thérèse blieb mit hängenden Armen mitten im Zimmer stehen wie ein erledigter Boxer, der nicht einmal mehr daran denkt, in Deckung zu gehen.

»Warte, du hast das Schönste noch nicht gesehen! Diese vollendete Zusammenfassung ihres Abenteuers mit Rodolphe! ›Rodolphe – Wald – Geschlechtsleben – Erschreckend – Widerwärtig – Rodolphe geht.‹«

»Du verabscheust mich», sagte sie.

»Aber nein.«

Er ging auf sie zu und nahm sie in die Arme. Er versuchte, sie zum Kanapee zu drängen, doch sie machte sich steif. Er strich ihr mit den Händen über die Schenkel, die Brust, um sie zu erregen, aber vergeblich. Sie ging weinend fort. Draußen regnete es stark, und sie hatte nicht den Mut, bis zum Grab zu gehen. Sie wiederholte den Namen ihres Geliebten: »O Christian, Christian ...«

Am selben Abend sagte ihr Mann zu ihr:

»Du hast mit Aubourgoin geschlafen.«

Sie senkte den Kopf und schüttelte ihn, und das war zweifellos kein Zeichen der Verneinung. Sie wollte eher sagen, daß sie nicht verstehe, wieso alles eine so schlechte Wendung genommen hatte, wieso solches Unglück über sie hatte hereinbrechen können.

»Du hast geglaubt, etwas Derartiges tun zu können, ohne daß es herauskommt!«

Er fügte hinzu, daß sie gehen könne. Er würde die Scheidung einreichen.

»Willst du mir nicht verzeihen?« sagte sie.

»Nein. Du hast mich für einen Idioten gehalten. Ich war nicht gut genug für dich. Ein Lehrer hat es sein müssen!«

Er richtete sich für die Nacht im Gästezimmer ein. Die Gatten trafen sich am nächsten Morgen zur gewohnten Stunde in der Küche wieder. Thérèse machte das Frühstück. Sie sah, daß René immer noch gleich gestimmt war.

»Ich gehe heute weg«, sagte sie. »Während du bei der Arbeit bist.«

»Gehst du zur Bank?«

»Die Bank ...«, sagte sie mit einer unbestimmten Gebärde.

Er ging ans Fenster.

»Es regnet.«

»Warum sagst du, daß es regnet?«

»Um etwas zu sagen.«

»Du willst vielleicht, daß ich einen Tag ohne Regen abwarte, um wegzugehen.«

»In der Normandie könnte ich da lange warten. Es hat dich nie gehindert, dich herumzutreiben.«

Am Vormittag packte Thérèse ihren Koffer. Sie ging nicht zur Straße hinaus, sondern in den Garten. Dahinter war der Fluß, wie im Roman. Von dort kam Emma Bovary zurück, der Rocksaum schlammbespritzt, weil sie querfeldein gegangen war. Sie ließ ihren Koffer stehen und ging eine Weile flußaufwärts. Wenn ihr die Stelle günstig erschiene, würde sie sich ins Wasser gleiten lassen. Sie hatte nie gut schwimmen können, und sie war sicher, nicht mehr herauszukommen.

Plötzlich erinnerte sie sich, daß der kleine Fluß, der durch Ry fließt, Crevon heißt.

Ihr fehlte der Mut. Weinend kehrte sie ins Dorf zurück. Sie ging die Hauptstraße hinauf bis zur Haltestelle des Autobusses von Rouen. Sie wartete über eine Stunde. Als die letzten Häuser verschwunden waren und der Bus begann, zwischen Weiden hindurchzufahren, wußte sie, daß sie alles verloren hatte, selbst die Hoffnung, wie Delphine, wie Emma zu sterben.

BORIS VIAN

Der Klempner

I

Es war nicht das Klingelzeichen Jasmins, die in Begleitung ihres Geliebten in einem zwielichtigen Kontor einkaufte. Es war auch nicht mein Onkel, weil ihn vor zwei Jahren der Tod ereilt hatte. Der Hund schlug zweimal an, und ich, ich holte meinen Schlüssel. Also jemand anderes ausdenken. Es war ein charakteristisches Klingeln: schwer..., plump, vielleicht... nein, eher gewichtig... ein langsames und teures Klingeln.

Folglich der Klempner. Er kam herein, mit einer quer über Schulter und Brust hängenden unechten Sacktasche aus glanzlosem kräuterfressenden Leder, voll mit klapperndem Eisenkram.

»Zum Badezimmer hier lang«, sagte er mit einer pfeilähnlichen Geste zu mir hin.

Er stellte die Frage gar nicht. Durch ihn erfuhr ich endlich, wo sich in dieser Wohnung das Badezimmer befand, das ich, ohne seine Bemerkung mit der durch seinen kurzen Satz ausgedrückten Genauigkeit auf Anhieb zu lokalisieren, noch eine gute Weile hätte verfehlen können.

Um diese Tageszeit waren, weil Jasmin nicht da war, weil mein Onkel gestorben war und weil der Hund zweimal klingelte (meistens), nur meine elf Neffen und Nichten zu Hause, die damit beschäftigt waren, in der Küche mit dem Gaskessel zu spielen, und man hörte keinen Laut.

Als er nach einem langen Umweg im Salon ankam, an seine Geste geklammert, zeigte ich dem Klempner den rechten Weg und führte ihn so bis zum Badezimmer. Als ich mit ihm hineingehen wollte, schob er mich sanft, doch mit der Entschiedenheit, die nur Spezialisten eigen ist, beiseite.

»Ich brauche Sie nicht«, sagte er zu mir, »und zudem würden Sie riskieren, Ihren schönen *neuen* Anzug schmutzig zu machen.« Er betonte *neu*.

Ich erwiderte nichts, denn obendrein grinste er heimtükkisch, und ich ging, mein baumelndes Preisschild abzuschneiden.

Noch eine Nachlässigkeit Jasmins. Aber schließlich können Sie von einer Frau, die Sie nicht kennt, die nie Ihren Namen aussprechen gehört hat, die nicht einmal weiß, daß es Sie gibt, die es vielleicht selbst nur zum Teil oder gar nicht gibt, wahrlich nicht erwarten, daß sie Ihnen die Dienste einer englischen Gouvernante, Alice Marshall, geboren zu Bridgeport in Wiltshire, erweist; und ich tadelte Alice wegen ihrer chronischen Unaufmerksamkeit. Sie gab mir zu bedenken, daß man nicht gleichzeitig darauf verzichten kann, die Neffen zu beaufsichtigen und die Preisschilder zu entfernen, und ich mußte mich bücken, denn ich passierte in diesem Moment die Tür, die vom Vorplatz ins Eßzimmer führte, eine bekanntermaßen sehr niedrige Tür, worauf ich auch mehrere Male den tauben Architekten hingewiesen habe, der von meinem Hauseigentümer bezahlt wird.

Nachdem ich also meine Toilette wieder in Ordnung gebracht hatte, tastete ich mich im Finstern, um keinen Lärm zu machen, zum Zimmer der Mutter Jasmins vor, der ich eins der schönsten Appartements der Wohnung zugeteilt habe, eins von denen, die zur Straße gehen und die auf der anderen Seite wieder anfangen, wenn niemand sie erblickt, und das nur, um ihr Gleichgewicht zu bewahren.

Es ist vielleicht an der Zeit, Ihnen ein Portrait Jasmins zu entwerfen; doch im Dunkeln (denn die Fenster werden nie geöffnet, da es nun einmal Jasmin nicht gibt und sie folglich auch keine Mutter haben kann, was unbestreitbar ist, wie Ihnen die Fortsetzung der Geschichte beweisen wird), im Dunkeln also wäre ihre Beschreibung nicht genau.

Ich durchquerte das Zimmer der Mutter Jasmins und öffnete vorsichtig die Tür, die von da zum Billardzimmer führt, dessen eine Wand ans Badezimmer grenzt. Das Kommen des Klempners voraussehend, hatte ich schon vor langer Zeit hier in der Wand ein quadratisches Loch anbringen lassen, was erklärt, warum ich von diesem Standort aus mit Muße das Tun und Lassen des Mannes beobachten könnte, während er mit den Leitungen zu tun hatte. Als er den Kopf hob, sah er mich und bedeutete mir, zu ihm zu kommen.

Ich beeilte mich, noch einmal in umgekehrter Richtung die Strecke zurückzulegen, die ich gerade gegangen war. Im Vorübergehen bemerkte ich, daß meine Neffen sich weiterhin nahe beim Gaskessel tummelten, und mich erfaßte (aber nur kurz, denn der Klempner erwartete mich, und ich wünschte, daß er meine Verspätung nicht etwa für Dünkel hielt, dem man mein ernstes Auftreten oft zuschreibt) eine vollkommene und unbegründete Verachtung in bezug auf diese unvollkommenen Geräte, wie Gaskessel es sind. Ich erreichte rasch die Speisekammer, öffnete die Verbindungstür, die auf einen Vorplatz mit vier Türen ging, von denen die erste zum Billardzimmer führen würde, wenn sie nicht zugemauert wäre, die zweite, ebenfalls zugemauert, zum Zimmer der Mutter von Jasmin und die vierte zum Badezimmer. Ich schloß die dritte und trat endlich ein.

Auf dem Badewannenrand sitzend, betrachtete der Klempner melancholisch die dicken Bretter, die die Rohre in der Vergangenheit abdeckten, denn er hatte sie mit der Spitze eines Stichels losgemacht.

»Eine derartige Installation«, versicherte er mir, »habe ich noch nie gesehen.«

»Sie ist alt«, sagte ich.

»Das sieht man«, sagte er.

»Deshalb sage ich es ja«, sagte ich.

Denn ich kann unmöglich das Alter einer Installation bestimmen, wenn sie nicht jedermann auffällt.

»Es gibt welche, die sich darüber auslassen«, bemerkte er, »und wohin führt sie das?... Aber der war kein Fachmann, der das hier installiert hat.«

»Die Installation hat Ihre Firma gemacht«, sagte ich. »Ich erinnere mich ganz deutlich daran.«

»Damals war ich bei ihr nicht angestellt«, sagte er. »Sonst hätte ich gekündigt.«

»Nun denn«, sagte ich, »das kommt auf eins heraus, wenn Sie gekündigt hätten; es ist, als ob Sie dagewesen wären, während Sie nicht da waren.«

»Jedenfalls», sagte er, »wenn ich diesen Ausbund von Hurensohn mit fetter Känguruhfresse erwische, der diese gottverdammte Scheißinstallation auf eine so kotzblöde Weise vergurkt hat... nun... wie sagt man, an dem werde ich kein gutes Haar lassen.«

Dann begann er zu fluchen, und die Adern seines Halses spannten sich wie Seile. Er änderte seine Stellung, als er seine Stimme zum Boden der Badewanne richtete, um eine tiefe Resonanz zu erhalten, der er sich während der folgenden Stunde widmete.

»Gut«, sagte er schließlich völlig außer Atem. »Nun brauche ich nur noch anzufangen.«

Ich hielt bereits Ausschau nach einem bequemen Platz, um ihm beim Arbeiten zuzusehen, als er aus seiner Ledertasche eine große Lötlampe nahm. Dann zog er ein Fläschchen aus seiner Tasche und schüttete den Inhalt geschickt in die vom geschäftigen Hersteller angebrachte Vertiefung am Fuße des Gaszuleitungsrohrs. Ein Streichholz ließ eine große Flamme zur Decke hin aufschießen.

Vom blauen Licht erleuchtet, bückte sich der Klempner und betrachtete mit verächtlicher Miene die beiden Heiß- und Kaltwasserrohre, das Gasrohr, die Zentralheizungsleitung und einige andere Stutzen, deren Nützlichkeit ich nicht kannte.

»Das beste ist«, sagte er, »alles rausreißen und wieder bei Null anfangen. Aber das wird Sie sehr teuer zu stehen kommen.«

»Da es nun einmal sein muß«, sagte ich.

Weil ich das Massaker nicht miterleben wollte, machte ich

mich auf Zehenspitzen davon. Er drehte den Docht seiner Lötlampe in dem Moment ab, als ich die Tür wieder schloß, und das Aufheulen des in Gas verwandelten Benzins übertönte das leichte Klappern des Schlaglots, das eben in seine Behausung gelangt war.

Ich ging an der Tür von Jasmins Zimmer vorbei, die anfangs zugemauert worden war, deren Hinderlichkeit aber schon erwähnt wurde, durchquerte den Salon und zweigte zum Eßzimmer ab, von wo ich wieder zu meinem Zimmer gelangen konnte.

Ich habe mich in der Wohnung schon mehr als einmal verirrt, und Jasmin will unter allen Umständen, daß wir eine andere suchen, aber sie wird sie selbst finden müssen, da sie sich nun einmal darauf versteift wiederzukommen, ohne daß ich es von ihr verlange.

Übrigens versteife ich mich darauf, Ihnen von Jasmin zu erzählen, und zwar ganz einfach deshalb, weil ich sie liebe; sie spielt überhaupt keine Rolle in dieser Geschichte und wird wahrscheinlich nie eine darin spielen, außer natürlich, ich besinne mich eines andern, doch das kann niemand vorhersehen; da die Bekanntgabe des Ergebnisses nicht auf sich warten lassen wird, ist es unnötig, sich über eine sowieso wenig interessante Angelegenheit auszulassen; noch weniger als über sonst irgendeine andere; ich denke insbesondere an die Züchtung von Tiroler Rauhputz und die Ausfuhr der Wollblattläuse.

Einmal in meinem Zimmer angelangt, ließ ich mich neben dem furnierten Eichenmöbel nieder, das ich in ein Elektrogerät verwandelt habe, und zwar schon vor langer Zeit, ohne Übertreibung. Und indem ich den Schalter betätigte, der die Einheit der Stromkreise unterbricht, deren Sperrung dem Gerät zu funktionieren erlaubt, löste ich die Bewegung der Drehscheibe aus, auf die sich eine Platte senkte, um sich fügsam die Melodie entreißen zu lassen, die durch die Vermittlung einer spitzen Nadel adsorbiert wurde.

Die schwärzlichen Töne der *Deep South Suite* hatten mich

bald in meine bevorzugte Lethargie getaucht, und die aus der Bewegung der Pendel resultierende Beschleunigung brachte das Sonnensystem in eine verstärkte Kreisbewegung, wobei es die Dauer der Welt um fast einen Tag verkürzte; so sehr, daß es halb neun Uhr morgens war und ich erwachte; unruhig darüber, nicht mit meinen Beinen die verführerischen Beine Jasmins streicheln zu können; leider kannte mich Jasmin nicht. Und ich erwartete sie unaufhörlich; sie hat Haare aus Wasser unter der Sonne, und ich möchte ihre Taille mit meinen festen Armen umfassen und sie mit blutsaugerischen Küssen ersticken; aber nicht an den Tagen, wo sie Claude Farrère ähnlich zu werden beginnt.

»Halb neun«, sagte ich mir. »Und der Klempner, der muß vor Hunger sterben!...«

Ich zog mich rasch an, orientierte mich und machte mich auf den Weg zum Badezimmer. Die Zugänge erschienen mir weitgehend verändert, wie beim Verlauf einiger grundlegender Sintfluten; ich erkannte schnell, daß der Unterschied nur das Fehlen der gewöhnlichen Rohre war, und ich schickte mich drein.

Der Klempner lag ausgestreckt neben der Badewanne, er atmete noch. Ich flößte ihm Brühe durch die Nasenlöcher ein, denn seine Zähne hielten einen Lötstab aus Zinn umschlossen. Sobald wieder Leben in ihn kam, machte er sich frisch an die Arbeit.

»Es zeigt sich«, sagte er zu mir, »daß ich die gröbste Arbeit hinter mir habe; alles ist bis auf die Mauern kahl, und ich fange wieder bei Null an. Sie haben die Wahl.«

»Tun Sie ihr Bestes«, sagte ich. »Ich verlasse mich auf Ihre Fachkenntnisse, und um nichts auf der Welt möchte ich, daß auch nur der geringste meiner Vorschläge ihrer Unternehmungslust in die Quere kommt... dieser Unternehmungslust, die, sollte ich sagen, das exklusive Erbteil der Klempnergilde ist.«

»Tragen Sie nicht zu dick auf«, riet er mir. »Im Prinzip habe ich verstanden; aber meine Meisterprüfung liegt weit zurück, und wenn Sie mir auf die Nerven gehen, werde ich nicht mehr mit Ihnen reden. Es ist zu komisch, wie die Leute, die sich für gebildet halten, das Bedürfnis haben, der Welt auf den Wecker zu fallen!...«

»Ich versichere Ihnen«, sagte ich, »daß ich die geringste Ihrer Taten sehr hoch bewerte, und zweifeln Sie nicht an meiner Demut.«

»Gut«, sagte er. »Ich bin kein Spielverderber. Ich werde also etwas tun. Ich werde wieder alles genau so anbringen, wie es installiert war. Weil es trotz allem ein Kollege ist, der damit beschäftigt war, und ein Klempner hat immer seine Gründe. Oft sagt man sich: ›Da ist ein Rohr, das ist nicht gerade!...‹ Und man fragt sich weshalb, und natürlich neigt man dazu, dafür den Klempner haftbar zu machen; aber wenn man der Sache auf den Grund gehen will, kann man meistens keinen Grund angeben, und man zieht es vor, glauben zu machen, das Rohr sei nicht gerade. Aber es liegt an der Wand. Um auf unsere Angelegenheit zurückzukommen, ich mache alles wieder so wie es war; und ich bin sicher, daß es hinterher funktionieren wird.«

Ich unterdrückte eine Bemerkung: es funktionierte, bevor er kam. Doch vielleicht verstand ich wirklich nichts davon. Das Gleichnis vom geraden Rohr blieb mir in Erinnerung, und ich schwieg.

Es gelang mir, zu meinem Bett zurückzufinden. Ungeduldige Fußtrittgeräusche ertönten im Stockwerk darüber. Die Leute sind ärgerlich; können sie sich nicht nervös hinlegen, anstatt nervös den Boden ihres Zimmers abzuschreiten? Ich kam zu dem klaren Ergebnis: nein.

Das Bild Jasmins suchte mich bis zur tatsächlichen Erscheinung heim, und ich verfluchte ihre Mutter, daß sie sie mit einem schlechten Gewissen, das durch nichts gerechtfertigt war, von mir fernhielt. Jasmin ist neunzehn Jahre alt, und ich weiß, daß sie andere Männer außer mir gekannt hat; ein Grund mehr, nicht zu zögern, mich in ihre Intimsphäre einzulassen; das ist ihre Mutter und die Eifersucht. Ich zwang mich, an eine ganz andere Sache zu denken, eine grundlose Boshaftigkeit, und ich hatte sehr große Mühe, mir dessen genaue Form vorzustellen, verkörpert vermittels roter und weißer Baumwollfäden, daß ich meinerseits während einer langen Zeit ohnmächtig wurde. Das Brummen der Lötlampe im Badezimmer färbte den Rand meines Traums mit unregelmäßig oxydierten Fransen ins Bläuliche.

II

Der Klempner blieb neunundvierzig Stunden ununterbrochen bei mir. Die Arbeit war weit davon entfernt, fertig zu sein, und ich ging gerade durch den Vorplatz, um mich in die Küche zu begeben, als ich Klopfen an der Tür hörte.

»Öffnen Sie!...« sagte man zu mir. »Es ist dringend!...«

Ich öffnete und ich sah die Bewohnerin von oben, die in großer Trauer vor mir stand. Ihr Gesicht trug die Spuren kürzlichen Kummers, und sie rieselte auf meinen Teppich. Sie schien aus der Seine zu kommen.

»Sind Sie ins Wasser gefallen?« fragte ich mit Interesse.

»Entschuldigen Sie die Störung, Monsieur«, sagte sie. »Bei mir ist eine Überschwemmung... Ich habe den Klempner herbestellt, und er hätte schon vor drei Tagen da sein müssen...«

»Ich habe einen hier«, sagte ich. »Vielleicht ist das Ihrer?«

»Meine sieben Kinder sind ertrunken«, sagte sie zu mir. »Nur die beiden ältesten atmen noch, weil ihnen das Wasser nur bis zum Kinn reicht. Aber wenn der Klempner noch bei Ihnen zu tun hat... Ich will Ihnen keine Ungelegenheiten bereiten...«

»Vermutlich hat er sich geirrt«, sagte ich. »Ich werde gleich gehen und ihn fragen, um sicherzugehen. In Wirklichkeit funktionierte mein Badezimmer nämlich in zufriedenstellender Weise.«

III

Als ich ins Badezimmer kam, legte er letzte Hand an eine Lötstelle in Form einer Iris, die ein nacktes Stück Wand zieren sollte.

»So kann man es gelten lassen«, sagte er zu mir. »Ich habe alles wieder so hergerichtet, wie es war; ich habe einige Lötstellen hinzugefügt, weil ich das am besten kann, und ich liebe gut ausgeführte Arbeit.«

»Eine Dame verlangt Sie«, sagte ich. »Hätten Sie nicht einen Stock höher gehen müssen?«

»Hier ist der vierte?«

»Der dritte«, sagte ich.

»Nun, dann habe ich mich geirrt«, sagte er abschließend. »Ich werde diese Dame aufsuchen. Die Firma wird Ihnen die Rechnung schicken. Aber bereuen Sie nichts... Für einen Klempner gibt es immer Arbeit in einem Badezimmer.«

ALAIN ROBBE-GRILLET

Der Strand

Drei Kinder gehen einen Strand entlang. Sie schreiten Seite an Seite, Hand in Hand. Sie sind ungefähr gleich groß und wahrscheinlich auch gleichalterig: etwa zwölf Jahre. Das in der Mitte ist jedoch etwas kleiner als die beiden anderen.
Abgesehen von diesen drei Kindern ist der ganze lange Strand menschenleer. Es ist ein recht breiter, gleichförmiger Sandstreifen, ohne vereinzelte Felsblöcke oder Wasserlachen, mit geringem Gefälle zwischen der ausweglos erscheinenden, schroffen Steilküste und dem Meer.
Es ist sehr schönes Wetter. Die Sonne bescheint den gelben Sand mit grellem, senkrechtem Licht. Es ist keine Wolke am Himmel. Es weht auch kein Wind. Das Wasser ist blau, ruhig, ohne die geringste Wellenbewegung von See her, obgleich der Strand offen zum weiten Meer liegt, bis zum Horizont.
In regelmäßigen Abständen schwillt jedoch eine jähe Welle, immer wieder die gleiche, wenige Meter vorm Ufer plötzlich an und brandet dann immer wieder auf der gleichen Linie. Man hat dabei nicht den Eindruck, daß das Wasser heranflutet und wieder zurückfließt; es ist vielmehr so, als ob sich diese ganze Bewegung auf der Stelle vollzöge. Das Anschwellen des Wassers verursacht zunächst eine leichte Vertiefung, längs des Strandes, und die Welle weicht ein wenig zurück, beim Rauschen rollender Kiesel; dann birst sie und breitet sich milchig auf der Schräge aus, jedoch nur, um den verlorenen Boden wiederzugewinnen. Kaum daß eine stärkere Wellung hier und da kurz wenige weitere Dezimeter bespült.
Und alles ist wieder regungslos, das flache, blaue Meer ist genau auf der gleichen Höhe am gelben Strand zum Stehen gekommen, auf dem die drei Kinder Seite an Seite gehen.
Sie sind blond, beinahe so wie der Sand: die Haut etwas

dunkler, die Haare etwas heller. Sie sind alle drei gleich gekleidet, kurze Hose und halbärmeliges Hemd, beides aus verwaschen-blauem, grobem Leinen. Sie gehen Seite an Seite, Hand in Hand, geradeaus, parallel zur See und parallel zur Steilküste, ungefähr gleich weit von beiden entfernt, allenfalls ein wenig näher am Wasser. Die Sonne, im Zenit, wirft keinen Schatten zu ihren Füßen.

Vor ihnen ist der Sand vollkommen unberührt, gelb und glatt vom Felsen bis zum Wasser. Die Kinder gehen geradeaus, in regelmäßigem Tempo, ohne den kleinsten Haken zu schlagen, ruhig, Hand in Hand. Hinter ihnen ist der klamme Sand geprägt von drei Reihen Stapfen, die ihre bloßen Füße hinterlassen haben, drei regelmäßige Folgen ähnlicher, gleich weit voneinander entfernter, tief und scharf eingedrückter Fußstapfen.

Die Kinder schauen vorwärts. Sie blicken weder zur Steilküste hinauf, links von ihnen, noch zum Meer, dessen kleine Wellen periodisch bersten, auf der anderen Seite. Sie blicken erst recht nicht rückwärts, um die zurückgelegte Strecke zu betrachten. Sie setzen ihren Weg mit gleichmäßigen, schnellen Schritten fort.

Vor ihnen stolziert eine Schar Meeresvögel am Gestade einher, hart an der Grenzlinie der Wellen. Sie rücken parallel zum Weg der Kinder vor, in der gleichen Richtung wie diese, ungefähr hundert Meter voraus. Da die Vögel jedoch viel langsamer vorankommen, nähern die Kinder sich ihnen. Und während die See nach und nach die sternförmigen Spuren der Vogelfüße verwischt, bleiben die Schritte der Kinder deutlich in den klammen Sand geprägt, wo die Stapfenreihen immer länger werden.

Die Tiefe dieser Stapfen ist konstant: ungefähr zwei Zentimeter. Sie sind weder durch das Abbröckeln der Ränder noch durch allzu tiefes Einsinken der Fersen oder Fußspitzen verunstaltet. Sie scheinen in eine oberflächliche, lockerere Bodenschicht eingestanzt zu sein.

Ihre Dreierreihe setzt sich so immer weiter fort und scheint gleichzeitig schmaler und langsamer zu werden und sich zu einem einzigen Strich zu vereinen, der die ganze Länge des Strandes in zwei Streifen teilt, und dort hinten in einer kaum wahrnehmbaren, wie auf der Stelle ausgeführten mechanischen Bewegung endet: dem abwechselnden Niedersetzen und Anheben von sechs bloßen Füßen.

Aber in dem Maße, wie die bloßen Füße sich entfernen, nähern sie sich den Vögeln. Sie gewinnen nicht nur schnell an Boden, sondern die relative Entfernung, die beide Gruppen voneinander trennt, nimmt noch viel geschwinder ab, verglichen mit der schon zurückgelegten Strecke. Es sind bald nur noch wenige Schritte zwischen ihnen...

Als die Kinder jedoch nahe daran sind, die Vögel zu erreichen, schlagen diese plötzlich mit den Schwingen und fliegen los, zuerst einer, dann zwei, dann zehn... Und der ganze weißgraue Schwarm beschreibt einen Bogen überm Meer, um dann wieder auf dem Sand zu landen und wiederum einherzustolzieren, immer in der gleichen Richtung, hart an der Grenzlinie der Wellen, ungefähr hundert Meter voraus.

Aus dieser Entfernung gesehen, sind die Bewegungen des Wassers fast nicht mehr wahrzunehmen, es sei denn durch eine plötzliche Änderung der Farbe, alle zehn Sekunden, wenn der brandende Schaum gerade in der Sonne aufleuchtet.

Ohne sich um die Spuren zu kümmern, die sie immerzu scharf in den unberührten Sand stanzen, oder um die kleinen Wellen, rechts von ihnen, oder um die bald vor ihnen herfliegenden, bald vorausstolzierenden Vögel, gehen die drei blonden Kinder weiter, Seite an Seite, mit gleichmäßigen schnellen Schritten, Hand in Hand.

Ihre drei gebräunten Gesichter, dunkler als ihr Haar, ähneln einander. Sie haben den gleichen Ausdruck: ernst, bedächtig, vielleicht sogar besorgt. Auch ihre Gesichtszüge sind identisch, obgleich zwei von den Kindern offensichtlich Knaben sind und das dritte ein Mädchen. Die Haare des Mädchens sind nur etwas länger, etwas lockiger, und seine Gliedmaßen ein klein wenig zierlicher. Aber die Kleidung ist genau die gleiche: kurze Hose und halbärmeliges Hemd, beide aus verwaschen-blauem, grobem Leinen.

Das Mädchen geht ganz rechts, an der Seeseite, und links von ihm jener der beiden Knaben, der etwas kleiner ist. Der andere Knabe, nächst der Steilküste, ist genauso groß wie das Mädchen.

Vor ihnen erstreckt sich der gelbe, platte Sand, soweit das Auge reicht. Links von ihnen ragt die braune, fast senkrechte Felswand empor, wo kein Ausweg zu sehen ist. Rechts von ihnen wird die vom Horizont her regungslose blaue Wasserfläche unversehens von einer Falbel gesäumt, die sogleich birst, um sich weißschäumend auszubreiten.

Dann, zehn Sekunden später, höhlt die schwellende Welle von neuem die gleiche Vertiefung aus, längs des Strandes, beim Rauschen rollender Kiesel.

Die kleine Welle brandet; der milchige Schaum schwappt wieder die Schräge hinan, die wenigen Dezimeter verlorenen Bodens wiedergewinnend. Während der folgenden Stille ertönen sehr ferne Glockenschläge in der ruhigen Luft.

»Da, die Glocke«, sagt der kleinere Knabe, der in der Mitte geht.

Aber das Geräusch der vom Meer angesogenen Kiesel übertäubt das leise Geläut. Man muß das Ende des Zyklus abwarten, um von neuem ein paar durch die Entfernung verzerrte Töne wahrzunehmen.

»Es ist die erste Glocke«, sagt der Größere.

Die kleine Welle brandet, rechts von ihnen.

Als die Ruhe wiedergekehrt ist, hören sie nichts mehr. Die drei blonden Kinder gehen immer noch im gleichen, regelmäßigen Rhythmus, alle drei Hand in Hand. Die Vogelschar vor ihnen, die nur noch ein paar Schritte von ihnen entfernt war, wird plötzlich wie von einem Fieber erfaßt, schlägt mit den Schwingen und hebt ab zum Flug.

Sie beschreiben den gleichen Bogen über dem Wasser, um dann wieder auf dem Sand zu landen und wiederum einherzustolzieren, immer in derselben Richtung, hart an der Grenzlinie der Wellen, ungefähr hundert Meter voraus.
»Es ist vielleicht nicht die erste«, sagt der Kleinere dann, »wenn wir die andere nicht gehört haben, vorher...«
»Man hätte sie genauso gehört«, antwortet sein Nebenmann.
Sie haben deshalb nicht etwa ihren Gang geändert; und die gleichen Stapfen, die man hinter ihnen sieht, bilden sich weiterhin nach und nach unter ihren sechs bloßen Füßen.
»Vorhin waren wir noch nicht so nah«, sagt das Mädchen.
Nach einer Weile sagt der größere Knabe, der an der Seite der Steilküste geht:
»Wir sind noch weit weg.«
Alsdann gehen sie schweigend, alle drei.

Sie schweigen so, bis die Glocke, immer noch undeutlich, von neuem in der ruhigen Luft ertönt. Der größere Knabe sagt dann: »Da, die Glocke.« Die anderen antworten nicht.
Die Vögel, die von ihnen beinahe eingeholt worden wären, schlagen mit den Schwingen und fliegen los, zuerst einer, dann zwei, dann zehn...
Dann ist die ganze Schar von neuem auf dem Sand gelandet und rückt längs des Gestades voran, etwa hundert Meter vor den Kindern.
Das Meer verwischt nach und nach die sternförmigen Spuren der Vogelfüße. Die Kinder hingegen, die Seite an Seite und Hand in Hand näher an der Steilküste entlanggehen, lassen tiefe Stapfen hinter sich, deren Dreierreihe sich parallel zu den Rändern über den sehr langen Strand hinzieht.
Zur Rechten, an der Seite des regungslosen, glatten Wassers, brandet, immer an derselben Stelle, die gleiche kleine Welle.

MICHEL TOURNIER

Allzeit bleibe meine Freude

Eine Weihnachtserzählung

Für Darry Cowl – ihm widme ich diese erfundene Geschichte, die ihn an eine wahre erinnern wird.

Kann man als großer Pianist weltweit Karriere machen, wenn man Bidoche heißt? Denn *Bidoche* ist im Französischen ein landläufiges Wort für minderwertiges, stinkendes Fleisch. Als die Eltern Bidoche ihrem Sohn den Vornamen Raphael gaben und ihn so unter die Obhut des Erzengels stellten, der dem Ätherischen, dem Melodischen am innigsten verwandt ist, da begannen sie vielleicht diese Herausforderung unbewußt zu betonen. Obendrein ließ der Bub an Intelligenz wie an Sensibilität schon bald eine Begabung erkennen, die zu den größten Hoffnungen berechtigte. Kaum war er alt genug, daß er sich auf einem Drehstuhl halten konnte, da setzte man ihn ans Klavier. Die Fortschritte, die er machte, waren beachtlich. Blond, blauäugig, blaß, aristokratisch, war er ganz und gar Raphael und ganz und gar nicht Bidoche. Mit zehn Jahren war er weit und breit als Wunderkind bekannt, und alle, die mondäne Gesellschaftsabende zu organisieren hatten, rissen sich um ihn. Die Damen fielen schier in Ohnmacht, wenn er sein feines, fast durchsichtig klares Gesicht über die Tasten neigte und, so schien es, im blauen Flügelschatten des Erzengels geborgen, die Klänge von Johann Sebastian Bachs Choral *Allzeit bleibe meine Freude* wie einen mystischen Liebesgesang zum Himmel emporsteigen ließ.

Doch der Bub zahlte einen hohen Preis für die Gunst solcher Augenblicke. Von Jahr zu Jahr stieg die Zahl täglicher

Übungsstunden, zu denen man ihn nötigte. Mit zwölf Jahren arbeitete er schon sechs Stunden am Tag, und zuweilen geschah es ihm, daß er die Jungen, die weder mit Talent noch mit Genie, noch mit der Aussicht auf eine glanzvolle Laufbahn gesegnet waren, um ihr Los beneidete. Er hatte manchmal Tränen in den Augen, wenn schönes Wetter war und wenn er, erbarmungslos an sein Instrument gekettet, das Lärmen und Schreien seiner Kameraden hörte, die sich draußen im Freien vergnügten.

Er wurde sechzehn. Sein Talent entwickelte sich zu unvergleichlicher Fülle. Er war der Phönix des Pariser Konservatoriums. Dafür schien allerdings die Zeit des Heranwachsens, die auf die Kindheit folgte, von seinem einstigen Engelsgesicht nicht den geringsten Zug übriglassen zu wollen. Es war, als hätte die böse Fee Pubertät ihn mit ihrem Zauberstab berührt und gäbe sich alle Mühe, den so schwärmerisch gefeierten Engel, der er gewesen war, restlos zu zerstören. Sein knochiges, unregelmäßiges Gesicht, seine wulstigen Augenbrauen, seine vorstehenden Zähne, die dicken Brillengläser, die er ob seiner rasch fortschreitenden Kurzsichtigkeit tragen mußte – all das wäre noch nichts gewesen ohne den Ausdruck einfältig-sturer Verblüffung, der ihm beständig im Gesicht stand und der eher zum Lachen reizen als träumerisch stimmen konnte. Zumindest vom Aussehen her hatte Bidoche ganz offenbar über Raphael völlig gesiegt.

Die kleine Bénédicte Prieur, zwei Jahre jünger als er, schien diese Mängel seines Äußeren nicht zu empfinden. Als Schülerin des Konservatoriums sah sie in ihm wohl nur den überragenden Virtuosen, der zu werden er auf dem besten Wege war. Obendrein lebte sie nur in der Musik und für die Musik, und die Eltern der beiden fragten sich verwundert, ob die Beziehungen ihrer Kinder wohl jemals über die ekstatische Gemeinsamkeit hinausgehen würden, in der sie sich beim Vierhändigspielen zusammenfanden.

Raphael, der so jung wie noch nie jemand vor ihm aus dem Wettbewerb des Konservatoriums als Erster hervorgegangen war, machte sich daran, Musikstunden zu geben, um sich ein bescheidenes Monatseinkommen zu sichern. Bénédicte und er hatten sich verlobt, doch mit dem Heiraten wollten sie auf bessere Tage warten. Es eilte ja nicht. Sie lebten von Luft, Liebe und Musik und durchlebten Jahre himmlischen Glücks. Wenn sie tief in ihr Musizieren versunken waren, das sie einander schenkten, so spielte Raphael, von Begeisterung und Dankbarkeit trunken, zum Abschluß des Abends noch einmal Johann Sebastian Bachs Choral *Allzeit bleibe meine Freude*. Es war für ihn nicht nur eine Huldigung an den größten Komponisten aller Zeiten, sondern zugleich eine heiße Bitte zu Gott, er möge ihren so reinen, so glühenden Bund schützen und bewahren. Und so wurden die Töne, die unter seinen Fingern vom Klavier aufstiegen, zu Perlen eines himmlischen Lachens, einer göttlichen Heiterkeit, die nichts anderes war als der Segen, den die Kreatur von ihrem Schöpfer empfing.

Doch es kam der Tag, da diese kostbare Harmonie vom Schicksal auf die Probe gestellt werden sollte. Raphael hatte einen Freund. Er kam ebenfalls vom Konservatorium und verdiente seinen Lebensunterhalt damit, daß er in einem Nachtlokal den Auftritt eines Chansonniers begleitete. Da sein eigentliches Instrument die Geige war, fand er wenig dabei, wunschgemäß auf einem alten Klavier ein paar Akkorde anzuschlagen, um die albernen Couplets zu umrahmen, die der Chansonnier vorn auf der Bühne von sich gab. Aber dieser Henri Durieu sollte nun seine erste Konzerttournee durch die Provinz machen und trat deshalb an Raphael heran, er möge ihn doch für vier Wochen vertreten, damit der wertvolle Broterwerb nicht gefährdet sei.

Raphael zögerte. Es wäre ihm schon schwergefallen, sich zwei Stunden lang in dieses dunkle, schlecht gelüftete Lokal zu setzen und hören zu müssen, wie da einer dummes Zeug vortrug. Aber jeden Abend da hinzugehen und obendrein unter solch schandbaren Umständen ein Klavier anzurühren... Die Gage, die ihm für einen Abend ebensoviel einbrachte wie für ein gutes Dutzend Privatstunden, konnte für das Sakrileg, das ihm da zugemutet wurde, kein Ausgleich sein.

Er wollte das Ansinnen schon ablehnen, als zu seiner großen Überraschung Bénédicte ihn bat, sich das gut zu überlegen. Sie seien schon recht lange verlobt. Raphaels Karriere als Wunderkind sei schon seit Jahren vergessen, und wie lange sie noch warten müßten, bis er erfolgreich und berühmt sein würde, wisse niemand. Da könnten ihn diese paar Abende doch den finanziellen Zuschuß bringen, der ihnen noch fehlte, um einen Hausstand zu gründen. Ob denn dafür das Opfer zu schwer sei? Könne Raphael im Namen einer zwar ehrenwerten, doch recht abstrakten Idee von seiner Kunst ihrer beider Hochzeit noch weiter hinauszögern? Er sagte zu.

Der Chansonnier, den es zu begleiten galt, hieß Bodruche, und das Äußere, das er abbekommen hatte, entsprach diesem Namen. Übergroß, weichlich und schlaff wälzte er sich von einem Ende der Bühne zum anderen und gab mit weinerlicher Stimme all das Malheur und die Unbill zum besten, mit denen das Leben ihn immerfort überschüttete. Seine Komik beruhte ganz und gar auf einer sehr einfachen Beobachtung: Hast du einmal Pech, so findest du Interesse, hast du zweimal Pech, erweckst du Mitleid; hast du hundertmal Pech, so wirkst du lächerlich. Daher braucht man nur das Erbärmliche, die Züge des Pechvogels bei einem Menschen zu übersteigern, und schon fällt die Masse mit Jubelgeheul über ihn her.

Vom ersten Abend an schätzte Raphael die Art dieses Gelächters richtig ein. In ihm traten Sadismus, Bosheit und Hang zur Gemeinheit in zynischer Weise zutage. Wenn Bodruche seine ganze Misere zur Schau stellte, so ging er sein Publikum unterhalb der Gürtellinie an und zog es auf das billigste Niveau hinunter. Aus diesen braven Bürgern, nicht schlechter und nicht besser als andere auch, machte er durch seine besondere Art Komik das übelste Lumpengesocks. Sein ganzer

Auftritt beruhte auf der verbindenden Kraft der Gemeinheit, auf der ansteckenden Wirkung des Bösen. Raphael erkannte in den Lachsalven, die gegen die Wände des kleinen Saales schlugen, geradezu das Gelächter des Teufels, nämlich das Gebrüll, in dem Haß, Feigheit und Dummheit ausgelassen triumphieren.

Und dieses gemeine Schmierenzeug, das sollte er auf dem Klavier begleiten, ja, nicht nur begleiten, sondern unterstreichen, verstärken, steigern! Auf dem Klavier, das hieß mit dem geheiligten Instrument, auf dem er Johann Sebastian Bachs Choräle spielte! In seiner ganzen Kindheit und Jugend hatte er das Böse nur in seiner negativen Form – als Mutlosigkeit, Trägheit, Langeweile, Gleichgültigkeit – kennengelernt. Zum erstenmal begegnete er ihm nun positiv, leibhaftig in Fleisch und Blut, murrend und grimassenschneidend, in Gestalt dieses widerlichen Bodruche, und er gab sich dazu her, dessen aktiver Komplize zu sein.

Welche Überraschung war es deshalb für ihn, als er einmal zu seinem abendlichen Inferno ging und auf dem Plakat an der Tür des Theatercafés unter dem Namen Bodruche einen Aufkleber fand:

Am Klavier begleitet von Bidoche

Mit einem Satz war er im Büro des Direktors. Der nahm ihn mit offenen Armen auf. Ja, er habe geglaubt, auch seinen Namen auf das Plakat setzen zu müssen. Das sei nur recht und billig. Seine »künstlerische Leistung« am Klavier falle jedem Besucher auf und sei eine enorme Bereicherung der – zugegebenermaßen etwas abgedroschenen – Darbietung dieses armen Bodruche. Überdies paßten die beiden Namen Bidoche und Bodruche wunderbar zusammen. Eine besser klingende, eine typischere, eine komischere und närrischere Zusammenstellung könne man sich nicht einmal im Traum vorstellen. Und natürlich werde auch seine Gage erhöht. Und zwar kräftig.

Raphael war in das Büro gegangen, um zu protestieren. Als

er es verließ, bedankte er sich beim Direktor und verwünschte sich zugleich innerlich, daß er so schüchtern, so schwach war.
Abends erzählte er Bénédicte den Vorfall. Weit entfernt, seinen Unwillen zu teilen, gratulierte sie ihm zu seinem Erfolg und freute sich über die Verbesserung ihrer Finanzen. Da die ganze Aktion doch keinen anderen Sinn hatte als den, zu Geld zu kommen, war es da nicht besser, sie brachte so viel wie möglich ein? Raphael war zumute, als hätte sich alles gegen ihn verschworen.
Bodruches Haltung ihm gegenüber ließ hingegen eine ernstliche Abkühlung erkennen. Bodruche hatte ihn bislang mit gönnerhafter Herablassung behandelt. Raphael war der, der ihn zu begleiten hatte, eine im Schatten stehende, nützliche, aber ruhmlose Rolle, die lediglich Selbstverleugnung und Fingerspitzengefühl erforderte. Nun zog er einen Teil der Aufmerksamkeit und damit auch der Bravorufe der Besucher auf sich, so sehr, daß das selbst beim Direktor nicht unbemerkt geblieben war.
»Nur kein Übereifer, Freundchen, nur kein Übereifer!« sagte er zu Raphael, der doch nichts dafür konnte.
Die Situation hätte sich bestimmt noch verschärft, hätte Durieus Rückkunft dem nicht ein Ende gemacht. Erleichtert nahm Raphael im Gefühl, seine Pflicht erfüllt zu haben und in der Erinnerung an eine Erfahrung, die ebenso lehrreich wie hart gewesen war, seine Klavierstunden wieder auf. Bald darauf heiratete er Bénédicte.
Die Heirat änderte wenig an Raphaels Leben, aber gab ihm einen Sinn dafür, daß er mancherlei Verantwortung trug, über die er bisher hatte hinwegsehen können. Er mußte die Sorgen seiner jungen Frau teilen, die einige Mühe hatte, »über die Runden zu kommen« – um so mehr, als jeden Monat die Raten für die Wohnung, den Wagen, den Fernseher und die Waschmaschine zu zahlen waren, alles Dinge, die sie auf Kredit gekauft hatten. Die Abende vergingen nun häufiger mit dem Addieren von Zahlenkolonnen als damit, daß sie

eins wurden in der reinen Schönheit eines Bachschen Chorals.

Eines Tages, als Raphael etwas spät heimkam, fand er Bénédicte ganz aufgeregt vor. Der Grund dafür war ein Besuch, den sie ein paar Minuten zuvor bekommen hatte. Natürlich hatte er zu ihm gewollt, der Direktor des Theatercafés, aber da er nicht dagewesen war, hatte er Bénédicte auseinandergesetzt, weshalb er gekommen sei. Nein, es gehe nicht mehr darum, die Gesangsnummer des jammervollen Bodruche zu begleiten, der übrigens mit einer Erneuerung seines Vertrags für die nächste Spielzeit nicht rechnen könne. Aber ob nicht Raphael zwischen zwei komischen Nummern des Programms ein paar Musikstücke solo spielen wolle? Das brächte eine sehr erfreuliche Abwechslung in den Abend hinein. Das Publikum könne ja nur froh sein, wenn zwischen ein Programm, das übrigens voller Schwung und fröhlicher Gedankenblitze sei, eine Spanne Ruhe und Schönheit eingefügt sei.

Raphael lehnte glattweg ab. Nie wieder würde er in diese Pesthöhle hinabsteigen, unter der er schon einen Monat lang gelitten hatte. Er hatte auf seinem ureigenen Gebiet – in der Musik und auf der Bühne – die Erfahrung des Bösen gemacht. Das war sehr, sehr gut so, aber da gab es für ihn nichts mehr zu lernen. Bénédicte ließ den Sturm vorübergehen. Dann, an den folgenden Tagen, ging sie behutsam wieder zum Angriff über. Was man ihm da ansinne, habe mit der Aufgabe, den jämmerlichen Bodruche zu begleiten, nichts gemein. Er spiele doch allein und spiele, was er wolle. Im Grunde sei die Tätigkeit, die ihm angeboten werde, doch sein wahrer Beruf als Solist. Das Debut sei zwar bescheiden, aber anfangen müsse jeder einmal. Könne er sich's denn aussuchen?

Geduldig, unermüdlich kam sie Tag für Tag darauf zurück. Gleichzeitig unternahm sie Schritte, in ein anderes Stadtviertel überzusiedeln. Ihr Traum war eine geräumigere Altbauwohnung in einem reinen Wohnviertel. Doch diese Verbesserung des Rahmens, in dem sie lebten, erforderte Opfer.

Er opferte sich und unterzeichnete einen Sechsmonatsvertrag, der nur gegen eine vom vertragsunwilligen Partner zu zahlende hohe Entschädigung kündbar war.
Schon am ersten Abend wurde ihm klar, in welch eine schreckliche Falle er da gegangen war. Das Publikum war noch ganz kribbelig und aufgeputscht von der vorangegangenen Nummer, einem grotesken Tango, den eine Riesendame und ein Zwerg miteinander getanzt hatten. Als Raphael, in seinen zu kurzen schwarzen Anzug gezwängt, in steifer, verschüchterter Haltung, das Seminaristengesicht hinter den dicken Brillengläsern starr vor Angst, auf die Bühne trat, da schien alles darauf berechnet, ein Höchstmaß an komischer Wirkung zu erzielen. Brüllendes Gelächter empfing ihn. Zu allem Unglück war sein Klavierhocker zu niedrig. Er schraubte den Drehsitz höher, doch in seiner Verzweiflung drehte er ihn ganz heraus und sah sich nun mit einem in zwei Teile zerlegten Klavierhocker wie mit einem Pilz, dessen Hut sich vom Stiel gelöst hatte, vor einem Publikum, das außer Rand und Band war. Unter normalen Umständen hätte er vermutlich nur Sekunden gebraucht, um den Sitz wieder hineinzuschrauben. Aber hier, rings vom Blitzlicht der Fotografen umzuckt, bei jeder Bewegung vor Panik schlotternd, hatte er obendrein noch das Pech, daß ihm seine Brille herunterfiel, ohne die er nichts sehen konnte. Als er sich auf allen vieren am Boden tastend auf die Suche nach ihr machte, kannte der Jubel des Publikums keine Grenzen. Anschließend führte er einen minutenlangen Kampf mit den beiden Teilen des Hockers, bis er sich schließlich mit zitternden Händen und verwirrtem Hirn ans Klavier setzen konnte. Was spielte er an diesem Abend? Er hätte es nicht zu sagen gewußt. Jedesmal wenn er sein Instrument berührte, fing das tosende Gelächter, das sich mittlerweile gelegt hatte, erst recht von neuem an. Als er sich endlich wieder in die Kulissen verzog, war er schweißgebadet und völlig außer sich vor Scham.
Der Direktor schloß ihn in die Arme.

»Lieber Bidoche«, rief er, »Sie waren wunderbar, hören Sie, wun-der-bar! Sie sind die große Entdeckung dieser Spielzeit. Ihre Komik und Ihre Improvisationsgabe sind unvergleichlich. Und wie Sie die Bühne beherrschen! Sie brauchen sich nur zu zeigen, und schon fangen die Leute an zu lachen. Wenn Sie auf dem Klavier einen Akkord anschlagen, tobt alles vor Begeisterung. Übrigens hatte ich die Presse eingeladen. Ich weiß jetzt schon genau, was die schreiben wird.«

Unter der Lawine von Komplimenten, die auf ihn niederging, trat Bénédicte bescheiden lächelnd zur Seite. Raphael klammerte sich an ihr Bild wie ein Schiffbrüchiger an einen Felsen. Inständig flehend schaute er ihr ins Gesicht. Sie stand da, ungerührt, strahlend, mit beiden Füßen auf der Erde, die kleine Bénédicte Prieur, aus der an diesem Abend Madame Bidoche, die Frau des berühmten Musikkomikers geworden war. Vielleicht dachte sie auch an die schöne, komfortable Wohnung, die sie sich jetzt würde leisten können.

Das Echo in der Presse war wirklich triumphal. Sie sprach von einem zweiten Buster Keaton. Sie rühmte den traurigen, scheuen Menschenaffenausdruck seines Gesichts, seine katastrophenträchtige Tolpatschigkeit, seine groteske Art, Klavier zu spielen. Und überall erschien dasselbe Foto: die Aufnahme, wie er zwischen den zwei Teilen seines Klavierstuhls herumkriecht und tastend nach seiner Brille sucht.

Sie zogen um. Später nahm ein Impresario Bidoches Interessen wahr. Man drehte einen Film mit Bidoche. Dann einen zweiten. Beim dritten konnten sie es sich leisten, nochmals umzuziehen, und zwar in ein vornehmes Privathaus in der Avenue de Madrid in Neuilly.

Eines Tages bekamen sie Besuch. Henri Durieu wollte dem glänzenden Erfolg des einstigen Gefährten seine Reverenz erweisen. Verschüchtert bewegte er sich in goldgetäfelten Räumen, zwischen kristallenen Lüstern und Gemälden großer Meister. Solch eine Pracht konnte er, der zweite Geiger des Alençoner Stadtorchesters, einfach nicht fassen. Trotzdem konnte er sich nicht beklagen. Auf jeden Fall mußte er nicht mehr in Nachtlokalen auf einem Klavier herumklimpern, und das, nicht wahr, das war doch die Hauptsache! Denn er könne es nicht mehr ertragen, seine Kunst so tief zu erniedrigen, erklärte er entschieden.

Sie ergingen sich miteinander in Erinnerungen an ihre gemeinsamen Jahre auf dem Konservatorium, an ihre Hoffnungen, ihre Enttäuschungen, an die Geduld, die sie benötigt hatten, um ihren Weg zu finden. Durieu hatte seine Violine nicht bei sich. Doch Raphael setzte sich ans Klavier und spielte Mozart, Beethoven, Chopin.

»Welch brillante Solistenkarriere hättest du machen können!« rief Durieu aus. »Aber dir winkten eben andere Lorbeeren. Jeder muß seiner Bestimmung folgen.«

So manches Mal hatten die Kritiker im Zusammenmhang mit Bidoche schon den Namen Grock genannt und erklärt, vielleicht habe der legendäre Clown aus der Schweiz in Bidoche endlich seinen Nachfolger gefunden.

Am Heiligen Abend gab Bidoche tatsächlich sein Debut in der Arena des Zirkus Urbino. Lange Zeit hatte man jemanden gesucht, der in der Maske des Weißen Clowns sein Widerpart sein konnte. Nach etlichen wenig überzeugenden Versuchen schlug Bénédicte zur allgemeinen Überraschung sich selbst für diese Rolle vor. Warum nicht? In enger, gestickter Weste und in Pluderhosen, das Gesicht gipsweiß geschminkt, auf die Stirn eine schwarze Augenbraue gemalt, die darauf eine steile, fragend-spöttische Kurve zeichnete, im Reden laut und gebieterisch, die Füße in silbernen Tanzschuhen – so machte sie Furore, die kleine Bénédicte Prieur, die nun zur unentbehrlichen Partnerin des berühmten Musikclowns Bidoche geworden war und ihn erst ganz zur Geltung brachte.

Unter einer Hirnschale aus rosa Pappe, mit einer roten Pseudo-Kartoffelnase geziert, in einem Frack rudernd, dessen Zelluloid-Hemdbrust an seinem Hals baumelte, und in einer Hose, die korkenzieherartig auf riesige Quadratlatschen herabfiel, so spielte Bidoche einen verkrachten Musi-

ker, der ahnungslos und mit naiver Arroganz ankam und einen Klavierabend geben wollte. Doch die ärgsten Scherereien tauchten auf: aus seinen eigenen Kleidern, aus dem Drehhocker und vor allem aus dem großen schwarzen Flügel selbst. Bei jeder Taste, die Bidoche auch nur streifte, gab es einen Knall oder eine Katastrophe, sei es Wasserstrahl, Qualmwolke oder groteskes Geräusch, Furz, Rülpser oder Quieken. Und das Gelächter der Zuschauer überflutete ihn in Kaskaden, brach von allen Rängen über ihn herein und begrub ihn unter seiner eigenen Narretei.
Ganz betäubt von diesem Brüllen und Johlen, dachte Bidoche manchmal an den armen Bodruche, der wahrscheinlich noch nie so tief gesunken war. Eines immerhin schützte ihn: seine Kurzsichtigkeit, denn seine Schminke hinderte ihn, seine Brille aufzusetzen, und so sah er fast gar nichts, nur große farbige Lichtreflexe. Mochten Tausende grausamer Schergen ihn mit ihrem tierischen Lachen verdummen wollen – er hatte zumindest den Vorteil, sie nicht zu sehen.
War die Nummer mit dem Teufelsklavier wirklich ganz in Ordnung? Geschah an diesem Abend unterm Zelt des Zirkus Urbino vielleicht eine Art Wunder? Als Finale war vorgesehen, daß der unglückliche Bidoche, nachdem er ein Musikstück schlecht und recht zu Ende gespielt hatte, mit ansehen mußte, wie sein Flügel explodierte und einen Wust von Schinken, Cremetorten, Bratwurstketten, Blut- und Leberwurstringen in die Arena spie. Doch etwas gänzlich anderes geschah.
Vor der regungslosen Haltung, in der der Clown plötzlich dagesessen hatte, war das wilde Gelächter verstummt. Dann hatte er in die vollkommene Stille hinein zu spielen begonnen. Mit versunkener, andächtiger, glühender Zartheit spielte er *Allzeit bleibe meine Freude*, den Choral Johann Sebastian Bachs, von dem seine Studienjahre erfüllt gewesen waren. Und der arme alte Zirkusflügel, aufpoliert und zusammengeflickt, er gehorchte wundersam seinen Händen und ließ die göttliche Melodie emporsteigen bis hinauf in die

dunklen Höhen der Zirkuskuppel, wo Trapeze und Strickleitern sich vage abzeichneten. Nach dem Inferno von Hohngelächter lag auf einmal himmlische Heiterkeit, zart und vergeistigt, über der in ihr vereinten Menge.

Lang anhaltende Stille folgte dem letzten Ton, als klänge der Choral weiter, ins Jenseits hinüber. Und dann sah der Musikclown durch die verfließenden Wolken seiner Kurzsichtigkeit hindurch, wie sich plötzlich der Deckel des Flügels hob. Er explodierte nicht. Er spie weder Fleisch noch Würste aus. Er entfaltete sich langsam wie eine große, dunkle Blume, und es entschwebte ihm ein schöner Engel mit lichten Flügeln, der Erzengel Raphael – der Engel, der immer schon über ihm gewacht und ihn davor bewahrt hatte, ganz und gar Bidoche zu werden.

JEAN CAU

Das Paradies

Immer hastiger durchwühlt der Opa seine Taschen. Sogar in der Innenseite seiner Mütze sieht er nach. Er sagt: »Weißt du, was mir passiert ist? Ich habe die Adresse von diesem verflixten Joseph verloren. Das geht ja prima los.« Er setzt den Reisekorb auf einer Bank in der Bahnhofshalle ab und durchwühlt ihn mit seinen wulstigen Fingern. »Wo kann ich sie bloß hingetan haben, diese verfluchte Adresse? Und Joseph wartet doch auf uns! Was machen wir nun? In einer Stunde fängt die Sperrstunde an...«

Pitchou – so nennt ihn sein Großvater – ist entzückt. Was für ein Abenteuer! Sie sind in der großen Stadt verloren! Falls der Opa die Adresse von Joseph nicht wiederfindet. Es ist zwei Wochen her, daß sie zu Hause von dieser Reise gesprochen haben, wegen dem Tod von dem anderen Vetter und dem geerbten Weinberg. Aber die Hälfte davon gehört Joseph, der vor ewigen Zeiten das Dorf verlassen hat und »in einer Verwaltung« arbeitet, man weiß nicht in welcher, »in der Stadt«. Pitchou war schon müde, doch diese gute Nachricht – sie haben die Adresse von Joseph verloren! – hat ihn wieder munter gemacht. Der Opa aber macht sich Sorgen. Unmöglich, im übervollen Wartesaal des Bahnhofs zu übernachten, mit dem Kleinen, der vor Müdigkeit fast umfällt. Auf der Wache nach der Adresse fragen? Joseph ist ein rechtschaffener Mann, und es gibt keinen Grund, weshalb die Polizei seine Adresse haben sollte.

»Das geht ja prima los, nicht Opa?«

»Ja.«

»Und was machen wir jetzt?«

»Wir machen«, sagt der Alte, der einen Entschluß gefaßt hat, »daß man nicht x Sachen auf einmal machen kann. Man kann nur eins auf einmal machen. Wir werden irgendwo schlafen, und morgen gehen wir zur Post, dann rufen wir in Cassabel an und sagen Marie-Rose, der Postfrau, daß sie mal schnell zu Hause vorbeigehen und uns die Adresse von Joseph sagen soll. Dein Vater und deine Mutter werden sich freuen! Die werden mir noch in den Ohren liegen, wenn wir wieder da sind!«

»Und wo schlafen wir, Opa?«

»Im Hotel. Wo sollen wir sonst hingehen?«

»Im Hotel?«

Der Opa nickt. Das ist ihm noch nie passiert. Darum ist er ein bißchen aufgeregt. Mit zweiundsiebzig Jahren im Hotel schlafen!

»Wie ist denn ein Hotel, Opa?«

»Da gibt's Zimmer.«

»Und woran sieht man, daß es ein Hotel ist?«

»Da scheint ein Licht. Los, gehn wir. Gib mir die Hand. Wir schaffen es gerade noch bis zur Sperrstunde.«

Sie gehen los, aufs Geratewohl. Sie laufen durch die große Stadt, die wie ausgestorben ist. Pitchou wird allmählich müde.

»Man sieht, daß sie Angst vor den Boches haben«, sagt der Opa. »Sie sind schon alle schlafen gegangen. Man kommt sich vor wie in Cassabel.« Schließlich hält der Opa einen eiligen Passanten an. »Sie wissen nicht zufällig, wo man ein Hotel finden kann? Ich hab den Kleinen hier mit...«

Der Passant sagt, daß sie bis zum Platz gehen sollen, dann nach links und dann die erste rechts. »Aber beeilen Sie sich...« Ja, ja... Sie hasten weiter. Der Opa hat so was nicht gern, aber es bleibt ihnen nichts anderes übrig, wegen der Sperrstunde, die in einer Viertelstunde beginnt.

Da ist es. Und das Licht auch.

»Es heißt ›Zum Gestiefelten Kater‹, das Hotel, Opa?« fragt Pitchou schlaftrunken.

»Ja, ja, so heißt es... Wir klopfen mal...«

Eine schöne wohlriechende Dame öffnet die Tür einen Spalt

und sagt schließlich: »Kommen Sie herein...« Sie ist erstaunt. Sie betrachtet den Opa und Pitchou. Und den Reisekorb. »Sie möchten ein Zimmer zum Übernachten?«
»Ja, ich hab den Kleinen mit, er ist müde...« Pitchou hat noch nie eine so schöne Dame gesehen, mit ihrem roten Kleid und den schwarzen Schuhen. Und so schön duftend.
»Aber das ist kein Hotel hier!« sagt sie und fängt lauthals an zu lachen. Warum?
Der Opa erklärt ihr, daß er die Adresse von Joseph verloren hat. Er erklärt das mit der Sperrstunde. Die Dame lacht nicht mehr, sie schaut freundlich drein. »Ach nein!« Dann sagt sie:» Na, was soll's, kommen Sie in den Salon!«
Pitchou hat noch nie ein so hübsches Haus gesehen. Ein Salon! In dem Salon sind drei weitere Damen, in Hemdchen, wohlduftend, mit roten Lippen, und sie lachen, als die andere Dame ihnen erzählt, daß der Opa ein Zimmer sucht. Sie küssen Pitchou ab. Sie finden ihn allerliebst. »Und du bist müde, armes Schätzchen?«
Der Opa steht da, mit dem Reisekorb in der Hand. »Weiß du, Pitchou, ich glaube, wir haben uns geirrt...«
»Geirrt, Opa?«
»Aber nicht doch«, sagt eine Dame. »Das machen wir schon. Nicht wahr, Madame Jeanne? Sie sind großartig, die beiden!«
»Wir werden Sie doch nicht auf der Straße lassen mit dem kleinen Engel da«, sagt Madame Jeanne zum Opa, »wir bringen Sie schon unter. Aber erst mal, was möchten Sie trinken?«
»Nichts, nichts«, sagt der Opa, »Sie sind so liebenswürdig...«
»Doch, doch«, erwidert eine Dame, »ich spendiere. Stellen Sie Ihren Korb ab, Opa, was trinken Sie?«
»Ein Gläschen Glühwein, wenn Sie unbedingt wollen...«
»Möchten Sie nicht ein Schlückchen Sekt, Opa, um das zu feiern?«
»Nein, nein, den mag ich nicht so besonders.«

»Und woher kommen Sie?«
»Aus Cassabel«, sagt der Opa.
»Sie sind nämlich noch ein schöner Mann«, meint eine Dame zu ihm.
»Oh, ein schöner Mann! Ich bin alt...«
Der Opa hat sich jetzt auf einer Art Bett niedergelassen, in dem Salon, und trinkt sein Gläschen Glühwein. Pitchou sitzt auf den Knien von Madame Jeanne und macht langsam die Augen zu. Er fühlt sich wohl. Das Hotel ist das Paradies. Die Damen sind wie liebe gute Heilige, von wohligen Düften umgeben. Madame Jeanne streichelt sein Haar und drückt ihn an sich. Bevor er einschläft, sieht er noch, daß der Opa guter Laune ist und sich den Bart reibt. Er erzählt den drei Damen, die neben ihm sitzen, Geschichten. Eine von ihnen sagt zu ihm: »Sind Sie nun zufrieden, daß Sie sich mit dem Hotel geirrt haben?«
»Na, na«, erwidert der Opa. Er sagt noch etwas, aber Pitchou hört es nicht mehr, weil sein schlaftrunkener Kopf gegen Madame Jeannes Schulter gerutscht ist. Er schläft. Und wie er schläft, der Engel. Wie im Paradies!

RAYMOND JEAN

Mira oder Der öffentliche Park

Nur selten durchquere ich den öffentlichen Park von N..., der kleinen Stadt, in der ich wohne. Doch seit einigen Monaten berichtet man mir unablässig scheußliche Dinge über diesen Park: Frauen werden dort angegriffen, Homosexuelle überfallen, Leute bestohlen, Drogen verkauft, kleine und große Geschäfte werden dort abgewickelt. Vor zwei Wochen habe ich daher beschlossen, dorthin zu gehen und mich ein wenig umzuschauen.

Seit einer Weile ging ich unter den Lebensbäumen und den sorgfältig beschnittenen Eiben spazieren und kam geradewegs auf eine Art Grünfläche zu, die sicher für Kinder angelegt war, in der Mitte ein Viereck plattgewalzter Erde und ein kleines Becken, rundherum Bänke. Auf einer dieser Bänke saß ein junges Mädchen und las ein Buch. Der Platz war ein bißchen öde, aber so ruhig, so geschützt, daß man Lust verspürte, für einen Augenblick dort zu verweilen, um den Frieden dieser öffentlichen Parkanlage zu genießen. Ich sage mit Absicht *den Frieden*, denn es herrschte hier eine Atmosphäre vollkommener Gelassenheit, und diese beinahe sanftmütige Stimmung war kaum zu vereinbaren mit dem Gerede, das mir vorher zu Ohren gekommen war. Seitdem ich übrigens auf den Alleen entlangschlenderte, hatte sich meine Überzeugung verstärkt, daß dieses Gerede nur die Folge von Psychosen und von krankhaften Einbildungen sein konnte. Der Beweis? Dieses junge Mädchen, das in seine Lektüre vertieft war. Und die wenigen anderen Personen weiter hinten: eine junge Frau mit ihrem Kind, das unbedingt sein Schiffchen auf dem Wasser des Beckens schaukeln lassen wollte, und ein Herr reiferen Alters, dessen Gesicht, halbverdeckt von seiner Zeitung, ich nicht sehen konnte. Wie ich so auf der Parkbank saß, machte ich sicherlich den Eindruck eines friedfertigen Spaziergängers. Ich hoffte es zumindest. Denn ich war ja dorthin gekommen, getrieben von Neugierde, und das hätte offensichtlich sein und mir einen seltsamen, verdächtigen Anschein geben können. Diesen Eindruck hatte ich übrigens, als das Mädchen für einen Augenblick von seinem Buch aufblickte und mich verwundert ansah. Ich muß sagen, daß ich seinen Blick mit der gleichen Verwunderung erwiderte. Aber aus einem völlig anderen Grund. Ich habe eine ungewöhnliche Neigung, Personen, die ich ohne ihr Wissen beobachte, alle möglichen Arten von Verhalten, Betragen, Gedanken zuzuschreiben, die in Wirklichkeit nur meiner eigenen Vorstellung entspringen. Wenn ich mich an die Tatsachen hielt, so stellte ich fest, daß dieses Mädchen blond war, hellhäutig, ziemlich schön und daß es zwischen dreiundzwanzig und fünfundzwanzig Jahre alt sein mußte. Wenn ich anfing, zu interpretieren oder zu träumen, so mußte ich mir sagen, daß sie Studentin war, sicher wegen des Buches, das sie in Händen hielt, und ebenso wegen einer Art Schnellhefter, der vor ihr auf der Bank lag. Ich gab ihr den Namen Mira. Übrigens fragte ich mich, warum ich sie im Geiste als »Mädchen« bezeichnet hatte, da sie sehr wohl eine verheiratete Frau sein konnte (gleichwohl hatte ich keinen Ring an ihrem Finger entdeckt).

Ich beobachtete sie schon seit einer Weile, als sich der Vorfall ereignete. Zwei Jungen – mir kam sogleich der unwiderstehliche Gedanke: zwei Rüpel –, die wirklich nichts zu dieser Stunde in diesem Park zu schaffen hatten, tauchten plötzlich auf dem Rasen auf, näherten sich der Bank, auf der sie saß, und setzten sich neben sie. An jede Seite einer. Frei heraus. Ich dachte zunächst, daß sie sie kannten, und malte mir irgendeine Stichelei oder kleine Abrechnung aus. Doch sie schien sich überhaupt nicht wohl zu fühlen. Sie hätte aufstehen und weggehen können; sie las weiter und tat so, als ob sie sie nicht sähe. Die beiden ihrerseits sagten nichts. Sie wirkten nicht bedrohlich, machten aber ganz offensichtlich keinen sympathischen Eindruck. Man hätte meinen können, sie hätten sich wissentlich zu dieser Art Rocker gezwungen: mit langen, ungepflegten Haaren, offenem Hemd und auffallenden Kettchen auf der Brust, mit sehr eng sitzenden Jeans. Das Unangenehmste aber war das Mißverhältnis zwischen dieser Aufmachung und ihrem tatsächlichen Alter, das nicht mehr, und zwar schon lange nicht mehr, das von Jugendlichen war. Vielleicht waren sie eher blöd als bösartig (das war jedenfalls der Eindruck, den ich hatte), aber augenscheinlich waren sie dazu entschlossen, Mira zu belästigen und sie zum Reagieren zu zwingen. Sie fingen damit an, ihr eine Reihe Vorschläge zu machen, die sie selbst zweifellos komisch fanden, aber erreichten lediglich damit, daß sie sich noch mehr in ihre Lektüre vertiefte: ein Mittel, ihnen zu entkommen und sich zu diesem Zwecke völlig taubstumm zu verhalten. Ihre Worte und ihr aggressives Lachen kreuzten sich über Miras Kopf hinweg in einem ziemlich unheilverkündenden Spiel. Schließlich klappte sie ihr Buch zu, nahm ihren Ordner und stand auf. Da geschah es, daß einer der beiden sie am Handgelenk packte und zwang, sich wieder hinzusetzen. Ich traute meinen Augen nicht. Der andere legte ohne jedes Zögern seine Hand auf ihr Knie und versuchte, sie unter ihren Rock zu schieben. Sie stieß einen Schrei aus, strich ihren Rock wieder glatt, wehrte sich ziemlich unzureichend. Daraufhin nahmen sie ihre eigenartige Unterhaltung wieder auf und sagten sicher etwas, was sie überzeugte, nicht fortzugehen, denn nun rührte sie sich nicht mehr, versuchte nicht einmal mehr, ihnen zu entkommen. Sie hatten sich ihr genähert und beengten sie wie in einem richtigen Schraubstock. Einerseits war die Szene geprägt von einer unerträglichen Heftigkeit, andererseits aber wirkte sie derart widersinnig, derart unerwartet, daß es mir schien, als müsse es irgendeine Erklärung für diese verdrehte Situation geben. Ich fragte mich, ob ich nicht träume, ob ich nicht das Opfer einer Halluzination sei. Doch einer der beiden Burschen (der Kleinere, er war stämmig und sehr braun) legte gerade seine Hand auf ihren Busen. Dieses Mal wehrte sie sich, mit Worten, diskutierend, bittend, so schien es. Ich konnte die Worte von der Stelle aus, an der ich mich befand, nicht verstehen, aber ich glaubte, Tränen in ihren Augen zu sehen, gleichwohl bestärkte diese sonderbare Art, in der sie »parlamentierte«, meinen Eindruck, daß sie ihre beiden Angreifer kennen mußte. Denn es handelte sich sehr wohl um zwei Angreifer. Die Spannung wuchs von Minute zu Minute. Plötzlich zog der Größere aus seiner Tasche etwas, das ich wohl als ein Schnappmesser identifizieren konnte, ließ die Klinge aufblitzen und machte sich einen Spaß daraus, mit der Spitze Miras Blusenausschnitt nach unten zu ziehen, so als wollte er ihre Brust entblößen. Mein Atem stockte bei dem Anblick.

Was anschließend geschah, verblüffte mich vollends. Die beiden Rüpel änderten auf einmal ihr Betragen und behandelten nun ihr Opfer auf eine vollkommen andere Art und Weise. Sie beruhigten die Frau, trösteten sie, halfen ihr, sich zu sammeln, sie lächelten ihr sogar zu, änderten zusehends ihr Äußeres: ein rasches Durchkämmen, der eine entwirrte seine Haare, der andere brachte seine Kleidung in Ordnung, und das genügte, um sie zu verwandeln, um ihr Aussehen spürbar zu verändern, als ob sie sich einer Verkleidung entledigten. Selbstverständlich war auch das Messer verschwunden. Ich verstand von dieser Komödie gar nichts mehr und hatte das leise Gefühl, die Kosten dafür zu zahlen, um so mehr, da das Mädchen mit einer gewissen Aufmerksamkeit den Erklärungen zuzuhören schien, welche die beiden fremden Begleiter ihr nun lieferten, und weil auch in ihrem Gesicht eine Veränderung vor sich ging.

Ich erhob mich, um fortzugehen, ziemlich schockiert, ziemlich verwirrt. In dem Moment ertönte hinter mir ein Pfiff, und ich sah, wie zwei Polizisten in blauen Hemden auf mich zuliefen. Sie kamen aus einem kleinen Wagen, der hinter der dichten Reihe von Buchsbäumen auf der rechten Seite der Grünfläche versteckt war, und mit dem sie, allem Anschein nach sehr vorsichtig, die Allee entlanggefahren sein mußten. Sie riefen mich an und baten um meine Papiere. Ich gab sie ihnen und fragte sie meinerseits nach dem Grund ihres Eingreifens, zumal ich überzeugt war, daß es sich um ein Versehen handelte und daß es mit den beiden jungen Rüpeln zu tun hatte (gleichzeitig verstand ich auf einmal sehr gut die plötzliche Veränderung in ihrer Haltung: sie hatten den Wagen kommen sehen). Die Polizisten sahen sich meine Papiere an und sagten dann, ohne mich anzuschauen, daß ich wahrscheinlich nicht wisse, was »unterlassene Hilfeleistung einer sich in Gefahr befindenden Person«, um es mit den Worten des Strafgesetzbuches auszudrücken, bedeute. Und sogar »in Lebensgefahr«, präzisierte einer von ihnen. Zunächst stand ich ein bißchen dumm da. Dann antwortete ich ihnen, daß man nichts übertreiben müsse, daß ich eingegriffen hätte, wenn die Sache schlimmer geworden wäre, und daß sie sowieso eine so unerwartete Wendung genommen habe, daß ich nicht recht verstünde, was diese ganze Geschichte bedeuten solle. Tatsächlich verstand ich überhaupt nichts mehr.

Als mir erklärt wurde, daß das Ganze eine Inszenierung gewesen sei, ging mir ein Licht auf. Die beiden »Rüpel« waren in Wirklichkeit Polizisten, die man für diese Sache, das heißt diese Rolle, die sie spielen sollten, ein wenig geschminkt und »zugerichtet« hatte: im übrigen standen sie jetzt neben mir und entschuldigten sich mit einer etwas unangenehmen Ironie dafür, daß sie sich durch diese Rolle zu sehr hatten hinreißen lassen, und das zweifellos auf meine Kosten. Das Szenario, so sagten sie, sei eine Idee von Kommissar F. gewesen, der sich aus Gründen der immer größer werdenden Unsicherheit, die in der Stadt und besonders in dem öffentlichen Park herrsche, zu einem Experiment dieser Art entschlossen habe: er wolle sehen, wie weit die Passivität der Leute in gewissen Situationen gehen könne. Ihre Äußerungen wurden von den beiden Polizisten bestätigt, die mir gleichzeitig in aller Förmlichkeit meinen »Vollstreckungsbefehl« mitteilten und mich baten, sie zum Kommissar zu begleiten, der mich mit Begeisterung vernehmen würde. Auf meinen Protest hin sagten sie mir, daß die Frau mit dem Kind und der Herr mit der Zeitung zur gleichen Zeit und unter denselben Umständen wie ich aufgefordert seien, sich auf das Kommissariat zu begeben. Ein kümmerlicher Trost. Ein bedeutenderer Trost aber war, daß das Mädchen – ich meine Mira – uns begleitete: so konnte ich mich wenigstens vor ihr erklären. Sie schien mir überhaupt nicht erfreut über diese Rolle als Hauptzeuge, die man ihr vorbehielt. Im übrigen schien niemand die Wendung in dieser unglaublichen Geschichte zu schätzen. Aber die Polizisten gaben nicht nach. Und so mußten wir uns die Marotte des Kommissars F. gefallen lassen ...

*

Er empfing uns mit einer gewissen Höflichkeit. Er äußerte sein Bedauern über die Lage, in die er uns gebracht habe (in die wir uns gebracht hätten, berichtigte er sogleich), um so mehr das Ganze einer List entspringe. Aber die Ursache einer solchen extremen Vorgehensweise sei das verabscheuungswürdige Klima der Gewalttätigkeit, das in N. herrsche, wie leider auch überall in Frankreich. Er war von der Richtigkeit seiner Idee überzeugt. Er machte keinen sehr intelligenten Eindruck, aber doch einen sehr selbstsicheren. Offensichtlich zählte er zu jenen Männern, die, wenn sie etwas Neues oder Interessantes gefunden zu haben glauben, um nichts in der Welt davon ablassen und wenn nötig die ganze Erde vor ihrer Phantasie beugen würden. Das alles im Namen des Guten und der Tugend. Seine Entschlossenheit spürte man an der etwas schulmeisterlichen Art, an dem etwas gezierten Tonfall seiner Stimme und an seiner mehr und mehr affektiert wirkenden Höflichkeit, die zweifellos eine gewisse Verlegenheit verbarg.

Er fragte uns also, warum wir nichts unternommen hätten, um einer jungen Frau (er zögerte einen Augenblick, als ob er sagen wollte: Mädchen, entschloß sich aber für junge Frau) zu Hilfe zu kommen, die in so offenkundiger Weise angegriffen worden sei. Er wollte gerade weiterreden, als er von Mira schroff unterbrochen wurde, die auf die Erklärung Wert legte, daß sie mit dieser Geschichte absolut nichts zu tun habe, und daß sie die Rolle als Versuchskaninchen, die man sie habe spielen lassen, entrüste und anwidere. Die Heftigkeit, die ihr Gesicht leicht rötete, gefiel mir, denn für einen Moment war mir schon der Gedanke gekommen, daß sie sich an der abgekarteten Sache beteiligt haben könnte, daß auch sie zur Polizei gehören könnte. Ich war beruhigt. Der Kommissar entschuldigte sich bei ihr und sagte ihr, daß er ihre Unzufriedenheit verstehe, aber daß sie sich glücklich schätzen dürfe, einer gerechten Sache gedient zu haben, und sei es auch gegen ihren Willen gewesen (hier konnte man es sagen). Dann wandte er sich den Angeklagten, die wir zweifellos in seinen Augen waren, zu und nahm die Befragung wieder auf. Also? Was hatten wir vorzubringen?

Die Frau mit dem Kind erklärte, sie habe nichts zu sagen. Sie habe nichts gesehen und nichts gehört. Sie sei zu sehr beschäftigt gewesen mit ihrem kleinen Jungen, den sie scharf überwacht habe, damit er nicht ins Wasser falle und in einem Augenblick ihrer Unachtsamkeit gar ertrinke. Sie hielt ihn auf ihrem Schoß, er hielt sein Schiffchen auf seinem, scheinbar ziemlich erschreckt darüber, sich auf diesem Kommissariat zu befinden, auf das man ihn mit seiner Mutter gebracht hatte. Kurz angebunden erwiderte der Kommissar, er bekomme stets dieselbe Antwort: nie habe man etwas gesehen oder gehört. Ihr kleiner Junge sei keine Entschuldigung. Darauf änderte sie ihr Verteidigungssystem, verwies ziemlich hinterhältig auf die Anwesenheit zweier Männer in nächster Umgebung der Grünfläche und bemerkte, daß es nicht an ihr, einer Frau, sei, in eine Situation einzugreifen, die von

Kraft und gar von Gewalttätigkeit geprägt sei. Der Kommissar antwortete, daß sie dadurch selbst eingestehe, das Vorgefallene gesehen zu haben, was im Widerspruch zu ihren vorausgegangenen Erklärungen stehe. Da sie sich verhaspelte und andere Entschuldigungen suchte, fügte er hinzu, daß die Solidarität der Frauen in einem solchen Falle einen Sinn haben könne, *müsse* und daß man nicht immer alles von den Männern erwarten solle. Ich muß zugeben, daß mir diese Äußerung ziemlich gefiel – dennoch entbehrte sie nicht einer gewissen Zweideutigkeit –, insofern er dieser Frau ihren etwas einfältigen Sexismus vorwarf. Sie verlor völlig die Fassung, fing an zu heulen und sagte, daß man trotzdem nicht denken solle, sie würde wegen »Mademoiselle« einen Messerstich riskieren. Sie hatte also das Messer gesehen. Aber da auch das Kind anfing zu weinen, insistierte der Kommissar nicht weiter.

Er ging zu dem Mann mit der Zeitung hinüber. Der hatte ebenfalls nichts gesehen. Eben wegen der Zeitung. Er nahm alle Welt zum Zeugen, Mira, mich, die Rüpel-Polizisten: man habe sehr wohl feststellen können, daß er von dieser großen Zeitung, die er auseinandergefaltet vor sich gehalten habe, verdeckt gewesen sei. Wie hätte er irgend etwas sehen sollen? Mit einer gewissen Aggressivität fragte ihn der Kommissar, ob er auch taub sei. Ohne auch nur im geringsten die Fassung zu verlieren, antwortete er ruhig, er sei es ein bißchen. Daran knüpfte er den Bericht über seine Situation und erklärte, daß er als Pensionär manchmal in den Park komme und seine Pfeife rauche und daß er sich um nichts kümmere. Meiner Meinung nach war er nicht sehr alt, aber da er auf jeden Fall älter war als ich und da von seiner ganzen Erscheinung eine Art Achtbarkeit ausging, war er mir unbestreitbar überlegen. Er wußte es, er spürte es, und außerdem war er der einzige von uns gewesen, der den Polizisten, die uns auf das Kommissariat geführt hatten, überhaupt keinen Widerstand leistete und der sich dem Kommissar gegenüber sehr willfährig zeigte. Dieser fragte nicht weiter nach.

Er wandte sich mir zu. Zufrieden, endlich seine wirkliche Beute gefunden zu haben. Ich konnte nicht ausbrechen, konnte ihm nicht entrinnen. Und vor allem nicht die Argumente gebrauchen, die schon die anderen vorgeschoben hatten. Während ihrer Antworten hatte ich glücklicherweise eine Abwehrstrategie vorbereitet. Zunächst erklärte ich, daß ich habe eingreifen wollen, daß ich es getan hätte, wenn das Mädchen wirklich in Gefahr gewesen wäre, daß ich gerade in dem Moment im Begriff gewesen sei, aufzustehen, als ich die Maskerade erkannt hätte. Der Kommissar antwortete mir, daß das nachträglich leicht gesagt sei, jetzt da ich über die Inszenierung aufgeklärt worden sei. Ich ging zur Offensive über, fragte mit Vehemenz, ob diese Art Berechnung legal sei oder einfach nur akzeptabel vom Standpunkt des Bürgers aus, und ich fügte hinzu, daß man langsam genug habe von diesen Polizisten in Zivil (ich glaube, mir entwischte das Wort *Polypen*, aber ich bin mir nicht ganz sicher), die man an verschiedenen Stellen und in willentlich provozierenden Abordnungen ein bißchen zu oft sehe. Leider habe man sich daran gewöhnt, ihnen bei politischen Veranstaltungen zu begegnen, aber wenn man ihnen jetzt auch noch in den öffentlichen Parkanlagen begegne! Dem Kommissar paßte das überhaupt nicht. Er wurde ärgerlich, lockerte seinen Hemdkragen, um seinem hochrot angelaufenen Gesicht ein wenig Luft zu verschaffen. Damit hatte er gerechnet! Aber er hatte gehofft, daß ich soviel Feingefühl besäße, mich ein wenig gewählter auszudrücken. Die Übeltäter dagegen hätten jedes Recht, man könne auf ihren staatsbürgerlichen Verstand zählen!

Die *Polypen* (diesmal war er es, der das Wort benutzte) seien immer im Unrecht, selbst wenn man sie zu einem guten Zweck in eine unbequeme Lage bringe. »Aber Monsieur«, so sagte er zu mir, »an dem Punkt, an dem die Dinge bezüglich der öffentlichen Unsicherheit angelangt sind, verstehen Sie da nicht, daß alle Mittel recht sind, *alle*, und daß meine kleine

Idee, so töricht sie in Ihren Augen auch sein mag, nützlicher ist, als Sie denken! Ihre jetzige Verwirrung ist der Beweis dafür! Sie sind ein ausgezeichnetes Beispiel für diese erschreckende Passivität, also Mitschuld der Bürger angesichts der Gewalt, des Verbrechens, des Mordes, und Sie beschuldigen die anderen, weil Sie nicht das geringste Argument zu Ihrer Rechtfertigung haben. Sie sagen, daß Sie eingreifen *wollten*, aber wann? wie? worauf warteten Sie? Gewiß darauf, daß dieses Mädchen vor Ihren Augen niedergestochen würde.«

Ich betrachtete Mira. Sie war wirklich sehr schön mit ihren leicht blinzelnden grünen Augen und ihrem hellen Teint. Sie erwartete sicherlich etwas von mir. Ich hatte bereits gesagt, daß ich im Begriff war, ihr zu Hilfe zu kommen, und der Kommissar hatte diese Absicht lächerlich gemacht. Ich wollte nicht wieder darauf zurückkommen. Ich erklärte also, daß es einer meiner Wesenszüge sei, mich zu einer leichten Hypnose der Einbildungskraft verleiten zu lassen, wenn ich eine Sache oder ein Wesen zu intensiv beobachte (was wahr ist, ich sagte es bereits). Ich bestand auf: *Wesen,* was Mira nicht zu mißfallen schien. Dem Kommissar übrigens auch nicht, wider alles Erwarten. Er forderte mich auf, mich deutlicher auszudrücken. Ich sagte ihm, daß ich das Mädchen seit einer Weile mit freundschaftlicher Aufmerksamkeit betrachtet habe, als sich der Angriff ereignet habe, und daß das, was plötzlich geschehen sei, mir so unwirklich, so verrückt erschienen sei, daß es dadurch gerade faszinierend geworden sei. Ich sei wie vor den Kopf gestoßen gewesen und habe nicht glauben können, was ich gesehen habe. Es habe sich bewiesen, daß ich recht gehabt hätte, es nicht zu glauben. Die Wirklichkeit ließe sich nicht so leicht nachmachen. Der Kommissar wirkte beeindruckt und ziemlich durcheinander. Er hüstelte, zog seine Krawatte wieder enger und ließ auf einmal von der Anklage ab. Schön, er habe ein Experiment versuchen wollen, er würde es diesmal nicht bis zum Ende verfolgen! Er habe sich informieren wollen, Erklärungen hören wollen, psychologische Angaben sammeln wollen für die Ermittlung, die er durchzuführen gedenke: alles, was gesagt worden sei, sei sehr wertvoll, und er würde seine Lehren daraus ziehen. Er hätte uns alle gänzlich unter Anklage stellen können... Aber wir seien alle frei. Er forderte uns lediglich auf, nachzudenken. Was ihn betraf, so war er wohl entschlossen, durchzuhalten. Wir gingen voll rehabilitiert hinaus. Ich hatte sogar einen Augenblick das Gefühl, daß das Bild des Träumers, des verrückten Betrachters, das ich unwillkürlich von mir gegeben hatte, mir eine unerwartete Beachtung einbrachte, als stände es in irgendeiner obskuren Beziehung zur Kunst oder zur Poesie.

*

Jedenfalls hatte mein Verhalten Mira neugierig gemacht, denn sie schlug mir vor, in dem kleinen Café im unteren Geschoß des Kommissariatsgebäudes ein Glas mit ihr zu trinken. Meiner Ansicht nach kam diese Einladung ein wenig überraschend, und zwar wegen des reservierten Charakters, den ich dem Mädchen zugeschrieben hatte, aber ich nahm gerne an. Während die Frau mit dem Kind und der Herr mit der Zeitung uns verließen, die eine brummend, der andere Höflichkeiten murmelnd, nahmen wir also in dem Café Platz. Ich bestellte ein Bier und Mira einen Pfefferminztee. Sie sagte mir sogleich, daß sie meine Äußerungen aufmerksam verfolgt habe, denn zumindest sei ich kein *Macker* (das war der Ausdruck, den sie gebrauchte) wie die anderen, daß ihr mein Nicht-Eingreifen in gewissem Sinne sehr gut gefallen habe. Ich antwortete, daß ich für ihre Worte empfänglich sei, aber daß sie mir sehr wohl dafür böse sein könne, daß ich nicht schneller eingegriffen hätte: es entspreche immerhin doch der Wahrheit, daß sie es nicht mehr lange ausgehalten hätte und daß sie in einem bestimmten Moment einen völlig verwirrten Eindruck gemacht habe. Sie leugnete es nicht, fügte aber hinzu, daß sie trotz allem »die Nase gestrichen voll habe von dem Männlichkeitswahn« (ich übernehme nochmals ihre eigenen Worte) und daß sie es nicht im mindesten interessiere, ob ich mich bewegt habe oder nicht. Was ich gerade dem Kommissar gesagt habe, sei ihr vielmehr richtig erschienen, und auf jeden Fall sei sie mit mir und meiner Antipathie für die Polypen-Rüpel und für die Vorgehensweise des Kommissars solidarisch. Von dieser Seite aus betrachtet, sei das ein nicht ernst zu nehmender Machismo, und es würde ihr stets leid tun, bei einem solchen Unternehmen als Vorwand gedient zu haben. Glücklicherweise hätten die Dinge nun eine Wendung genommen, die ihr mehr zusage. Darauf sagte ich ihr, daß ich ihr den Namen Mira gegeben hätte, worauf sie lachen mußte; der Name mißfiel ihr anscheinend nicht. Ihren wirklichen Namen gab sie nicht preis. Ich fragte sie nach dem Buch, das sie las: es war der wunderschöne Roman *Quand mourut Jonathan* von Tony Duvert. Ich sagte ihr, daß sie mich wahrhaftig erstaune und daß, so spannend meine Art auch sei, mich in meine Einbildung zurückzuziehen, um von weitem eine Person zu beobachten und von ihr zu träumen, ich mich doch offensichtlich in ihrem Fall getäuscht hätte. Sie entspreche nicht eben dem blonden Mädchen, das Störenfrieden oder Angreifern wehrlos ausgeliefert sei, das ich in ihr zu sehen geglaubt hätte. Sie fragte mich, was ich meine. Sei sie nicht blond? Habe man sie nicht angegriffen (und zwar vor meinen Augen, das war der springende Punkt)? Habe sie nicht ruhig in diesem öffentlichen Park gesessen? Ein wenig verlegen erwiderte ich, daß das zweifellos alles richtig sei, aber daß es in ihrem Wesen, in der Art wie sie spreche, wie sie reagiere, wie sie sich mit mir unterhielte, etwas gebe, was mich verblüffe, das nicht einer bestimmten Logik entspreche. Sie antwortete, man müsse vorsichtig sein mit der Logik, und legte ihre Hand auf meine. Dann zündete sie wortlos eine Zigarette an und hielt sie mir hin.

Durch ein bestimmtes Geräusch hinter unserem Tisch bemerkte ich dann die beiden jungen Polizisten in Zivil, denen wir diese ganze Aufregung verdankten. Sie saßen einige Meter von uns entfernt und tranken. Bemüht, unsere Aufmerksamkeit auf sich zu ziehen, rutschten sie unruhig auf ihren Stühlen hin und her. Sie hatten ihr Benehmen ganz und gar geändert und nahmen nun eher den Stil von Oberschülern an. Vielleicht hätten sie es gerne gesehen, wenn wir sie an unseren Tisch eingeladen hätten. Vielleicht hätten sie sich gewünscht, daß Mira sich ihnen zuwandte, ihnen einen Blick zuwarf. Aber sie ignorierte sie völlig. Schließlich bekundeten sie eine gewisse Ungeduld, zweifellos wenig zufrieden damit, sie nach dem, was passiert war, in meiner Gesellschaft zu sehen. Sie ignorierte sie noch hochmütiger. Dann stand sie auf, faßte meinen Arm und zog mich aus dem Café fort. Was sich danach ergab, hinterließ bei mir ein Gefühl nachhaltiger Dankbarkeit für den Kommissar F. und seine Mannschaft. Und ein Gefühl besonderer Zärtlichkeit für den Park von N., meiner kleinen Stadt.

JACQUES BENS

Was haben Sie mit meinem Apfelbaum gemacht?

Wie es dreimal die Woche seine Art war, mittwochs, samstags und sonntags, setzte Matthieu sich gegen Viertel nach acht an seinen Arbeitstisch. Er sinnierte einen Augenblick über die zwei Tage vorher angefangene Seite. Trug sie dann in die Kammer nebenan, wo seine Schreibmaschine stand, und tippte sie sorgfältig ab, mit doppeltem Zeilenabstand. Kam zurück. Er zog die Kappe seines Füllers ab, sah nach dem Tintenstand.

Aber es ging nicht besser. Wenn man eine Idee hat, ist die Schwierigkeit, sie zu behalten. Sonst hui! wie ein Vogel fliegt sie davon. Ja, aber was macht man, wenn man erst gar keine Idee hat?

Dabei war das Zimmer, in dem Matthieu arbeitete, ganz hübsch, so klein es auch war: das Licht kam durch zwei Fenster in senkrecht zueinander stehenden Mauern, das eine zur Straße, das andere zum Garten, an der rechten Wand das Bücherregal. Gerade vor ihm, auf der anderen Seite des Gartenfensters, stand ein uralter Apfelbaum, dessen Stümpfe mit Efeu und noch grünen Zweigen bedeckt waren. Von Zeit zu Zeit kam ein Buntspecht mit gesprenkeltem Gefieder und ochsenblutroter Haube, um auf seine faserige Borke zu trommeln.

Solche Tage gibt es, an denen nichts kommt. Das kann einen ärgern, wenn man nicht viel Zeit hat, wenn man meint, es sei dringend. Wohlgemerkt, nichts ist jemals dringend, und schon gar nicht noch ein paar Zeilen in der Sintflut von bedrucktem Papier. Und trotzdem, wer beschlossen hat, sich in dieser Weise auszudrücken, dem können so Fragen kommen, auch wenn die Antworten nicht jedermanns Sache sind.

Matthieus linke Hand spielte mit einem Gummiarmband. Das entspannte ihn, jedenfalls bildete er sich das ein. Seine rechte Hand kritzelte geometrische Zeichnungen auf den Rand seines kleinkarierten Papiers. Nein, es kam nicht.
Er hob mechanisch die Augen zum Fenster vor ihm. So hob er die Augen fünfzigmal am Tag, weil er sich besser konzentrieren konnte, wenn er einen fernen Horizont fixierte statt eines nahen Gegenstands (zweifellos Weitsichtigkeit). Aber diesmal konnte er nicht ruhig bleiben.
Denn der Apfelbaum vor seinem Fenster war verschwunden. Statt dessen sah er einen ihm unbekannten Menschen in einem weißen Anzug auf einem Hocker sitzen und Cello spielen.
Matthieu zog die Augenbrauen zusammen, stand auf, ging einmal um seinen Schreibtisch herum und zum Fenster, öffnete es und rief laut:
»Sagen Sie mal, Sie! Wollen Sie mir mal sagen, was Sie in meinem Garten machen?«
Noch während er seine Frage stellte, war ihm klar, wie sinnlos sie war: Was dieser Typ bei ihm machte, war offensichtlich, er versteckte sich kein bißchen. Richtiger wäre die Frage gewesen: »Wer hat Ihnen erlaubt...«, oder: »Warum spielen Sie...«, oder auch: »Was haben Sie mit meinem Apfelbaum gemacht?«
Auf die Frage »Was spielen Sie?« hingegen war die Antwort einfach: Vom offenen Fenster hatte Matthieu das erste Motiv aus dem Andante des Trios op. 100 von Schubert erkannt, das bekanntlich vom Cello vorgestellt wird: g, g, as-b-c, b-as-g, es, h, as-h-c usw. Ein wunderbares Werk übrigens.
Wie dem auch sei, der Typ mit dem Cello hätte wahrscheinlich weder auf die eine noch auf die andere Frage geantwortet, denn er schien den Anruf Matthieus weder verstanden noch überhaupt bemerkt zu haben. Da er wahrscheinlich nicht taub war, obwohl man, was taube Musiker anbelangt, gerade Schubert einen gekannt hat (aber begegnet ist er ihm nie: zu schüchtern), so ist das immerhin nicht das Normale –

ich komme zum Anfang meines Satzes zurück: oder aber der Cellist, der war völlig versenkt in seine Triostimme, oder aber er gehörte einer anderen Welt an.
Halt, das letzte war eine Idee. Aber sie hatte überhaupt keinen Sinn, das sieht man. Der Rest übrigens auch nicht. Mußte er also irgendeinen böswilligen Nachbarn beschuldigen? sich kneifen, um aufzuwachen? himmlische Mächte vermuten? seinen Alkoholkonsum senken?
Matthieu machte das Fenster leise wieder zu und setzte sich an seinen Tisch zurück. Er hob unmerklich die linke Schulter, die, die kein Rheuma hatte, und seufzte. Ein Traum! Wenn alles sich durch Wunder fügen und wieder auflösen ließe, wäre die Arbeit der Erzähler keine Schwierigkeit mehr! Man brauchte nur mit der Zeit, dem Raum und dem Geschmack am Übernatürlichen zu spielen. Oder?
Vielleicht. Aber wenn das Rätsel Widerstand leistet, sich nicht auflösen lassen will, wenn es einem nicht gelingt, das Knäuel zu entwirren? Wenn der Cellist absolut nichts verstehen will, dort auf seinem Hocker?
Nachdem er auf diese Weise seine dreizehnte Geschichte angefangen hatte, hob Matthieu mechanisch die Augen zum Fenster, stellte fest, daß der siebzigjährige Apfelbaum an seinen alten Platz im Garten zurückgekehrt war, konnte sein äußerstes Erstaunen nicht verbergen und blieb sprachlos.

FRANÇOISE SAGAN

Die Angelpartie

In jenem Frühjahr waren wir in der Normandie in meinem prächtigen Haus, das um so prächtiger war, als wir nach zwei Jahren der Überschwemmungen das Dach hatten reparieren lassen. Es gab plötzlich keine Schüsseln mehr unter den Balken, keine eiskalten Wassertropfen des Nachts auf unseren sanft schlafenden Gesichtern, keinen schwammigen Teppichboden mehr unter unseren Füßen, und das berauschte uns. Wir beschlossen, die ursprünglich roten Fensterläden neu streichen zu lassen, die schmutzigbraun geworden waren, dann grau-kastanienbraun und zu guter Letzt vor Verzweiflung schief an den Fenstern hingen wie Fahnen. Dieser prunksüchtige Entschluß hatte unabsehbare psychische und sportliche Konsequenzen.
Und zwar die folgenden:
Es kam natürlich nicht in Frage, einen ehrbaren ortsansässigen Maler aufzufordern, fröhlich mit seiner pfeifenden Belegschaft anzumarschieren und in zwei Tagen dieses Dutzend armseliger Fensterläden zu streichen. Nein. Die Freundin eines unserer Freunde (wenn ich »unserer« sage, dann meine ich die Stammgäste in diesem Haus, die eine außerordentlich geschlossene Gesellschaft bilden – unter anderem sehr praktisch denkend), also die Freundin eines unserer Freunde kannte einen jugoslawischen Maler, außerordentlich intelligent, sehr begabt, der »damit« seinen Lebensunterhalt in Frankreich verdiente nach allen möglichen politischen Wechselfällen, die hier keine Rolle spielen. Kurz, es war eine sparsame Lösung – denn jeder weiß, daß die ortsansässigen Handwerker einen »ausnehmen« – und auch eine ethische, denn Jesko – so hieß er – war im Augenblick etwas knapp bei Kasse. Es lebe Jesko. Er sollte also mit einem Freund, der

auch malte, und seiner jungen Frau kommen, die sich sonst in Paris langweilen würde. Sie kamen alle drei und erwiesen sich als charmant, geschwätzig und fernsehversessen: reizende Gäste. Die Fensterläden wurden nach und nach prächtig, ohne allzuviel Hetze.

Ich weiß nicht, warum sich eines verhängnisvollen Tages das Gespräch nach drei Wochen anhaltender Intellektualität dem Angeln zuwandte. Jesko war Angler, und sein Angeln in Jugoslawien hatte er noch in wunderbarer Erinnerung. Ich, die ich mit zehn Jahren im Bach meiner Großmutter drei Plötzen gefangen hatte und durch einen närrischen Zufall in einer versoffenen Nacht in der Bucht von Saint-Tropez einen Goldbrassen, plauderte fröhlich vom Angeln mit der Spinnrolle, der Fliegenrolle, was weiß ich. Wir gerieten in Fahrt, gerieten mächtig in Fahrt; Frank Bernard, Schriftsteller und Freund, der sich in seinen Reden gewöhnlich auf Benjamin Constant oder Sartre bezieht, entdeckte plötzlich in seiner Vergangenheit als Gymnasiast eine Forelle. Kurz, gleich am nächsten Tag gingen wir in ein Geschäft für Angelgeräte und redeten ganz ernsthaft von Köder, Angelhaken, Senkblei und Ruten. Am häuslichen Herd studierten wir alle drei den Gezeitenkalender. Laut Jesko mußte man sich ganz am Ende der Flut an den Fisch heranmachen. Eine Flut fiel auf eine für uns sehr ungelegene Zeit, eine andere auf halb zwölf Uhr vormittags. Für diese entschieden wir uns, und ausnahmsweise waren wir alle um Mitternacht im Bett und träumten von Fischen.

Wir hatten natürlich völlig vergessen, daß die Normandie eine gesunde, ruhige Gegend ist, wo die paar angängigen Sportarten Reiten, Tennis, Fußmärsche auf den Strandbohlen und Baccara sind – wenn man gute Nerven hat. Wenn keiner von unseren Bekannten angelte, dann hatte das seinen Grund. Und wenn nur die Gewerbesteuer zahlenden Fischer, diejenigen, die Boote hatten, sich mit dem Fischen abgaben, dann hatte das auch seinen Grund. Man überlegt nie genug. In Wirklichkeit wollte ich Madame Marc imponieren, der

Hausverwalterin, die über unsere Pläne spöttisch gelächelt hatte, und Frank litt wohl an einem leichten Hemingway-Komplex.

An jenem Vormittag verstauten wir bei strömendem Regen unsere Angelruten (leichte Spinnrolle) und unsere Regenwürmer im Auto und – welcher Hohn! – einen Korb für die Fische. Es bereitete einige Schwierigkeiten, die Angelruten durch die Fenster hineinzubringen, und der Wagen hatte eine entfernte Ähnlichkeit mit einem Nadelkissen. Frank schlief halb, und der Maler und ich frohlockten. Der Strand war feindselig, verlassen, eiskalt.

Gleich von Anfang an war es nicht einfach, die Regenwürmer auf die Haken zu bekommen. Frank behauptete, seine Leber ertrage derlei Dinge nicht, und ich stellte mich töricht und ungeschickt an. Jesko wurde mit alledem fertig. Dann hob er mit feierlicher Miene den Arm und warf seine Angelrute aus. Wir beobachteten ihn aufmerksam, um rasch seine Technik zu übernehmen (ich habe, glaube ich, schon gesagt, daß ich mich an die Geschichte meines Goldbrassen nicht sehr genau erinnerte). Man hörte ein Sausen, und der Angelhaken landete vor Franks Füßen. Jesko murmelte etwas von jugoslawischen Angelruten – den französischen, wie es schien, weit überlegen – und begann von neuem. Leider hatte sich Frank entgegenkommend gebückt, um den Angelhaken aufzuheben, der sich ihm durch Jeskos kräftigen Ruck sofort in den Daumen bohrte. Frank stieß einige entsetzliche Flüche aus. Ich stürzte zu ihm, zog Haken und Wurm aus seinem armen Finger und machte ihm mit meinem Taschentuch einen Wundverband. Dann gaben wir uns fünf Minuten einer teuflischen Pantomime hin: Wir ließen die Angelruten über unseren Köpfen schwirren und versuchten vergeblich, diese verfluchten Leinen ins Wasser zu bekommen, die wir mit rasender Geschwindigkeit wieder aufwickelten, um einen neuen Versuch zu unternehmen; kurz drei Irre.

Ich muß hinzufügen, daß wir zu diesem Unterfangen die Schuhe ausgezogen und die Hosenbeine vorsorglich hochge-

krempelt hatten; unsere Schuhe, Socken und sogar Armbanduhren lagen säuberlich auf einem Häufchen ein paar Schritte hinter uns. Da wir dem Gezeitenplan vertrauten und uns die Tücken des Ärmelkanals noch nicht vorstellen konnten, planschten wir ohne Hintergedanken fröhlich herum. Frank wurde als erster des Dramas gewahr: sein rechter Schuh überholte ihn, wenn man es so ausdrücken kann, und suchte das Weite. Er rannte hinterher, immer noch fluchend, während sein linker Schuh, begleitet von Jeskos Socken, auf einem Wellenkamm davonschwamm. Es gab einen Augenblick unbeschreiblicher Panik: wir ließen sofort unsere Leinen los, um hinter unseren Sachen herzurennen. Sie machten es sich zunutzte, um sich ihrerseits den Fluten zu überlassen. Und die Regenwürmer, herrenlos, trieben ungestraft gute zehn Minuten im Wasser, was ihnen genügte, um zu verschwinden. Wir hatten einen Schuh, zwei Socken, eine Brille, ein Päckchen Zigaretten und eine Angelrute verloren. Die beiden anderen waren endgültig verheddert. Es regnete immer heftiger. Vor genau fünfundzwanzig Minuten waren wir siegessicher an eben diesem Strand ausgestiegen, der uns jetzt durchweicht, verstört, verletzt und schuhlos sah. Unter unserem Blick wurde Jesko verlegen. Er versuchte, seine Leine zu entwirren. Frank hatte sich etwas abseits hingesetzt, schweigend, geringschätzig. Von Zeit zu Zeit lutschte er an seinem Daumen oder nahm seinen schuhlosen Fuß zwischen beide Hände, um ihn zu wärmen... Ich versuchte, die paar überlebenden Regenwürmer wieder einzufangen. Ich fror.
»Ich glaube, das reicht jetzt«, sagte Frank plötzlich.
Er stand auf, und würdevoll, was um so beachtlicher war, als er leicht hinkte, ging er zum Auto, in das er sich fallen ließ. Ich folgte ihm. Jesko nahm die beiden Angelruten und gab überflüssige und verworrene Erklärungen ab über die Vorzüge der jugoslawischen Küsten, was das Angeln betrifft, und des Mittelmeers, was die Gezeiten betrifft. Der Wagen roch nach nassem Hund. Die Hausverwalterin gab keinerlei Kommentar ab, ein ausreichender Hinweis darauf, welche

Verheerungen diese Expedition auf unseren gewöhnlich heiteren Gesichtern angerichtet hatte.

Seitdem habe ich in der Normandie nicht mehr geangelt. Jesko hat die Fensterläden fertiggestrichen, dann ist er verschwunden. Frank hat sich ein neues Paar Schuhe gekauft. Wir werden niemals sportlich sein.

JEAN-MARIE GUSTAVE LE CLÉZIO

Das Wasserrad

Die Sonne ist noch nicht über dem Fluß aufgegangen. Durch die schmale Tür der Hütte sieht Juba hinter den grauen Feldern die glatten Wasser, die bereits das Licht widerspiegeln. Er richtet sich von seinem Lager auf, wirft das Laken zurück, das ihn einhüllte. Er fröstelt in der kalten Morgenluft. In der dämmerigen Hütte sieht man noch weitere in Laken gehüllte Gestalten, weitere Schläfer. Auf der anderen Seite der Tür kann Juba seinen Vater liegen sehen, seinen Bruder, und ganz im Hintergrund die Mutter und die beiden Schwestern, alle drei unter demselben Laken dicht aneinandergedrängt. Irgendwo bellt lange ein Hund, mit seltsamer, ein wenig singender Stimme, die wieder verstummt. Aber es sind nicht viele Geräusche zu hören, weder auf der Erde noch auf dem Fluß, denn noch ist die Sonne nicht aufgegangen. Die Nacht ist grau und kalt, sie führt die Luft aus den Bergen und aus der Wüste heran und das bleiche Licht des Mondes.
Juba blickt fröstelnd in die Nacht, ohne sich auf seinem Lager zu bewegen. Die Kälte des Erdbodens steigt durch die Binsenmatte hoch, und auf dem Staub bilden sich Tautropfen. Draußen glänzen die Grashalme ein wenig, wie nasse Klingen. Die großen mageren Akazien stehen schwarz und regungslos in der rissigen Erde.
Juba steht geräuschlos auf. Er faltet das Laken und rollt die Matte zusammen, dann schlägt er den Pfad ein, der durch die verlassenen Felder führt. Er betrachtet den Himmel im Osten und er denkt, daß der Tag bald anbrechen wird. Er fühlt das Kommen des Lichts tief in seinem Körper, und auch die Erde weiß es, die durchpflügte Erde der Felder und die staubige Erde zwischen den Dornengebüschen und den Akazienstämmen. Es ist wie eine Unruhe, wie ein Zweifel, der über den

Himmel zieht, das langsame Wasser des Flusses durchquert und sich dicht über der Erde ausbreitet. Die Spinnennetze zittern, die Gräser vibrieren, die Mücken schwirren über den Pfützen, aber der Himmel ist leer, denn es sind keine Fledermäuse mehr da und noch keine Vögel. Der Pfad unter Jubas nackten Füßen ist hart. Das ferne Vibrieren hält mit ihm Schritt, und die großen grauen Heuschrecken beginnen über das Gras zu hüpfen. Während Juba sich von der Hütte entfernt, wird der Himmel flußabwärts langsam heller. Der Nebel gleitet mit der Geschwindigkeit eines Floßes zwischen den Ufern dahin und breitet seine weißen Schleier aus.

Juba bleibt auf dem Weg stehen. Eine Weile betrachtet er den Fluß. Das feuchte Schilf auf den Sandufern steht gebeugt. Ein angeschwemmter Baumstamm wippt in der Strömung, seine Äste neigen und recken sich wie der Hals einer schwimmenden Schlange. Noch liegt der Schatten über dem Fluß, das Wasser ist schwer und dicht, wirft im Fließen seine langsamen Falten. Aber jenseits des Flusses taucht bereits die trockene Erde auf. Der Staub unter Jubas Füßen ist hart, die rote Erde gleicht mit ihren im Zickzack verlaufenden Furchen einem alten, rissig gewordenen Tongefäß.

Die Nacht öffnet sich Schritt für Schritt, am Himmel, auf der Erde. Juba durchquert die verlassenen Felder, er läßt die letzten Bauernhütten hinter sich, er sieht den Fluß nicht mehr. Er erklimmt einen kleinen Hügel aus geschichteten Steinen, an die sich ein paar Akazien klammern. Juba hebt ein paar Akazienblüten vom Boden auf und kaut sie während des Aufstiegs. Der Saft breitet sich in seinem Mund aus und vertreibt die Benommenheit des Schlafs. Auf dem jenseitigen Hang des Steinhügels warten die Ochsen. Als Juba sich ihnen nähert, beginnen die großen Tiere am Ort zu stampfen, und eines wirft den Kopf zurück, um zu brüllen.

»Ttttt! Utta, utta!« sagt Juba, und die Ochsen erkennen ihn. Unter ständigem Zungenschnalzen nimmt Juba ihnen die Fußfesseln ab und führt sie den Steinhügel hinauf. Die beiden Ochsen kommen nur mühsam humpelnd voran, denn durch

die Fußfesseln sind ihre Hinterbeine taub geworden. Aus ihren Nüstern steigt Dampf auf.
Als sie beim Wasserrad ankommen, bleiben die Ochsen stehen. Sie schnauben und bocken, stoßen kehlige Laute aus, ihre Hufe scharren im Boden, treten kleine Steine los. Juba schirrt die Ochsen an das Ende des langen Zugbalkens. Während er die Tiere ins Joch spannt, schnalzt er unaufhörlich mit der Zunge. Die Rinderbremsen beginnen, um Augen und Nüstern der Ochsen zu schwirren, und wenn sie sich auf Jubas Gesicht und Hände setzen, verjagt er sie.
Die Tiere warten vor dem Ziehbrunnen, der schwere Hebebaum knarzt und knirscht, sooft sie einen Schritt vorwärts tun. Juba zieht an dem Seil, das im Joch befestigt ist, und das Rad beginnt zu ächzen wie ein Schiff, das die Anker lichtet. Die grauen Ochsen stapfen schwerfällig über den Rundgang. Ihre Hufe treten in die Spuren vom Vortag, vertiefen die alten Löcher in der roten Erde zwischen den Steinen. Am Ende des langen Zugbalkens ist das große hölzerne Rad, das sich zugleich mit den Ochsen dreht, und dessen Achse die Welle des zweiten, vertikalen Rades antreibt. Der lange Riemen aus gebrühtem Leder taucht auf den Grund des Schachts und tunkt die Eimer ins Wasser.
Juba spornt die Ochsen durch pausenloses Zungenschnalzen an. Er spricht auch zu ihnen, leise, sanft, denn noch umhüllt der Schatten die Felder und den Fluß. Der schwerfällige, hölzerne Mechanismus knirscht und knarzt, stockt, setzt sich aufs neue in Bewegung. Von Zeit zu Zeit bleiben die Ochsen stehen, und Juba muß hinter ihnen herlaufen, sie mit einem Stock aufs Hinterteil schlagen, den Hebebaum weiterstoßen. Mit gesenkten Köpfen, schnaubend, stapfen die Ochsen wieder rundum.
Als die Sonne endlich aufgeht, erhellt sie mit einem einzigen Schlag die Felder. Die rote Erde ist von Furchen durchzogen, sie zeigt ihre Blöcke aus trockenem Lehm, ihre spitzen, glänzenden Steine. Über dem Fluß, am anderen Ende der Felder, reißt der Nebel auf, das Wasser wird hell.

Ein Vogelschwarm schießt jäh aus dem Schilf der Ufer hoch, zerstiebt lärmend am hellen Himmel. Es sind Gangas, die Wüstenhühner, und ihr schriller Schrei schreckt Juba auf. Er steht auf den Brunnensteinen und folgt ihnen eine Weile mit den Blicken. Die Vögel steigen hoch zum Himmel auf, fliegen vor der Sonnenscheibe vorüber, kippen dann wieder erdwärts und verschwinden im Gestrüpp der Flußufer. In der Ferne, am anderen Ende der Felder, treten die Frauen aus den Hütten. Sie entfachen die *braseros*, und das Sonnenlicht ist noch so neu, daß es die rote Glut der brennenden Holzkohle nicht verdunkeln kann. Juba hört Kindergeschrei und Männerstimmen. Irgendwer ruft von irgendwo, und die schrille Stimme hallt lange in der Luft:
»Ju-uuu-baa!«
Die Ochsen gehen jetzt schneller. Die Sonne wärmt ihre Leiber und gibt ihnen Kraft. Die Mühle ächzt und knirscht, jeder Zahn des Räderwerks knarzt, wenn er in den anderen greift, der Lederriemen, der vom Gewicht der Eimer gestrafft wird, vibriert ständig. Die Eimer steigen bis zum Brunnenrand, ergießen ihren Inhalt in die Blechrinne und sinken, gegen die Schachtwände stoßend, wieder hinab. Juba schaut zu, wie das Wasser in Wellen die Rinne entlangfließt, in die Bewässerungsanlage strömt und in regelmäßigen Schüben hinunterläuft zur roten Erde der Felder. Das Wasser gleitet wie langsame Schlucke, und die trockene Erde trinkt gierig. Der Boden des Wassergrabens wird schlammig, und der gleichmäßige Strom dringt Meter um Meter weiter. Juba, der auf einem Stein am Brunnenrand sitzt, betrachtet unermüdlich dieses Wasser. Neben ihm dreht sich sehr langsam, knirschend, das hölzerne Rad, das stete Surren des Lederriemens steigt in die Luft, und die Eimer stoßen, einer nach dem anderen, gegen die Blechrinne, kippen das Wasser aus, das gluckernd abfließt. Es ist eine langsame und klagende Musik, die einer menschlichen Stimme gleicht, sie erfüllt den leeren Himmel und die Felder. Eine Musik, die Juba gut kennt, die er Tag für Tag hört. Die Sonne steigt langsam über den Hori-

zont, das Tageslicht zittert auf den Steinen, auf den Pflanzenstengeln, auf dem Wasser, das durch die Bewässerungsanlage rinnt. Drüben, am Rand der Felder, gehen Männer, schwarze Silhouetten vor dem blassen Himmel. Die Luft erwärmt sich allmählich, die Steine scheinen zu schwellen, der rote Boden glänzt wie Menschenhaut. Man hört Rufe von einem Ende der Erde bis zum anderen, Menschenrufe und Hundegebell, und es hallt im endlosen Himmel wider, während das hölzerne Rad kreist und knirscht. Juba beobachtet die Ochsen nicht mehr. Er wendet ihnen den Rücken, aber er hört ihr keuchendes Schnauben, das sich entfernt, das sich wieder nähert. Die Hufe der Tiere prallen immer auf dieselben Steine des Rundgangs, versinken in denselben Löchern.

Nun umhüllt Juba seinen Kopf mit dem weißen Leinentuch, und er bewegt sich nicht mehr. Er blickt vielleicht in die Ferne jenseits der roten Erde der Felder, jenseits des metallischen Flusses. Er hört nicht das Geräusch des kreischenden Rades, er hört nicht das Geräusch des schweren Hebebaums, der sich um seine Achse dreht.

»Eh-oh!«

Er singt tief in der Kehle, langsam, mit halb geschlossenen Augen.

»Eeeh-oooh, oooh-oooh!«

Hände und Gesicht sind unter dem weißen Tuch verborgen, der Körper ist regungslos, und so singt Juba im Rhythmus des kreisenden Rades. Er öffnet kaum den Mund, und sein Gesang steigt langsam aus seiner Kehle, wie der Atem der Ochsen, wie das stete Summen des Lederriemens.

»Eeh-eeh-ejaah-oh!«

Das Schnaufen der Ochsen entfernt sich, kommt wieder, kreist unaufhörlich auf dem Rundgang. Juba singt für sich selber, und niemand kann ihn hören, während das Wasser schluckweise in der Bewässerungsanlage dahinfließt. Der Regen, der Wind, das schwere Wasser des großen Flusses, der dem Meer zustrebt, sind in seiner Kehle, in seinem regungslosen Körper. Die Sonne steigt ohne Hast am Himmel

hoch, die Hitze läßt die hölzernen Räder und den Hebebaum vibrieren. Vielleicht ist es dieselbe Bewegung, die das Gestirn in der Himmelsmitte antreibt, während die Ochsen schwerfällig über den Rundgang stapfen.
»Eja-oooh, eja-oooh, ooo-oh-ooo-oh!«
Juba hört den Gesang, der in ihm hochsteigt, durch seinen Bauch, durch seine Brust, den Gesang, der aus der Tiefe des Brunnenschachts kommt. Das Wasser rinnt in erdfarbenen Wellen, es fließt hinab zu den kahlen Feldern. Auch das Wasser beschreibt langsame Kreise, spinnt Flüsse, Mauern und Wolken um die unsichtbare Achse. Das Wasser fließt knarrend und knirschend, es strömt unaufhörlich zum finsteren Grund des Brunnens, wo die leeren Eimer es aufnehmen.
Es ist eine Musik, die nicht enden kann, denn sie ist auf der ganzen Erde, sogar im Himmel, wo die Sonnenscheibe langsam auf ihrer gewölbten Bahn hochsteigt. Die tiefen, regelmäßigen, monotonen Geräusche steigen von dem großen hölzernen Rad mit dem ächzenden Getriebe auf, die Kurbelwelle dreht sich um ihre Achse und singt ihre Klage, die Metalleimer sinken in den Brunnenschacht, der Lederriemen summt wie eine Stimme, und das Wasser hört nicht auf, in Güssen durch die Rinne zu fließen, es füllt den Kanal der Bewässerungsanlage. Niemand spricht, niemand bewegt sich, das Wasser plätschert in Kaskaden, schwillt an wie ein Sturzbach, überschwemmt die Furchen, die Felder aus roter Erde und Steinen.
Juba legt den Kopf ein wenig zurück und betrachtet den Himmel. Er sieht die langsam kreisende Bewegung, die ihre phosphoreszierenden Furchen zieht, er sieht die durchsichtigen Sphären, die Räderwerke des Lichts im Raum. Das Geräusch des Wasserrades erfüllt die ganze Atmosphäre, kreist unaufhörlich mit der Sonne. Die Ochsen gehen im selben Takt, die Stirnen gesenkt, die Nacken gesteift unter dem gewicht des Jochs. Juba hört das dumpfe Geräusch ihrer Hufe, das Geräusch ihres saugenden und schaubenden Atems, und er spricht wieder zu ihnen, er sagt ernste Worte, die sich lang

hinziehen, Worte, die sich mit dem Ächzen des Hebebaums mischen, mit dem Geräusch der wuchtig ineinandergreifenden Räder, mit dem Scheppern der Eimer, die ohne Unterlaß hochsteigen, das Wasser ausgießen.
»Eeeja-ajaaah, ejaaa-oh! ejaaa-oh!«
Dann, während die Sonne langsam steigt, hochgezogen vom Rad und vom Tritt der Ochsen, schließt Juba die Augen. Hitze und Licht bilden einen sanften Wirbel, der ihn in ihre Strömung zieht, in einen Kreis, der so weit ist, daß er sich nie zu schließen scheint. Juba sitzt auf den Flügeln eines weißen Geiers, sehr hoch im wolkenlosen Himmel. Er gleitet durch die Luftschichten, und die rote Erde dreht sich langsam unter ihm. Die leeren Felder, die Wege, die Hütten mit den Laubdächern, der metallfarbene Fluß, alles kreist um den Brunnen, verursacht ein klapperndes und knirschendes Geräusch. Die monotone Musik der Wasserräder, das Schnaufen der Ochsen, das Gurgeln des Wassers im Leitungssystem, das alles dreht sich, das alles zieht ihn mit, trägt ihn fort. Das Licht ist groß, der Himmel ist offen. Es gibt jetzt keine Menschen mehr, sie sind verschwunden. Es gibt nur noch das Wasser, die Erde, den Himmel, bewegliche Flächen, die dahinziehen und sich kreuzen, jedes Element gleicht einem Zahnrad, das in ein Getriebe beißt.
Juba schläft nicht. Er hat die Augen wieder geöffnet, und er blickt gerade vor sich hin, über die Felder hinweg. Er bewegt sich nicht. Das weiße Tuch bedeckt seinen Kopf und seinen Körper, und er atmet sanft.
In diesem Augenblick erscheint Jol. Jol ist eine seltsame, sehr weiße Stadt inmitten der verlassenen Erde und der roten Steine. Ihre hohen Bauten bewegen sich noch, unschlüssig, unwirklich, als wären sie noch nicht fertiggestellt. Sie gleichen den Sonnenspiegelungen auf den großen Salzseen.
Juba kennt diese Stadt sehr gut. Er hat sie oft von fern gesehen, wenn das Sonnenlicht sehr stark ist und die Augen sich vor Müdigkeit ein wenig trüben. Er hat sie oft gesehen, aber wegen der Geister der Toten hat niemand sich ihr je genähert.

Einmal hat er seinen Vater gefragt, wie diese so schöne und so weiße Stadt heiße, und sein Vater hat gesagt, man nenne sie Jol, und sie sei keine Stadt für die Menschen, nur für die Geister der Verstorbenen. Sein Vater hat ihm auch von dem Mann erzählt, der vor sehr langer Zeit über diese Stadt geherrscht hat, einem jungen König, der von jenseits des Meeres gekommen war und denselben Namen trug wie Juba.

Jetzt, in der langsamen Musik der Räder, im blendenden Licht der Sonne, die im Zenit steht, ist Jol wieder einmal erschienen. Die Stadt wächst vor Jubas Augen auf, und er sieht deutlich ihre großen Bauwerke, die in der heißen Luft flimmern: Hohe fensterlose Türme, weiße Villen inmitten von Palmengärten, Paläste, Tempel. Die Marmorblöcke schimmern wie frisch geschliffen. Die Stadt kreist langsam um Juba, und die monotone Musik des Wasserrades gleicht dem Rauschen des Meeres. Die Stadt schwebt über den verlassenen Feldern, schwerelos wie die Sonnenspiegelungen über den großen Salzseen, und vor ihr erstreckt sich das Wasser des Flusses Azan wie eine Straße aus Licht. Juba lauscht dem Meeresrauschen von jenseits der Stadt. Es ist ein sehr dumpfes Geräusch, das sich mit den Trommelschlägen und dem feierlichen Schall der Hörner und Posaunen vermischt. Das Volk von Himjar drängt sich in den Straßen der Stadt: Schwarze nubische Sklaven, die Kohorten der Krieger, die Reiter mit den roten Umhängen und den Kupferhelmen, die blonden Kinder der Bergbewohner. Über den Wegen und Häusern steigt der Staub auf und bildet eine große graue Wolke, die um die Tore der Stadtwälle wirbelt.

»Eja! Eja!« ruft die Menge, während Juba sich auf der weißen Straße nähert. Die Leute von Himjar rufen ihm zu, strecken ihm die Arme entgegen. Aber er schreitet ohne sie anzusehen weiter auf dem Königsweg. Auf dem höchsten Punkt der Stadt, über den Villen und den Bäumen, steht gewaltig der Tempel der Diana mit seinen Marmorsäulen, die versteinerten Baumstämmen gleichen. Das Sonnenlicht bestrahlt Jubas Körper und berauscht ihn, und er hört das stete Rauschen des Meeres lauter werden. Die Stadt rings um ihn ist schwerelos, sie flirrt und wogt wie die Sonnenspiegelungen über den großen Salzseen. Juba geht, und seine Füße scheinen den Boden nicht zu berühren, als schwebte er auf einer Wolke. Die Leute von Himjar, die Männer und die Frauen, gehen mit ihm, die verborgene Musik hallt in den Straßen und auf den Plätzen wider, und manchmal wird das Meeresrauschen von den Rufen überdeckt, die ihn begrüßen:

»Juba! Eja! Ju-uuu-baa!«

Jäh springt das Licht auf, als Juba oben am Tempel ankommt. Es ist das gewaltige und blaue Meer, das sich bis zum Horizont erstreckt. Das langsame Kreisen zieht die reine Linie des Horizonts, und die monotone Stimme der Wellen hallt von den Felsen wider.

»Juba! Juba!«

Die Stimmen der Leute von Himjar schreien, und sein Name tönt durch die ganze Stadt, über den erdfarbenen Wällen, in den Säulengängen der Tempel, in den Höfen der weißen Paläste. Sein Name erfüllt die roten Felder bis hin zum Fluß Azan.

Nun steigt Juba die letzten Stufen des Diana-Tempels hinauf. Er ist weiß gekleidet, um sein schwarzes Haar liegt ein Stirnband aus Goldfäden. Sein schönes, kupferfarbenes Gesicht ist der Stadt zugewandt, die dunklen Augen sind geöffnet, aber es ist, als blickten sie durch die Körper der Menschen, durch die weißen Mauern der Bauwerke hindurch.

Jubas Blick durchdringt die Stadtwälle von Jol, wandert darüber hinaus; er folgt den Windungen des Flusses Azan, schweift über die verlassenen Felder hinweg bis zum Amur-Gebirge, bis zur Quelle des Sebgag. Er sieht das klare Wasser, das aus den Felsen entspringt, das kostbare und kalte Wasser, das mit seinem regelmäßigen Geräusch dahinfließt.

Die Menge schweigt jetzt, während Jubas dunkle Augen Ausschau halten. Sein Gesicht gleicht dem Gesicht eines jun-

gen Gottes, und das Sonnenlicht auf seinen weißen Gewändern und der kupferfarbenen Haut scheint seinen Glanz zu vervielfachen.
Wieder erschallt die Musik, wie Vogelgelärm, wird von den Mauern der Stadt zurückgeworfen. Sie weitet Himmel und Meer, ihre Woge verläuft sich langsam.
»Ich bin Juba«, denkt der junge König, dann sagt er mit lauter Stimme, mit Nachdruck: »Ich bin Juba, der Sohn des Juba, der Enkel des Hiempsal!«
»Juba! Juba! Eja-oooh!« schreit die Menge.
»Ich bin Juba, euer König!«
»Juba! Ju-uuu-baa!«
»Ich bin heute zurückgekommen, und Jol ist die Hauptstadt meines Reiches!«
Das Brausen des Meeres schwillt noch weiter an. Jetzt steigt eine junge Frau die Stufen des Tempels hinauf. Sie ist schön, in ein weißes Gewand gekleidet, das im Wind weht, und ihr helles Haar sprüht Funken. Juba nimmt ihre Hand und geht mit ihr bis zur Schwelle des Tempels.
»Kleopatra Selene, die Tochter des Antonius und der Kleopatra, eure Königin!« sagt Juba.
Der Lärm der Menge überschwemmt die Stadt.
Die junge Frau blickt regungslos auf die weißen Villen, die Wälle und die Weite der roten Erde. Sie lächelt kaum.
Aber die Bewegung der Räder geht weiter, und das Geräusch des Meeres ist stärker als die Stimmen der Menschen. Am Himmel neigt die Sonne sich allmählich auf ihrer Kreisbahn. Ihr Licht auf den Marmorwänden ändert langsam die Farbe, verlängert die Schatten der Säulen.
Es ist, als säßen die beiden Gestalten jetzt allein droben auf den Tempelstufen neben den Marmorsäulen. Rings um sie rotieren die Erde und das Meer unter regelmäßigem Ächzen.
Kleopatra Selene betrachtet Jubas Gesicht. Sie bewundert das Gesicht des jungen Königs, die hohe Stirn, die Adlernase, die länglichen Augen, die der schwarze Kranz der Wimpern umrahmt. Sie neigt sich zu ihm, und sie spricht leise zu ihm, in

einer Sprache, die Juba nicht verstehen kann. Ihre Stimme ist sanft, und ihr Atem duftet süß. Juba blickt sie gleichfalls an, und er sagt:

»Alles hier ist schön, wie lange schon habe ich mir gewünscht, zurückzukommen. Seit meiner Kindheit dachte ich Tag für Tag an den Augenblick, an dem ich das alles wiedersehen könnte. Ich möchte ewig sein, um diese Stadt und diese Erde niemals verlassen zu müssen, um das alles fortwährend zu sehen.«

Seine dunklen Augen glänzen angesichts des Schauspiels, das ihn umgibt. Juba hört nicht auf, die Stadt zu betrachten, die weißen Häuser, die Terrassen, die Palmengärten. Jol flimmert im Nachmittagslicht, schwerelos und unwirklich wie die Sonnenspiegelung über den großen Salzseen. Der Wind bewegt Kleopatra Selenes Goldhaar, der Wind trägt das monotone Rauschen des Meeres bis hinauf zum Tempel.

Die Stimme der jungen Frau befragt ihn, einfach indem sie seinen Namen ausspricht:

»Juba? Juba?«

»Mein Vater ist hier besiegt und getötet worden«, sagt Juba. »Mich hat man als Sklaven nach Rom geführt. Aber heute ist diese Stadt schön, und ich will, daß sie noch schöner werde. Ich will, daß es auf Erden keine schönere Stadt gebe. Hier soll man die Philosophie lehren, die Wissenschaft von den Gestirnen, die Wissenschaft der Zahlen, und die Menschen sollen aus allen Teilen der Welt kommen, um zu lernen.«

Kleopatra Selene lauscht den Worten des jungen Königs, ohne zu verstehen. Aber sie blickt auch hinunter auf die Stadt, sie lauscht den Tönen der Musik, die um den Horizont kreist. Ihre Stimme singt ein wenig, als sie ihm zuruft:

»Juba! Ejaaa-oh!«

»Auf dem Platz im Mittelpunkt der Stadt werden die Lehrer die Sprache der Götter lehren. Die Kinder werden lernen, das Wissen zu verehren, die Dichter werden ihre Werke vorlesen, die Astronomen die Zukunft vorhersagen. Es wird kein blühenderes Land, kein friedlicheres Volk geben. Die Stadt wird leuchten im Glanz ihrer Geistesschätze.«

Das schöne Gesicht des jungen Königs erstrahlt in der Klarheit, die den Tempel der Diana umgibt. Seine Augen blicken in die Ferne, weit hinaus über die Wälle, über die Hügel, bis zur Mitte des Meeres.

»Die weisesten Männer meines Reiches werden hierher kommen, in diesen Tempel, zusammen mit den Schreibern, und ich werde mit ihnen die Geschichte dieser Erde erstellen, die Geschichte der Menschen, der Kriege, der Errungenschaften unserer Kultur und die Geschichte der Städte, der Wasserläufe, der Gebirge, der Meeresküsten von Ägypten bis zum Land Cerné.«

Juba blickt hinab auf die Männer des Volkes Himjar, die sich in den Straßen der Stadt rings um den Tempel drängen, aber er hört nicht das Geräusch ihrer Stimmen, er lauscht nur dem monotonen Rauschen des Meeres.

»Ich bin nicht als Rächer gekommen«, sagt Juba.

Er blickt auch auf die junge Königin, die ihm zur Seite sitzt.

»Mein Sohn Ptolemäus wird geboren werden«, sagt er dann.

»Er wird hier herrschen in Jol, und nach ihm werden seine Kinder herrschen, damit nichts zu Ende gehe.«

Juba betrachtet die Menschen des Volkes Himjar, die sich in den Straßen der Stadt drängen, rings um den Tempel, aber er hört nicht das Geräusch ihrer Stimmen, er lauscht nur dem monotonen Rauschen des Meeres.

Dann steht er auf, betritt den Tempelvorplatz direkt über dem Meer. Das blendende Licht fällt auf ihn, das Licht, das vom Himmel kommt, das Funken schlägt aus den Marmorwänden, den Feldern, den Hügeln, das Licht kommt aus dem Mittelpunkt des Himmels, der sich unbewegt über dem Meer wölbt.

Juba spricht nicht mehr. Sein Gesicht gleicht einer kupfernen

Maske, und das Licht glänzt auf seiner Stirn, auf dem gebogenen Nasenrücken, auf den Wangenknochen. Seine dunklen Augen sehen, was jenseits des Meeres ist. Rings um ihn zittern und flimmern die weißen Mauern und die Stelen aus Kalkspat wie die Sonnenspiegelungen über den großen Salzseen. Auch Kleopatra Selenes Gesicht ist unbewegt, erhellt, gelassen wie das Gesicht einer Statue.

Seite an Seite stehen der junge König und seine Gemahlin auf dem Vorplatz des Tempels, und die Stadt kreist langsam um sie. Die monotone Musik der großen verborgenen Räder erfüllt ihre Ohren und mischt sich mit dem Geräusch der Wellen an der Felsenküste. Es ist wie ein Gesang, wie eine menschliche Stimme, die in weiter Ferne schreit, die ruft:

»Juba! Ju-uuu-baa!«

Die Schatten auf der Erde wachsen, während die Sonne allmählich gegen Westen sinkt, zur Linken des Tempels. Juba sieht, wie die Gebäude zittern und sich auflösen. Sie gleiten wie Wolken übereinander, und der Gesang der Räder am Himmel und im Meer wird tiefer, klagender. Am Himmel sind große weiße Kreise, große schwimmende Wellen. Die menschlichen Stimmen werden schwächer, entfernen sich, verklingen. Manchmal hört man noch die Haupttöne der Musik, die Klänge der Posaunen, die schrillen Flöten, die Trommeln oder die gutturalen Schreie der Kamele, die nahe den Stadttoren orgeln. Der grau-lila Schatten breitet sich unter den Hügeln aus, rückt vor bis ins Flußtal. Einzig der Tempel wird noch von der Sonne beleuchtet, er ragt wie ein steinernes Schiff über der Stadt.

Juba ist jetzt allein in den Ruinen von Jol. Die langsamen Wellen gleiten über den geborstenen Marmor, trüben den Meeresspiegel. Die Säulen liegen auf dem Grund des Wassers, die großen versteinerten Baumstämme stecken tief zwischen den Algen, die Treppen sind versunken. Es sind weder Männer noch Frauen mehr da, keine Kinder mehr. Die Stadt gleicht einem Friedhof, der auf dem Meeresgrund bebt, und die Wellen branden gegen die letzten Stufen des Diana-Tempels wie an ein Felsenriff. Noch immer hört man das monotone Geräusch, das Rauschen des Meeres. Es ist die Bewegung der großen Zahnräder, die weiter knirschen, weiter ächzen, während das Ochsengespann am Hebebaum seinen Rundgang verlangsamt. Am dunkelblauen Himmel ist die Mondsichel erschienen und glänzt mit ihrem Licht, das ohne Wärme ist.

Nun nimmt Juba den weißen Schleier ab, der seinen Kopf bedeckt. Er schaudert, denn die Kälte der Nacht kommt schnell. Seine Glieder sind gefühllos, und sein Mund ist trokken. Mit der hohlen Hand schöpft er ein wenig Wasser aus einem ruhenden Eimer. Sein schönes Gesicht ist sehr dunkel, fast schwarz von all der Hitze, die die Sonne gespendet hat. Seine Augen blicken über die Weite der roten Felder, auf denen jetzt niemand ist. Die Ochsen sind auf ihrem Rundgang stehengeblieben. Die großen hölzernen Räder drehen sich nicht mehr, aber sie knarzen und knirschen, und der lange Riemen aus gebrühtem Leder vibriert noch.

Ohne Hast spannt Juba die Ochsen aus, nimmt den schweren Holzbalken ab. Die Nacht steigt am anderen Ende der Erde auf, am Unterlauf des Flusses Azan. Vor den Hütten brennen die Holzkohlenfeuer, und die Frauen stehen an den *braseros*.

»Ju-uuu-baa! Ju-uuu-baa!«

Es ist dieselbe Stimme, die schrill und singend irgendwo jenseits der verlassenen Felder ruft. Juba dreht sich um und schaut eine Weile, dann steigt er, die Ochsen an der Leine führend, den kleinen Steinhügel hinab.

Als er unten angekommen ist, legt Juba den Ochsen die Fußfesseln an. Die Stille im Flußtal ist unermeßlich, sie hat die Erde und den Himmel bedeckt wie ein ruhiges Gewässer, in dem sich keine Welle regt. Es ist die Stille der Steine.

Juba blickt lange um sich, er lauscht auf das Atemgeräusch der Ochsen. Das Wasser in der Bewässerungsanlage hat aufgehört zu fließen, die letzten Tropfen werden von der Erde aufgesogen, von den rissigen Furchen. Der graue Schatten hat die weiße Stadt zugedeckt, mit ihren schwerelosen Tempeln, den Wällen, den Palmengärten. Vielleicht ist irgendwo noch ein Bauwerk geblieben, etwas wie ein Grabmal, eine Kuppel aus geborstenen Steinen, aus denen Gräser und Büsche sprießen, nicht weit weg vom Meer? Vielleicht, daß morgen, wenn die großen hölzernen Räder sich wiederum zu drehen beginnen, die Ochsen sich langsam, schnaufend, wieder auf ihrem Rundgang in Bewegung setzen werden, vielleicht, daß dann die Stadt aufs neue erscheinen wird, sehr weiß, flimmernd und unwirklich wie die Sonnenspiegelungen? Juba dreht sich ein wenig im Kreis, er schaut nur auf die weiten Felder, die ausruhen vom Licht, und die der Flußnebel einhüllt. Dann geht er, läuft rasch den Weg entlang, zu den Hütten, wo die Lebenden warten.

ALAIN NADAUD

Die Versuchung des Pierre Villequiers

Pierre Villequiers kam jenen Abend erschöpft nach Hause. Er hatte nur noch die Kraft, sich im Wohnzimmer in den großen Sessel gleich neben dem Ofen fallen zu lassen. Am späten Nachmittag hatte sich der Himmel schnell verfinstert, eine fahle, bleigraue Färbung angenommen. Die Wolken, die in diesem Tal gewöhnlich wild durcheinander über die Landschaft trieben, hatten sich diesmal bewegungslos zusammengeballt. Nur die nahe Rhône wälzte weiterhin ihre mächtigen Fluten gegen den Granitfelsen, auf dem noch die Ruinen des alten Feudalschlosses standen, drohte flußabwärts über die Ufer zu treten und die Weinreben zu überschwemmen, wenn nicht der erneute Kälteeinbruch die Regenfälle der letzten Tage jäh beendet hätte. Zum Glück hatte Marie, bevor sie einkaufen gegangen war, dafür gesorgt, daß der große gußeiserne Ofen bis zum Rand voll war und im Haus, sogar oben, eine wohlige Wärme verbreitete. Durch die halb offene Küchentür mit dem durchbrochenen Glasausschnitt kam von Zeit zu Zeit der Duft einer Kohl- und Lauchsuppe, die auf dem Herd blubberte.

Pierre Villequiers beförderte seine alte Aktentasche mit einem Fußtritt aus seinem Blickfeld, zog seine gestreifte Weste aus, die er zusammenknüllte und achtlos in eine Ecke warf, und schlüpfte in seinen alten Hausmantel. Dieser Tag in der Schule war nun wirklich über seine Kräfte gegangen, die reine Hölle. Diesmal hatten seine Schüler es zu weit getrieben. Früher hatte er es sich zur Pflicht gemacht, sobald er aus dem großen Schultor heraus war, diesen Ort aus seinem Gedächtnis zu streichen und alles zu vergessen. Seit einiger Zeit jedoch blieb der Geruch noch lange in seinen Kleidern und verfolgte ihn; und was das schlimmste war, er konnte sich nicht mehr von dieser Unzufriedenheit mit sich selbst frei machen, von diesem bitteren Gefühl, der Situation nicht mehr gewachsen zu sein und sich treiben zu lassen. Tag für Tag quälte und lähmte es ihn zugleich, und um davon loszukommen, hatte er sich angewöhnt, den Umweg am Ufer entlang, den er nach Hause zu nehmen pflegte, gewaltig auszudehnen. Obwohl das einen Fußmarsch von mehreren Kilometern bedeutete – diese Spaziergänge am Wasser, in den schlammigen Wagenspuren und auf den Treidelpfaden, munterten ihn wieder auf. Um so mehr, als er hier, wo der Fluß sich verengte und wo immer eine frische Brise wehte, die Luft, die von weit her kam, in tiefen Zügen einatmen und sich damit vollsaugen und sich so lange aufhalten konnte, bis die ersten Regentropfen auf seinem Gesicht zerplatzten. War es milder, suchte er die Steinbank unter der Linde auf, an der Stufe, wo mit der Pflasterung der Böschung der Kai anfing, und dort, im Angesicht des Stroms, war er bestrebt, jeden Gedanken von sich fernzuhalten.

Heute abend jedoch hatte er sich bemüht, so schnell wie möglich wieder in sein kleines Haus mit den weißen Fensterläden zu kommen. Es reichte ihm! Fünf Stunden Unterricht hintereinander, unter schlechtesten Bedingungen, hatten ihn fertiggemacht. Die Schüler hatten ihn geschafft: den ganzen Nachmittag ein einziger Krawall, als ob sie sich abgesprochen hätten – unmöglich, dagegen anzukommen. Aber auch nichts hatten sie ausgelassen: Lärm in den hinteren Bänken, pausenloses Schwatzen, Vogelstimmen, Gebrumme, Kügelchen aus gekautem Papier, Hohngelächter und Klappern mit den Pulten, sobald er den Rücken gekehrt hatte, Unverschämtheiten und scheinheilige Spitzen – es hatte keinen Augenblick aufgehört. Und was das Maß vollmachte – und er konnte gar nicht sagen, wann und wie das passiert war –, als er gerade gehen wollte, hatte er entdeckt, daß sein Hut voller Kreide war. Bisher hatte er sich stets geweigert, Gewalt anzuwenden, nicht nur aus Prinzip, sondern auch, weil er

wußte, daß er dabei die Selbstbeherrschung verlieren und irgend etwas nicht wieder Gutzumachendes tun würde. Der Direktor allerdings hatte nie auch nur den kleinen Finger gerührt, um ihm zu Hilfe zu kommen, und er war so gut wie sicher, daß er den geringsten Vorfall ausgenutzt hätte, um ihn zu maßregeln.
Er erinnerte sich nicht ohne Bitterkeit an den Tag, an dem er, frisch von der Pädagogischen Hochschule, dieser Stelle als Englischlehrer zugewiesen worden war. Es war Herbst, doch eigentlich noch fast Sommer in diesem Teil des Vivarais; geradezu jubelnd war er in die kleine Pension eingezogen, die inzwischen ein Hotel geworden war. Bald fünfzehn Jahre lag das schon zurück. Obwohl Tournon damals kaum mehr als ein großer Marktflecken war, langweilig und vom Wind gepeitscht – er in seinem Enthusiasmus des Anfängers hatte es friedlich und reizvoll gefunden. Überdies hatte er an seiner Schule gleich im ersten Jahr Marie kennengelernt – die schöne Marie, wie man sie damals nannte, die die Kleinen unterrichtete. Mit ihr hatte er lange Spaziergänge über die aufgeweichten Felder gemacht, hinter den Hecken Versteck gespielt, Nachlese in den Weinreben gehalten, sich, wenn sie außer Atem gekommen waren, im Schatten der Weiden ausgeruht. Schließlich hatten sie geheiratet, und ihre beiden Gehälter hatten ihnen erlaubt, sich einen Traum zu erfüllen und das Haus mit dem kleinen Garten an der Rhône zu mieten, in dem sie noch heute wohnten. Was sie daran am meisten begeisterte, war die ständige Gegenwart des Flusses, dieses nie aufhörende Strömen des Wassers unmittelbar vor ihrer Tür, so daß man in Sommernächten bei offenem Fenster deutlich das seidige und abgründige Geräusch der stetig sich erneuernden Fluten vernahm und, etwas heller, das unermüdliche Plätschern einer leichten Brandung gegen die Landungsbrücke. Es war übrigens derselbe Fluß, auf dem sie zur Ferienzeit das Dampfschiff bestiegen, um ihren Urlaub bei einer Tante in der Nähe von Avignon zu verbringen.

Er hatte im stillen auf eine schnellere Beförderung gehofft, und womöglich auf eine Versetzung in die Nähe von Paris, aber entgegen seiner Selbsteinschätzung hatte er sich als ein ziemlich mittelmäßiger Lehrer erwiesen, nicht so sehr durch das Niveau seines Unterrichts als vielmehr aufgrund der allgemeinen Disziplinlosigkeit, die sich konstant in jeder seiner Stunden eingestellt hatte. Von Jahr zu Jahr hatte sich die Situation verschlechtert, was ihm schließlich den Unmut des Direktors und die Verachtung der anderen Lehrer eingebracht hatte.

Zunächst hatte Pierre Villequiers sich kaum etwas daraus gemacht. Seine Lehrerstelle war in seinen Augen nur eine Notlösung, und er hatte beschlossen, seine Schuld der Gesellschaft gegenüber durch das zu begleichen, was er »Minimaleinsatz« nannte. Durch derlei Verpflichtungen fühlte er sich wenig gebunden. Seine wirkliche Berufung lag, wie er wußte, woanders; er hatte nämlich beschlossen, sich ganz jener heimlichen Leidenschaft ohnegleichen hinzugeben: der Poesie. Eine gesellschaftlich wenig angesehene und lächerliche Tätigkeit, die lächerlichste von allen – es machte ihm selbst nichts aus, sie manchmal als solche zu betrachten –, die jedoch wie eine innere Beklemmung in ihm saß, eine Art schleichenden und dumpfen Fiebers, das ihn in ständiger Alarmbereitschaft hielt, eine Unruhe, die ihn für alles empfindlich machte, was seine unmittelbare Wirklichkeit berührte. Unmerklich und wie in einem Klärungsprozeß setzten sich die Eindrücke in einem ausgewählten Winkel seiner selbst ab: ein in Bewegung geratener Steinbruch, wo sie sich in einem stillen Kampf nach einer Logik ordneten, die ihm jedenfalls entging. Ein treffendes Wort, ein ungewöhnlicher Klang, plötzlich durch diese Art innerer Sekretion freigesetzt, machte ihn für Tage glücklich und veränderte die Welt. Nicht zuletzt auch deshalb hatte er das Leben auf dem Land geliebt: die Zeit ist dort anders. In der Einförmigkeit immer gleicher Tage genügt ein Nichts, einen zu fesseln. Gewisse Dinge, die nirgendwo sonst wahrgenommen werden, haben hier Gewicht, Präsenz, und gerade ihre Bedeutungslosigkeit erinnert einen mit Macht an die Ordnung irgendeiner verlorenen Wirklichkeit, die man plötzlich erahnt...

So feilte er geduldig an seinen Versen, mit der gemächlichen Emsigkeit des Insekts, das sein Netz oder seinen Kokon spinnt. Dabei machte es ihm wenig aus, wie lange es dauerte, bis etwas daraus wurde; er strebte sowieso nur eine immaterielle Vollkommenheit an, das ungreifbare und zarte Gleichgewicht von Rhythmen und Bedeutungen, dieses unsichtbare und diffizile Abwägen der Wörter; er versuchte, sich mit den Pausen nach der Atmung zu richten, mit den schweren Silben nach dem Takt der Skandierung, nach der Stimme, die blaß wird und ganz erstickt oder plötzlich emporschießt aus dem Getön der Laute: er ging so sorgsam mit seinem Material um, daß die Strophe von selbst entstand, immer noch unsicher, immer kurz davor, wieder zu zerbrechen und sich in ihre Bestandteile aufzulösen, bis zu dem Augenblick, in dem – durch eine unerwartete Inversion, einen eher seltenen Plural, ein neues Wort – das Ganze sich derart verfestigte, daß es nicht mehr zu durchdringen, nicht mehr aufzulösen war. Die Verfertigung eines Gedichts ließ ihn mitunter an die Arbeit mit Gips denken: beides rührte man lange, so lang wie die Konsistenz flüssig blieb. Plötzlich, ehe man sich's versah, hatte der Prozeß des Erstarrens schon eingesetzt. Nun mußte man schnell handeln, die einzelnen Teile so anordnen, wie sie bleiben sollten, aber da war es schon zu spät: die Masse hatte »abgebunden«. Hinterher konnte man höchstens noch hier und da schaben, aber nicht richtig mehr etwas anfügen oder wegnehmen: das Gedicht allerdings, seiner Schlacke entledigt, stand da, strahlte in seinem ungewohnten und unwiederholbaren Glanz, jäh und vollkommen aus dem Dunkel der Nacht getreten, so wie es sein mußte.

Danach schrieb er jedes Gedicht auf große schneeweiße Blätter ab, die er mit der Post an verschiedene Zeitungen in Paris schickte, zu Freunden, die er dort immer noch hatte und die ihrerseits von Gedicht zu Aufsatz, von Hoffnung zu Enttäuschung kümmerten. Sie halfen ihm, so gut sie konnten, und alles in allem waren schließlich zehn Gedichte in einem Heft einer bedeutenden Literaturzeitschrift erschienen, das von Lemerre besorgt worden war und einen Überblick über alle wichtigen aktuellen Lyriker gab. Aber die Lyrik aus der Provinz hatte es nach wie vor schwer, Gehör zu finden; das beunruhigte ihn übrigens nicht: er arbeitete an seinem Werk mit der Geduld und Unerschütterlichkeit dessen, der weiß, daß er die Ewigkeit vor sich hat; seine ganze Freude und sein einziger Antrieb bestanden darin, daß er diese winzige und unsicher flackernde Flamme nicht ausgehen lassen wollte, aus der plötzlich solch gleißende Helle hervorschießen konnte, wahre Feuersbrünste...

Leider hatte es das Unglück gewollt, daß seine gelegentlichen Veröffentlichungen mit der Zeit an der Schule bekannt geworden waren, was den Spott und die Aufsässigkeit der Schüler ihm gegenüber nur noch verschlimmert hatte. Die Lehrer selber, die ihn bis dahin mehr als ein Original angesehen hatten und ihm, wenn überhaupt, mit Nichtbeachtung begegnet waren, entsetzten sich über das, was sie für eine unerträgliche Anmaßung hielten, und begannen, sich hinter seinem Rücken wissend zuzulächeln und zuzuzwinkern. Die wenigen veröffentlichten Gedichte, die ihren Weg von Paris hierher gefunden haben mochten und ohne sein Zutun nun wohl von Hand zu Hand gingen, hatten ihn auf seltsame Weise isoliert. Die Beziehungen zu seinen Kollegen, wenigstens denen, die er sich nahe geglaubt hatte, veränderten sich unerbittlich zum Schlechteren. Ohne es sich erklären zu können, merkte er, wie man sich von ihm abwandte und vor keiner Unhöflichkeit mehr zurückschreckte. Natürlich machte er sich mit seiner Lyrik, wenig akademisch, wie sie war, auch bei der Behörde verdächtig, die in ihm einen Provokateur sah. So erwies sich das, was er für den besten Teil seiner selbst gehalten hatte, als dermaßen zersetzend, daß seine Beziehungen mit anderen daran zugrunde gingen. Die wenigen Freundschaften, die er mit Mühe geschlossen hatte, brachte diese Lyrik sofort wieder zum Versiegen, ließ ihn völlig allein gegenüber geheuchelter Gleichgültigkeit, wenn nicht gar vereinzelten Bekundungen offener Feindschaft.

Nur Marie blieb sich gleich, voll Vertrauen, als ob nichts sei, während doch die Besuche, die sie empfangen und gemacht hatte, ebenfalls seltener wurden. Als er das merkte und mit ihr darüber sprach, gab sie ihm lächelnd zur Antwort, das habe überhaupt keine Bedeutung, sie habe sich darüber nie die geringsten Illusionen gemacht, es sei bisher reine Konvention gewesen. Gleichwohl konnte er sich eine gewisse Ratlosigkeit nicht verhehlen und mußte sich fragen: brannte das Werk wirklich mit einem solchen Feuer, daß es alles um sie beide herum verwüstete und sie nach und nach, wie sie erkennen mußten, von der übrigen Welt abschnitt?

Der Direktor hatte übrigens in letzter Zeit keine Gelegenheit ausgelassen, in seinen Unterricht einzugreifen, angeblich, um die Disziplin wiederherzustellen, in Wirklichkeit aber, um ihn lächerlich zu machen. Die Schüler selbst hatten das durchschaut, und kaum war er aus der Tür, ging der Radau wieder los, erbarmungslos. Der Blick, mit dem ihn der Oberschulrat bei seiner Jahreshospitation bedachte, hatte Pierre Villequiers zusammenzucken lassen, und wie ein gehetztes Tier war er sich der drohenden Gefahr bewußt geworden. Tatsächlich war seine Lage in den Augen der Verwaltung alles andere als rosig. Er fragte sich sogar, ob mittlerweile nicht über seine Entlassung nachgedacht wurde. Mit dem Makel der Kündigung vom Kaisergymnasium in Touron würde er nirgends mehr als Lehrer ankommen. Und was konnte er schon anderes? Er fühlte sich verurteilt... Und was würde Marie sagen? Aus dem kleinen Haus am Rhôneufer würden sie bestimmt heraus müssen; aber wohin?

An jenem Abend überlegte Pierre Villequiers hin und her, in sich gekehrt, und ohne Marie etwas merken zu lassen. Der Blick des Oberschulrats haftete immer noch auf ihm; was tun? Das Chaos seiner letzten Unterrichtsstunden hatte einen

Punkt erreicht, von dem es fast kein Zurück mehr gab; ihm war zum Umfallen...

Die Nacht war schon weit vorgerückt; selbst wenn man hinhörte, war da kein Laut mehr, nur eine Glocke weit in der Ferne, die elf schlug. Auch das Geräusch der Rhône, die doch ganz nahe durch das Dunkel glitt, schien unterdrückt. Marie, die in letzter Zeit schnell müde wurde, war nach dem Tischabräumen nach oben schlafengegangen, ohne ein Wort zu sagen und ohne daß er es überhaupt gehört hätte. Völlig erschöpft in seinen Sessel gesunken, den Kopf in die Hand gestützt, verfolgte er nur noch das Schwingen des Uhrpendels...

Langsam ging er zum Bücherregal, in dem sich unten seine Manuskripte stapelten. Seine Entwürfe und Projekte bildeten ein Durcheinander aus Schulheften, zusammengefalteten Zeitungen, herausgerissenen Seiten aus verschiedenen Zeitschriften mit den Gedichten, die das Glück gehabt hatten, gedruckt zu werden, fliegenden Blättern. Genaugenommen war das alles nicht weit her, kaum mehr als ein Fach voll. Sein kostbarster Besitz war jenes Konvolut von makellosen Velinbögen, auf die er diejenigen seiner Gedichte zu übertragen angefangen hatte, die er für die vollkommensten hielt. Als er den Deckel aus rotem Leder aufschlug und vorsichtig die einzelnen Seiten umblätterte, war es, als zögen die wichtigsten Augenblicke seines Lebens noch einmal an ihm vorüber, undeutliche und bruchstückhafte Ablagerungen einer Zeit, die er doch einmal ganz und gar ihnen gewidmet hatte und die ihm jetzt nicht mehr gehörte, Anstrengungen, auf die er sich schon nicht mehr berufen konnte.

Als er sich seiner eigenen Handschrift gegenübersah, die, perfekt und ohne Verbesserungen, durch die bloße Bewegung seiner untadeligen, oberhalb der geraden Abstriche leicht geneigten Züge in gebundenen Versen vorwärtsdrängte, von links oben bis rechts unten, ohne den geringsten Schnörkel, ja mit einer Strenge, die den Ernst der Sache nur unterstrich, da fühlte er sich ausgeschlossen. Seite um Seite ein Gleichgewicht der verschiedenen Gedichtmassen, nach einer unerbittlichen Metrik ausgeklügelter Strophen, die beim Überfliegen häufig die Sonettform erkennen ließen. Beim Anblick dieser kühnen und sich selbst genügenden Schrift, eines Blocks mit Mineralien aus Buchstaben und Strichen, vielfältigen Facetten dieses vom Himmel gefallenen und für sich allein bestehenden Meteoriten, des zum Block gewordenen Absoluten, fühlte er sich plötzlich machtlos, unfähig, auch nur den kleinsten Akzent anzutasten, eingeschüchtert von dieser glatten, wie die Schneide einer Klinge scharfen Materie, die ihn so auf Distanz hielt, ihre Autonomie und Indifferenz bewies und ihn unmißverständlich wieder seinen Entsagungen auslieferte, ihm seinen Abschied bedeutete und die Entschlossenheit, ihm für nichts dankbar zu sein.

Die Glocke in der Ferne schlug erneut, fast unhörbar. Er glaubte, Marie im Traum wimmern und ihn von oben rufen zu hören. Die Gegenwart dieser vertrauten Stimme riß ihn plötzlich aus seiner Erstarrung und der Betrachtung jener unmenschlichen Formen heraus. Im selben Augenblick war der grauenhafte Gedanke an die Schule wieder da; die Aussicht, morgen früh wieder auf dem Podium vor seinen tobenden Schülern zu stehen, versetzte ihn in Angst und Schrecken. Kein gemeinsames Maß verband die beiden Welten mehr, kein noch so schmaler Steg, so unvereinbar waren sie, es sei denn um den Verzicht auf seine Luzidität und die Bereitschaft, dafür seinen Verstand mit letzter Kraft diesmal ganz hinzugeben. War es nicht klar, daß eine Entscheidung getroffen werden mußte?

Da erhob sich Pierre Villequiers und ließ die Ofentür aufspringen. Drinnen schlief das Feuer friedlich auf seinem Kohlelager, ebenfalls immateriell und fast transparent, so weiß glühte es. Vor der unsichtbaren Hitze mußte er einen Augenblick zurücktreten. Dann steckte er langsam, Blatt für Blatt, die Gedichte hinein, die sich, kaum im Ofen, ohne richtig zu brennen, noch einmal krümmten, ehe sie sich auflösten und alsbald von dem Zug, der durch die offene Tür entstanden war, in den Kamin gesogen wurden.

So war denn dieses Werk, das, Schritt für Schritt der Erschöpfung und Mutlosigkeit abgerungen, die Grenzen des Alltäglichen erweitert und den irreversiblen Lauf der Zeit angehalten hatte, schließlich besiegt durch das, was sich ihm für immer entzog, und ließ sich nun widerstandslos durch die Kräfte des Zerfalls forttragen, mit denen es so lange gerungen hatte. Reine Illusion bis zu dem Punkt, daß es sogar die Existenz dessen gefährdete, der es übermittelte, hatte es schließlich dem ständigen Druck nachgegeben, den die Realität mit ihrem ganzen Schrecken und ihrer ganzen Banalität auf es ausübte. Das Werk hatte also eine Zeitlang von dieser sich selbst genügenden Leere gelebt, zu der es zurückkehrte, so einfach war das. Ein irreparabler Akt also, doch kaltblütig ausgeführt, mit dem vollen Bewußtsein davon, was auf dem Spiel stand, aus reiner Notwendigkeit und ohne jede innere Anteilnahme. Pierre Villequiers hatte all das ausgehalten, solange er konnte, aber jetzt, da er sich seine Grenzen eingestand, gedachte er nicht mehr die Rolle des Märtyrers zu spielen: er gab auf. Wer wird je auch nur das geringste dagegen sagen können?

Ihm blieb nur noch, die Ofentür wieder zuzumachen, hinter der sich das Feuer, aufgescheucht durch diese ebenso unerwartete wie unfaßbare Zufuhr an Brennbarem, wieder belebt und frohlockt hatte. Das ganze Papier, das es verschlungen hatte, ohne daraus auch nur die geringste Nahrung zu ziehen, hatte es noch einmal in kurze Zuckungen versetzt, die es seine letzte Kraft kosteten und beinahe ganz ausgehen ließen...

Als Pierre Villequiers im Morgengrauen aus dem warmen Federbett schlüpfte, unter dem Marie noch schlief, war ihm, als hätte er geträumt, als wäre er selbst nicht ganz wirklich – so maßlos erschien ihm das, was er am Abend vorher getan hatte. Er zog seinen Morgenrock über das Nachthemd, stieg in die Latschen und ging an das kleine runde Dachfenster zum Garten. Als er den Vorhang aufzog, sah er, daß es geschneit hatte... Das also war die verdächtige Stille! Ohne ein Ge-

räusch zu machen, die Hand auf dem Geländer, ging er die Treppe hinunter und in die Küche, in der Marie ihm am Abend die Sachen fürs Frühstück hingestellt hatte. Vorsichtig nahm er den dünnen, nach oben enger werdenden Glaszylinder ab und zündete mit seinem Feuerzeug den Docht der großen Petroleumlampe an, die auf dem Tisch stand. Pierre Villequiers aß aus seiner großen Steingutschale, die schon an mehreren Stellen angeschlagen war und die er dennoch nie hatte wegwerfen können: dicke, mit Butter bestrichene Scheiben Brot, die er in heiße Milch tunkte. Indem er sich auf seinem Stuhl zurücklehnte, rauchte er sogar noch eine von den feinen Zigaretten, die er manchmal aus Paris mitbrachte und für große Gelegenheiten aufsparte.
Als er draußen auf den Eingangsstufen stand und die Haustür hinter sich zumachte, deren getönte Mattglasscheibe in ihrem Holzrahmen zitterte, wenn man sie zu heftig zuschlug, stellte er fest, daß die gleichmäßige Schneeschicht, die allem im Garten einen samtigen Glanz verlieh, mit vielen schwarzen Flecken übersät war. Überall waren welche; er legte seine Aktentasche und den Spazierstock auf den Rand der Stufen, ging näher heran, und nachdem er sich niedergehockt und seine Brille aufgesetzt hatte, erkannte er, daß das nur aus dem Kamin hatte kommen können; und wirklich handelte es sich um dünne und brüchige Rußflokken, die überall herumlagen und zerfielen, sobald man sie mit dem Finger berührte. Seine ganzen Papiere, die er am Abend ins Feuer geworfen hatte, waren hier wieder heruntergekommen, verkohlt, wie eine Unzahl winziger Blütenblättchen, abertausend dürrer Papierfetzen, die, nachdem sie in der Nachtluft herumgewirbelt waren, in der ganzen Umgebung heruntergefallen sein mußten, so leicht, daß der Wind noch jetzt einige dieser Blumenkronen mit einem ganz leisen Rascheln vor sich her wehte.
Pierre Villequiers nahm seine Aktentasche wieder auf und ging, indem er mit der eisernen Spitze seines Spazierstocks seine Schritte auf den Chausseesteinen markierte, entschlos-

sen in Richtung Schule. Obgleich er erstaunlich ruhig war, spürte er, je näher er kam, so etwas wie fiebrige Erregung und ein dumpfes Beben, die ihn von innen ergriffen. Manchmal kamen Drohungen über seine Lippen, die dabei vor Wut zitterten. Was er jenseits aller Hoffnung hatte unversehrt in sich bewahren wollen, war für immer zerbrochen. Er hatte nichts mehr zu verlieren, und da er wieder auf den Boden der Wirklichkeit zurückgekehrt hatte, fühlte er sich standfester und fast befreit; jetzt würden die anderen büßen müssen!

Entgegen seiner Gewohnheit kam er mit einigen Minuten Verspätung in der Schule an, als der Unterricht schon angefangen hatte. Ohne sich auch nur im geringsten zu entschuldigen, sogar ohne den Direktor zu grüßen, als er an dessen Dienstzimmer vorbeikam, schlug er schnell den Weg zu seiner Klasse ein. Schon in dem langen Glasflur, durch den er mußte, war die Unruhe der Schüler zu hören, ihr Geschrei und ihr Gelächter. Als er in der Tür stand, war er leichenblaß, sein Körper gespannt von einer wilden und eisernen Bestimmtheit, die an Selbstzerstörung grenzte. Mit festem Blick warf er die Tür sofort hinter sich zu, stieg aufs Podium und schlug mit seinem Stock so heftig auf das Pult, daß er zerbrach und die Splitter durch die Klasse flogen. Es wurde augenblicklich still, und jeder ging wie versteinert auf seinen Platz. Bertin, der Klassendepp, der noch im Hintergrund feixte, wurde vor die Tür gesetzt, ohne daß jemand für ihn Partei zu ergreifen gewagt hätte. Während vereinzelt noch Bewegung war, fing Pierre Villequiers an, mit schneidender Stimme einen englischen Text zu diktieren, der bis Ende der Stunde übersetzt werden mußte. Erst in diesem Augenblick hörte man nichts mehr, nur den tauenden Schnee, der langsam vom Dachrand auf das Fenstersims tropfte. Während er durch die Reihen ging und scharf aufpaßte, sah er, wie der Direktor einen kurzen Blick hereinwarf und wieder ging: er hatte gewonnen!

Erst als er sich hinten in der Klasse postiert hatte, entspannte

er sich: eigenartigerweise dachte er an die aufgeweichten und schneebedeckten Uferböschungen der Rhône, an ihre gelben strudelnden Fluten, die in dieser Jahreszeit Schaum und Treibholz mit sich führten:
Ich bin wohl noch einmal davongekommen, murmelte er leise vor sich hin.

PHILIPPE DJIAN

In voller Größe

»Nein, nein, nicht hier.«
»Wieso nicht hier?«
»Das Bett ist frisch bezogen.«
»Ach Scheiße, soll es denn dreckig sein?«
»Josy merkt es morgen, ich will nicht.«
»Ach was, wir passen schon auf.«
»Ich will nicht.«
Scheiße, mir langt's. Ich schmeiße das Bettzeug zur Seite und stehe auf. Unglaublich. Wenn Josy hier bei sich mit ihrem Macker aufkreuzt, sehe ich dann etwa nach, ob DIE BÖSEN KLEINEN FLECKEN IM BETT sind? Ich gucke Sylvie an, ihre Wangen sind gerötet, ich sehe ihre Körperformen unter der leichten Decke.
Ich steige wieder ins Bett. Werde zärtlich. Ich kenne Sylvie und weiß, wie ich es machen muß. Ich streiche ihr zunächst sanft über den Bauch. Sofort windet sie sich.
»Nein, nein.«
Ich versuche, ihr eine Hand zwischen die Beine zu schieben. Wir haben ein wenig getrunken, und ich will mich einfach wegen dieser Geschichte mit der Bettwäsche nicht aufregen. Ich sage mir, wir machen es trotzdem, ich glaube an die menschliche Natur, das ungewohnte Zimmer, den Gin und das ach so kurze Leben. Aber sie kneift wie besessen ihre Schenkel zusammen.
»Das ist doch einfach lächerlich. Willst du nicht?«
»Nicht hier.«
»Dann woanders.«
»Nein. Du wirst schon nicht gleich sterben...«
Was weiß sie denn schon davon? Heute abend scheint es mir sehr wichtig. Ich möchte es ihr gerne sagen, aber sie ist wohl einfach zu weit weg. Auch zu umständlich.

Ich springe wieder aus dem Bett, ziehe mich an und haue ab. Vor der Tür von Josy höre ich Stöhnen, seltsame leise Geräusche; na ja, eben das.
Sieh mal an ...!
In dieser Gegend stehen alle Häuser in Gärten, die Schlitten der Leute schlafen in der Garage, still und ruhig, und alles klappt bestens, ja, schlaft nur, ihr Spießer. Ich mache einige Schritte. Das Wetter ist angenehm. Die Hecken sind sauber beschnitten. Als Straßenbeleuchtung haben sie nicht jene aggressiven Dinger, die auf einen prasseln wie eine eiskalte Dusche. Sie haben sich sanftweiches Licht einfallen lassen, das die Straße so irreal und leicht blau erscheinen läßt. Unter einem dieser Dinger, rank und schlank wie ein Fangarm, sehe ich eine Frau im Abendkleid, nicht mehr die jüngste, mit einem Blick, der viel über ihre Vergangenheit erzählt, zierlich, nicht unflott und geschminkt. Sie paßt gut in die Landschaft, finde ich.
Ich gehe an ihr vorbei, mache noch einen Schritt und höre dann:
»Ach bitte ...«
Es ist zwei Uhr morgens. Es wird schon klappen, weil um diese Zeit alles möglich ist, andere Gesetze gelten und die Frauen, die einem auf den Keks gehen, im Bett liegen. Eben das Leben, was eigentlich billig zu haben ist. Ich drehe mich um.
»Ja?«
»Kann ich Sie etwas fragen?«
»Nur zu.«
»Was halten Sie von all dem?«
Sie macht eine Handbewegung. Was weiß ich, ob sie die Klitschen, die Straße oder die Hecken meint.
»Ich halte nichts davon. Das scheint mir eine ruhige Gegend zu sein.«
»Alles Bluff. Mehr nicht.«
Ich gucke nur. So langsam finde ich diese Ruhe ein wenig eklig.

»Ja, vielleicht. So kann man's auch sehen.«

Die ganze Zeit läßt sie mich nicht aus den Augen, sie versucht, sich ein Bild zu machen. Ich warte. Das Schweigen stört uns nicht, ich sehe sie an...

Sie hat eine sehr helle Haut, ein wenig tiefliegende Augen, einen flammenden Blick und einen hübschen Mund.

Ich bin nicht eilig, ich weiß, es wird sehr schnell gehen.

»Ich möchte Ihnen gern etwas zeigen. Haben Sie Lust?«

»Hier?«

»Nein, bei mir.«

»Okay, bei Ihnen.«

Sie geht voraus. Es ist gleich um die Ecke.

Ein mit Platten belegter Weg führt um die Blumenbeete herum zum Haus, aber wir gehen quer über den Rasen. So ist es kürzer. Bis zur Tür sagt sie kein Wort. Für ein Weilchen ist die Nacht noch einmal mit uns, zwei kleinen Sternen, und ich sage mir, wenn die Dinge nun einmal so sind und wenn das Ganze nicht hält, was es verspricht, habe ich nichts dagegen, ich bin es gewohnt.

Sie holt einen Schlüssel aus ihrer Tasche, benimmt sich wie erwartet, und führt mich in einen großen Salon, in dem lauter chinesische Möbel stehen, von oben bis unten mit Perlmuttintarsien verziert, mit Drachen, Lackarbeiten, Bambus.

»Nehmen Sie sich etwas zu trinken. Ich bin gleich wieder da«, sagt sie.

Sie steigt die Treppe da hinten im Raum hoch und verschwindet nach oben.

Die Bar ist neben dem Aquarium, das in die Wand eingelassen ist. Ich schütte mir einen Gin ein, um nicht zuviel durcheinander zu trinken, und gehe mit dem Glas in der Hand neugierig durch das Zimmer. An den Wänden hängen überall auf Holz gemalte kleine Bilder, alles Folterszenen, alte Malerschule, aber die schlitzäugigen Typen sind nicht gerade quietschfidel. Sie benutzen jede Masse eisernen Zeugs mit komischen Formen, selbst Tiere sind dabei und Wasser und Feuer, alles unheimlich fein. Der Knabe, der das Versuchs-

karnickel spielt, sieht immer gleich aus, er reißt den Mund weit auf und verdreht die Augen, es muß wohl immer der Moment sein, wo es ihm am meisten weh tut. Ich jedenfalls sehe, daß es seiner Seele schwarz vor Augen wird. Ich trinke mein Glas aus.
»Gefällt es Ihnen?«
Sie kommt ganz ruhig die Treppe runter.
Sie hat jetzt so einen schwarzen schimmernden Fummel an, der ihr gerade bis über den Hintern geht, und in der gleichen Farbe so 'ne Art Strumpfhose, und ihre Haare sind kohlrabenschwarz. Ich finde ihr Gesicht noch weißer als vorhin. Ihre Lippen sehen so aus, als hätte sie sie gerade in eine Schale Blut getaucht; man muß es halt mögen, und ich mag's. Sie kommt auf mich zu.
»Na, gefällt es Ihnen?«
»Sehr, Sie verstehen sich auf Ihr Gesicht.«
»Nein, ich meine das hier.«
Sie redet von den Horrorbildern an der Wand.
»Na ja, ganz ehrlich, wenn Sie mir noch einen einschenkten?«
»Im allgemeinen mögen es meine Freunde sehr.«
»Ich kenne Ihre Freunde nicht. Sind das Spaßvögel?«
»Sehen Sie sich diesen Mann dort an. Er leidet, weil seine Seele jetzt in seinem Körper sitzt.«
»Das sah ich leicht anders, ich dachte eher, sie wäre verduftet. Ich bin jedoch ein Träumer.«
Sie bleibt einen Augenblick ganz dicht vor einer dieser raffinierten kleinen Folterszenen stehen und zischt dann ruckzuck ab in Richtung Bar. Genau in dem Moment kommt ein Knirps im Schlafanzug die Treppe runtergesaust, ein kleiner Hasenfuß.
»EH, MAMA, WER IS' DER TYP?« brüllt er los.
»Janus, geh wieder ins Bett.«
»SCHEISSE, EINE ECHTE NULL!«
»Hallo, Janus«, sag' ich.
»Was willer, Mama?«

»Janus, geh wieder ins Bett!!«
»Nö!«
»Gut, noch fünf Minuten und dann gehst du wieder ins Bett, abgemacht?«
Janus pflanzt sich vor mir auf und zieht heftig an meinem Ärmel, so als ob er mir den Arm ausreißen will. Ich wehre mich, seine Mutter soll doch irgendwas tun, aber sie steht mit dem Rücken zu uns an der Bar. Wir sind unter Männern.
»Wie heißte denn?« sagt er und klammert sich weiter an meinen Arm.
»Philippe.«
Ich schüttele meinen Arm. Der Knirps gibt nicht nach.
»Ich bin Julie«, ruft sie mir über die Schulter zu.
Ich nutze die Gelegenheit, um mich loszumachen, wobei ich meine Jacke dem Sieger überlasse.
Ich haue mich schnell aufs Sofa. Er folgt mir.
»Was willste hier«, fragt er.
»Nichts, ich trinke noch einen, und dann schwirre ich ab.«
»Wohin denn? Is doch Nacht.«
»Irgendwohin, die Straßen sind doch hell.«
»Haste keine Angst?«
»Aber sicher.«
»Also haste Angst vor Spinnen?«
»Kommt drauf an. Weberknechte mag ich gern.«
»Was is' das, Weberknechte?«
»Spinnen.«
»Ach so. Und meine Mutter, magste die?«
»Weiß ich nicht. Sie sieht nett aus.«
»Spinnen magste also?«
»Na ja, ich mag sie alle, Spinnen, Kröten, Eidechsen, Krabben und auch Raupen, Schnecken, Wanzen...«
»Igitt, wirklich?«
»Na klar doch, und auch...«
»Nein, nur Spinnen.«
»Hast du Alpträume?«
»Was is' das?«

»So Sachen, die nicht lustig sind, wenn du schläfst.«
»Hey, willste mir angst machen?«
In dem Moment kommt der Gin, ein großes Glas. Sehr aufmerksam, woher wußte sie es eigentlich? Julie setzt sich mir gegenüber mit untergeschlagenen Beinen in einen großen Sessel, und Janus kuschelt sich an sie. Ich betrachte mir die beiden. Sie küßt ihren Sohnemann aufs Haar, und der befummelt gähnend ihre Brust. Ich verstehe ihn, sie ist rund, sie ist warm und weich, sie ist genau das Gegenteil vom Tod, es ist toll, sie zu berühren. Was hab' ich hier überhaupt verloren? Ich gehöre nicht in diese Süßlichkeit. Ich sag' mir auch, daß ich nicht weiß, wo ich überhaupt hingehöre, und so bleib' ich einfach sitzen; ich setze mein Glas ab und betrachte mir die beiden.
Ich bin fast dreißig, ich habe nichts vergessen, Scheiße.
»Warum siehste uns so an?« sagt Janus.
»Kümmere dich nicht drum, eigentlich bin ich gar nicht da. Es war schön.«
»Was war schön?«
Ich werfe einen Blick auf Julie, sie sieht mich komisch an, das heißt, ich weiß nicht, was ich davon halten soll. Ich finde alle beide echt stark. Ich fühle mich ein bißchen müde und aufs Glatteis geführt, ich bin wirklich nichts Tolles, aber darin steckt eine Art Freude, ja ich weiß, Schwamm drüber. Unmöglich, diese Stille wiederzukriegen, ich tauche ab. Das ist mir schon ein paarmal passiert, es macht nicht gerade Spaß, diese Klinge, die einem unter den Panzer gleitet. Über den schlappen Körper aus lauter Scheiße rutscht, und man kann noch so viel laufen, man sitzt in der Falle. Nur, dabei kann man was über seine Seele lernen, das ist zwar furchtbar, aber was hat man denn anders erwartet?
Bei Janus ist der Groschen gefallen. Das nutzt er aus.
»Sagste nichts?«
»Das ist recht kompliziert, Janus.«
»Du hast gesagt, es war schön.«
»Ja, das hab' ich gesagt. Muß wohl so sein.«

Und die andere tut nichts, gar nichts, sieht mich an, sieht mir in die Augen. Was erwartet sie denn?
»Du hast es gesagt.«
»Ich dachte an was anderes. Siehst du, ich habe gerade Krach mit einer Freundin, und dann ihr beide, ich habe Angst gehabt, etwas kaputtzumachen... Scheiße, es bringt nichts, darüber zu reden, du merkst doch, daß ich es nicht schaffe.«
»Warum schaffst du es nicht?«
Diesmal rettet sie mich.
Es gibt Schätzchen, die können bis zum Ende gehen, und wenn einen die Lust packt, sich auseinandernehmen zu lassen, kann man auf sie bauen, sie kennen ihre Kräfte nicht. Ich selbst weiß nicht, wie ich klarkomme, aber am Ende legt man mich immer rein.
»Gut, Janus, jetzt gehst du endlich ins Bett«, sagt sie.
Er meckert ein bißchen, aber weniger, als ich erwartete. Der Schlaf hat ihn ganz sacht gestreift. Julie nimmt ihn in die Arme.
»In fünf Minuten bin ich wieder da.«
So lange warte ich nicht, um an die Bar zu flitzen. Kaum bin ich da, genehmige ich mir einen Gin, dann noch einen und dann das gleiche wie gehabt. Fazit, all die verschiedenen Leben, all die Dinger, die laufen und suchen und hängenbleiben und brüllen und mir ist kalt, mir ist warm, mir knurrt der Magen, mir ist angst, mir ist schlecht, ach ja, das ist super, aber ich begreife überhaupt nichts. All die Scheißkerle, die mir gesagt haben, ich verstehe dich, Phil, o ja, ich verstehe dich, ALTES HAUS, na, ich frage mich, was sie DAMIT SAGEN WOLLTEN, ich frage mich, was für ein verdammter Quatsch ihnen durch den Kopf ging. Nur ein Fenster machten sie von sich auf, diese blöden Säcke, und da wunderten sie sich, ich verstehe dich, Phil, altes Haus, o ja, oje.
Ich hänge meine Nase ins Glas. Es ist so durchsichtig, daß mir der Angstschweiß dabei ausbricht, es gibt etwas Klares

und Reines in dieser Welt, das wirkt auf mich genauso, wie wenn ich mitten in der Nacht die Augen aufmache, es ist gräßlich, die Schwärze rinnt einem in die Augen und füllt einen aus.
Drei Minuten später kommt sie wieder die Treppe runter. Ich finde sie fast schön, will es mir einreden, aber da steckt eine Kälte in diesem Frauchen, die mich an den Tod denken läßt, ich weiß nicht, was es ist, vielleicht dieser Mund, der niemals lächelt, aber das ist nur äußerlich, nein, vermutlich kommt es eher aus ihrer Seele, man sollte mal eine Leukotomie machen.
Irgendwann spazierte ich über eine Baustelle, die Typen hatten gerade einige alte Häuschen abgerissen und machten gerade Mittag, ich sah, wie sie in ihren Henkelmännern wühlten und sich dabei den Staub vom Leib hielten, sie hatten unter dem blauen Himmel alles stehen- und liegengelassen. Ich bin mitten rein gegangen, ganz tief rein, ich hatte Bock darauf. Plötzlich stand ich dann vor einem kleinen Haus mit grünen Fensterläden, ganz niedlich, ein alter Efeu klammerte sich außen dran. Es war die einzige Klitsche, die noch stand, das einzige, was noch da war. Ich ging hin, machte die Tür auf, stand dann wie angewurzelt auf der Schwelle und dachte nur noch: sieh mal an, natürlich, sieh mal an.
Anstelle der Klitsche stand da nur noch die Fassade, mehr nicht, dazu gerade noch ein Stückchen Mauer an der Seite, mit einer sehr altmodischen, kümmerlichen Blümchentapete beklebt, und dann noch die Tür, die ohne zu knarren auf- und zuging, die nichts wissen wollte, bereits in der Welt des Todes war.
Julie, ich hatte Angst hineinzugehen.
»Das wäre geschafft«, sagt sie mir. »Er schläft.«
»Ich hab' wohl nicht gut abgeschnitten...«
»Er fand Sie nett. Er sagte, Sie seien unglücklich.«
»Was überlegst du, Julie.«
»Ich glaube, er hat recht.«
»Wenn ich ganz allein trinke, hab' ich niemals Lust zu lachen.

Ich kann nicht mehr reden. Janus hat mich kalt erwischt, aber unglücklich sein ist was anderes, Julie.«
»Ja?«
»Hör schon auf, Julie, mir geht's gut.«
»Janus hat auch noch gesagt, daß Sie einsam sind...«
»So langsam verstehe ich, warum man ihn Janus nennt.«
»Hat er es richtig gesehen?«
»Was macht das schon aus?«
»Nichts, ich weiß Bescheid. Hier gibt es keine Männer. Alle auf und davon, dumm und tot.«
»Na gut, aber bringt uns das weiter?«
»Nein.«
»Ich weiß nicht, was du willst, Julie, aber ich glaube nicht, daß ich's überhaupt kann. Ich hab' nie was für andere gemacht, ich schaff's einfach nicht. Ich tue nie das Richtige, wenn ich was mache, dann entweder zu früh oder zu spät, es haut nie richtig hin. Ich weiß genau warum, aber das ändert nichts. Sag mir lieber gleich, was du willst, Julie, ich mag dich, anders geht's wirklich nicht.«
»Ich wollte dir etwas zeigen.«
»Ach ja, dann laß mal sehen.«
»Komm, setz dich erst.«
Ich hocke mich wieder aufs Sofa. Wir alle verbringen unsere Zeit mit Aufstehen, Ins-Bett-Gehen, Hinsetzen, na ja, und die Bäume brauchen Jahre, einen Zweig wachsen zu lassen, die Kontinente bewegen sich ganz all-mäh-lich und die Tiere noch weniger, na ja, aber wir sind sicher am gewieftesten, ganz sicher. Julie stellt sich vor mich und dreht mir den Rükken zu. Sie fängt an, ihre Strumpfhose abzustreifen, den Slip gleich mit. Ich bin nur halb überrascht. Ein Blick nach weiter oben hatte mich schon gewarnt, denn was Blicke anlangt, da bin ich ganz gut, manchmal hätte ich meine Hand dafür ins Feuer gelegt.
Im ersten Augenblick bin ich etwas enttäuscht, ich weiß nicht genau, was ich mir eigentlich vorstellte, dann sage ich mir, nein, das ist normal, so ist es nun mal, so läuft's eben immer,

fast so wie am Zeilenende, man möchte gern noch weiterschreiben, muß aber eine neue Zeile anfangen, es geht nicht mehr weiter, es ist zu Ende, und das stinkt einem ein bißchen, das bringt einen um, doch man fängt eine neue an.

Wir haben wirklich nicht viele Mittel zu unserer Verfügung, manchmal ist die Natur einfach beschissen. Wie die Schönheit, und alles, bis auf die Häßlichkeit. Die Häßlichkeit ist niemals beschissen, weil sie niemals lügt. Ich möchte verdammt gern wissen, ob Gott SCHÖN ist, das heißt, ob er so ein Superstar ist wie der Gottessohn, das wär' doch toll für alle, die schlecht weggekommen sind, die Krummen und Lahmen, die Potthäßlichen und die Monster, alle, die jede Nacht dauernd Rotz und Wasser geheult haben, die ein Wunder wollten und demütig nach unten blickten.

Julie legt nichts Sinnliches in ihre Gesten, fast so, als ob sie allein wäre, ohne Spiegel, ich habe den Eindruck, sie wirklich angemacht zu haben.

Als sie dann splitternackt ist, dreht sie sich um, und mir fällt das Glas aus der Hand.

Normalerweise hätte ich es aufgefangen, selbst in besoffenem Zustand, ich habe mich dann immer noch unter Kontrolle, sicher hätte ich es lieber anders gehabt, aber es ist nun mal so. Julie hat mich dermaßen GEPACKT, daß mein Körper sekundenlang sich selbst überlassen bleibt, ich gebe ihn auf, und er stößt zusammen mit einem Schnaufer einen leisen Schrei aus, ich kann nichts dafür.

Ich habe nichts gegen Tätowierungen, ich mag sie sogar, bei anderen. Bei mir selbst bin ich mir da nicht so sicher, ich finde, ich bin schon gezeichnet genug. Damit hat Julie scheinbar keine Probleme, denn Julie ist, na ja, sie ist tätowiert, und wie, vorne am ganzen Körper, bis auf Arme und Beine, und natürlich bis auf das Gesicht. Farbig. Dargestellt wird das INNERE des Körpers, IN VOLLER GRÖSSE, alles an seinem Platz, alle Organe, Lunge, Herz, Niere, Leber, Milz, Hohlvenen, Aorta, ALLES, minuziös, voller Leben, zerbrechlich, schön ist es nicht, zu perfekt, aber DA

IST NOCH ETWAS ANDERES!!! O JA!!! Janus hatte keine Alpträume, mein lieber Herr Jesus, jetzt begreife ich. Also, eine ist auf dem Herzen, tiefschwarz, toll wiedergegeben, eine andere auf der rechten Lunge oder in der Lunge, genau weiß ich es nicht, eine weitere hockt auf dem Zwölffingerdarm, und bei der sieht man ganz genau, daß sie sich über das Ding hergemacht hat. Die letzte krabbelt sachte den Bauch runter, die Vorderbeine stecken schon im Schamhaar. Selbst als Tätowierung haut einen das ganz schön um, ich habe nicht gedacht, daß es einen dermaßen kaputtmachte, verflixt noch mal, SPINNEN!

»Na?« sagt sie.

»Das geht nicht mehr weg, was?«

»Nein.«

»Sonst hätte ich es ganz lustig gefunden.«

»Faß mich an.«

Sie steht ganz nah, ich brauche bloß die Hand auszustrecken. Ich lege sie auf ihren Bauch, auf die Spinne. Nichts Überraschendes passiert. Das Ganze ist saublöd.

»Warum hast du das gemacht?« frage ich.

»Um mich zu erinnern.«

»Ehrlich, du bist bescheuert. Das weiß man doch alles.«

»Ich will daran denken. Jeden Tag, wenn ich mich ansehe, WEISS ich. Ich rücke die Dinge wieder zurecht.«

»Dafür brauchtest du doch das nicht. Keine Spinnen.«

»Du magst sie doch, oder nicht?«

»Nicht so, nicht auf dir. Ich glaube, du bist verrückt, wer hier unglücklich ist, das bist du. Man weiß ja, daß es nicht lange dauert, aber die, die hinten schieben, die Ärsche, die nie was geschnallt haben, glaubst du nicht, daß so was noch schlimmer ist? Glaubst du nicht, daß sie es sind, die uns wirklich aussaugen? Scheiße, Julie, nein.«

»Das spielt keine Rolle, sieh mich an.«

»Ja, ist ja schon gut, ich seh' dich an. Ich hab' Durst. Ich hab' die Nase voll.«

»Was siehst du?«

»Ich seh' nichts. Ich seh' Spinnen.«

»Vergiß die Spinnen.«

»Unmöglich.«

»Und was passiert jetzt?«

»Nichts, ich hab' zuviel getrunken.«

»Jetzt ist mir kalt.«

»Es tut mir sehr leid, Julie. Es ist nicht deswegen, ich hab' wirklich zuviel getrunken.«

»Ist es so besser?«

»Ja.«

Wir quasseln noch ein bißchen, ich kann auch wieder einschenken, aber es ist aus und vorbei, wir kapseln uns beide ab, und es ist nicht einmal der körperliche Abstand. Ich möchte gern irgendwas tun, ich könnte sie ja nehmen mit ihren bescheuerten Spinnen, ich würde leicht vergessen, es muß dennoch sanft und angenehm sein, ich könnte uns in eine weniger schmerzliche Dimension zurückholen, ich will sie nicht so lassen wie sie ist, ganz sicher. Aber ich rühre mich nicht, ich tue nichts, ich muß versteinert sein. Jeder andere hätte sich in diesem Moment besser als ich aus der Affäre gezogen.

Das einzige, wozu ich noch fähig bin, und dazu brauche ich meine ganze Kraft, mein ganzes Herz, ich kann aufstehen. Dabei stoße ich den kleinen Tisch um. In diesem Stadium gehorcht einem der Körper nicht mehr, um einen herum bricht alles zusammen. Was passiert, ist piepegal, ich will nur noch zu diesem Scheißfenster da, ich will aus allem raus. Ich flitze also los, packe die Scheibe und BOING, saust mein Kopf durch die Scheibe. Ich habe so fest angestoßen, daß das Dings buchstäblich explodiert ist. Julie schreit. Julie kommt. Julie.

»Laß nur, es ist nichts«, sag' ich. »Ich wollte mich nicht umbringen, Scheiße, es ist ein Unfall.«

Und das stimmt. Ich dachte gar nicht an die Scheibe, nur ein bißchen Luft, eigentlich schien es doch ganz einfach. Sie klammert sich an meinen Arm, ich spüre nichts, ich bleibe

einen Moment in der frischen Luft und schnaufe wie ein Büffel, ich höre die leisen Geräusche des Dschungels, ich knurre:
»Jetzt muß ich wohl mal ins Bad.«
Julie führt mich hin, es ist weit.
Ich gucke in den Spiegel, ich sehe kein Blut, ich habe nichts. Ich gehe näher ran. Wenn ich mich von zu nah betrachte, erkenne ich mich nicht mehr. Ich weiche zurück. Ich remple Julie an.
»Laß mich in Ruhe, Julie.«
Ich stelle mich wieder vor das Waschbecken, ein letzter Blick auf mich, zehn Jahre älter, und ich kotze. Stark. Das tut mir in der Nase weh. Ich lasse das Wasser laufen, halte meinen Kopf drunter und spüre dann ihre Hand auf mir wie einen blanken Leitungsdraht. Sie drängt sich an mich. Ich spüle mir den Mund aus.
»Scheiße, du solltest mich doch in Ruhe lassen.«
»Das ging aber schnell.«
»Ja ja, nun...«
»Gehst du?«
»Ja, es muß jetzt schon hell sein.«
»Wenn du willst, kannst du bleiben.«
»Das bringt doch nichts.«
»Ich weiß, aber du kannst bleiben.«
»Julie...«
»Ja?«
»Paß auf, daß dir die Arschlöcher nicht zu nahe kommen.«
»Ach ja... kann man das verhindern?«
»Nein, ich hab's einfach so gesagt. Tut mir leid für die Scheibe.«
»Ich habe Angst gehabt.«
»Brauchtest du nicht. An diesem Trick hab' ich gearbeitet, um auf mich aufmerksam zu machen.«
»Bei mir sind es die Spinnen.«
»Ja?«
»Ja.«

Ich gehe über den Rasen. Es ist schon Tag. Ich schleppe noch meine ganze Nacht hinter mir her. Ein Wind weht. Da laufen Typen rum, sie sind gekommen, um zu sehen, ob die Hecken in der Nacht nicht zu sehr gewachsen sind, und die schönsten, die zartesten Blätter, KNIPS. Ich höre Schlüssel, Autos und Türen, und ich sehe, wie die Schlitten aus den Häusern gleiten und auf die Straße einbiegen, ich sehe die Spinnen, ich bin noch voll, ich sehe überall welche, ich lache mich ganz alleine krumm und schief.
Ich mache die Tür auf, ich sause direkt in Richtung Schlafzimmer. Sylvie steht da und bürstet hundertmal ihr Haar, es ist schön.
»Mach's nur ja gründlich«, sage ich, während ich mich ausziehe.
»He, du willst doch wohl nicht etwa jetzt ins Bett gehen?«
Ich liege schon im Bett. Ich schenke ihr ein breites Lächeln.
»Josy steht bald auf.«
»Ach ja?«
»Ich mach' schon mal Kaffee«, sagt sie. »Steh auf.«
Und mit dem Hintern wackelnd zieht sie ab in Richtung Küche. Ich stütze mich auf einen Ellenbogen.
SCHEISSE, schreie ich, SCHEISS JOSY!!!
Und ich ziehe das große Laken über meine Augen, wie es alle Typen machen, die vor kurzem noch mit dem Kopf durch die Fensterscheibe gegangen sind, ohne sich zu schneiden und wie alle anderen. Es ist schneeweiß, wie neu.

Nachbemerkung

Frankreich ist für die Deutschen eine intellektuelle Gegenwelt. Schon immer die größten Bewunderer französischer Geistigkeit, lernten sie die französische Sprache als Königsweg zur Kultur. Nach dem Zweiten Weltkrieg, aus dem Frankreich dank einer heroischen *Résistance* moralisch unbeschadet hervorgegangen war, wurden hierzulande begierig die Ideen der philosophischen Schulen der vierziger und die literarischen Strömungen der fünfziger Jahre aufgenommen. Man sah französische Filme und hörte französische Chansons, und manchem genügten wohl die einfachsten Requisiten der französischen Alltagskultur, um sich schon der Pariser Boheme zugehörig zu fühlen. Aber auch die gesellschaftlichen Umwälzungen der sechziger Jahre bekamen – nach Berkeley 1965 und Berlin 1967 – erst durch die Pariser Demonstrationen vom Mai 1968 ihren Namen. Dieselben Umwälzungen leiteten zumal in der Bundesrepublik eine Politisierung ein, die von der Literatur des Nachbarn ablenkte. Sechsundzwanzig Jahre nach der Unterzeichnung des deutsch-französischen Kulturabkommens lernen weniger deutsche Schüler Französisch als zuvor, und es werden immer weniger französische Autoren ins Deutsche übersetzt.

Dabei mag auch eine Rolle spielen, daß die moderne französische Literatur in den Ruf gekommen ist, keine Geschichten mehr zu erzählen. Ihre immer kühneren, mitunter schier unübersetzbaren Experimente haben verkennen lassen, daß daneben die große französische Erzähltradition ungebrochen weiterläuft. In welcher stilistischen Vielfalt auch in Frankreich bis heute erzählt wird, zeigt dieser Band, der so verschiedene Autoren vereinigt wie die Existenzialisten Camus und Saint-Exupéry, für dessen Werk die Mischung aus Reportage und Erzählung konstitutiv ist, die Surrealisten Aragon oder Péret, die Phantasten Vian und Aymé, die Vertreter des Nouveau Roman Duras und Robbe-Grillet, den Modernisten Tournier, die Realisten Bazin, Grenier oder Serreau und den phantastischen Realisten Le Clézio, und Jacques Bens, Gründungsmitglied der in den sechziger Jahren entstandenen experimentellen Gruppe *OuLiPo*.

Spielen die Erzählungen Bens' und Le Clézios in einer nicht definierbaren Landschaft und die von Djian in einer genauso unbestimmbaren Großstadt, sind doch viele der hier ausgewählten Erzählungen in erkennbaren Gegenden der französischen Provinz angesiedelt, so daß dieser Band auch einen Eindruck von der regionalen Vielfalt eines seit Jahrhunderten zentralistischen Landes vermittelt. Bei Robbe-Grillet gehen drei Kinder an einem nordfranzösischen Strand spazieren, Thomas erzählt von einem Dorf an der südfranzösischen Küste; die Erzählung Jeans spielt in einer südfranzösischen Kleinstadt, die von Grenier in einer Kleinstadt in der Normandie; Giono beschreibt die Verbundenheit provenzalischer Bauern mit ihrem Land, Nadaud die gesellschaftlichen Zwänge in einer Stadt in der Ardèche. Während Sagan von Großstädtern erzählt, die aufs Land fahren, erzählt Cau von der Hilflosigkeit des Provinzlers in der Großstadt, und während Gascar das Straßenleben in einer Provinzstadt beschreibt, imaginiert Péret das von Paris. Paris ist zudem der Handlungsort mehrerer Erzählungen: Troyat stellt eine kleinbürgerliche Pariser Familie dar, und Aymé erzählt von einem einfachen Pariser Angestellten. Duras und Bazin machen einen Pariser Archetyp, die *concierge*, zu ihrer Hauptfigur, und Aragon läßt seine Erzählung in dem berühmten Kaufhaus *Printemps* spielen.

Gemeinsam ist allen Erzählungen der ironische Ernst, mit dem der ständige Versuch gesehen wird, dem Alltag in eine Phantasiewelt zu entkommen. Bei Nadaud verwandelt ein Lehrer die Langeweile seines Alltags in hochkomplizierte Gedichte, während Bens von einem Dichter erzählt, dem sich Wahrnehmung und Vorstellung zu einer Erzählung in der Erzählung vermischen. Aymés kleiner Angestellter läßt sich von plötzlichen übernatürlichen Kräften über seine menschliche Anfälligkeit täuschen, und Tourniers Musiker kann die Phantasiewelt nicht aufgeben, in der er Konzertpianist statt Musikkomiker ist. Bei Serreau ist es ein Kind, das die verworrenen Verhältnisse seiner Großfamilie zu einer Zeichnung abstrahiert, während bei Troyat ein Familienvater die Unausweichlichkeit des Todes nutzt, um seinen geschäftlichen Mißerfolg zu kaschieren, und gleichzeitig als Statist in täglich andere Welten eintaucht. Djians Heldin verwandelt ihren eigenen Körper durch Tätowierung in ein Bild von diesem: einerseits spiegelt dieses Bild den ständigen Zerfall ihres – und jedes menschlichen – Körpers wider, andererseits soll es gerade darüber hinwegtrösten. Und die Protagonistin in Greniers Erzählung erwartet, daß ihr Leben so abläuft wie das einer berühmten französischen Romanheldin, die ihrerseits der Verwechslung von Literatur und Leben zum Opfer fiel. So wird in diesen Erzählungen die oft behauptete französische Neigung deutlich, die Wirklichkeit zu ästhetisieren.

Manche der hier versammelten Autoren, wie Aragon, Camus oder Saint-Exupéry, zählen inzwischen zu den modernen Klassikern; andere, wie Duras, Robbe-Grillet und Sagan, sind nicht zuletzt durch Verfilmungen geradezu populär geworden. Auch Bazin, Gascar oder Troyat gehören in Frankreich zum literarischen Establishment, sind aber hierzulande wenig bekannt – Bens, Grenier oder Nadaud noch gar nicht. Sie zu entdecken und wieder neugierig zu machen auf die französische Literatur unserer Tage, gibt dieser Band Gelegenheit.

Stefana Sabin

Quellenhinweise

LOUIS ARAGON (1897–1982)
›Die Unbekannte aus dem Printemps-Kaufhaus‹, aus: Das Wahr-Lügen. Übersetzung: Lydia Babilas © der Ausgabe in deutscher Sprache, ausgenommen DDR: Claassen Verlag GmbH, Düsseldorf 1983.

MARCEL AYMÉ (1902–1967)
›Der Mann, der durch die Wand gehen konnte‹, aus: Meistererzählungen. Übersetzung: Hildegard Fuchs © Diogenes Verlag AG, Zürich 1989.

HERVÉ BAZIN (geb. 1917), lebt in Paris.
›Mansarde zu vermieten‹. Übersetzung: Ewald Czapski © Editions du Seuil, Paris 1963. Für die deutsche Übersetzung © Verlag Volk und Welt, Berlin DDR 1966.

JACQUES BENS (geb. 1931), lebt in Paris.
›Was haben Sie mit meinem Apfelbaum gemacht?‹ Übersetzung: Harro Stammerjohann © Editions Ramsay, Paris 1988. Für die deutsche Übersetzung © Fischer Taschenbuch Verlag GmbH, Frankfurt am Main 1989.

ALBERT CAMUS (1913–1960)
›Der Gast‹, aus: Jonas oder Künstler bei der Arbeit – Gesammelte Erzählungen. Übersetzung: Guido G. Meister © Rowohlt Verlag GmbH, Reinbek bei Hamburg 1966.

JEAN CAU (geb. 1925), lebt in Paris.
›Das Paradies‹. Übersetzung: Frauke Rother © Editions Gallimard, Paris 1980. Für die deutsche Übersetzung © Verlag Volk und Welt, Berlin DDR 1984.

JEAN-MARIE GUSTAVE LE CLÉZIO (geb. 1940), lebt in Paris. ›Das Wasserrad‹, aus: Mondo. Übersetzung: Rolf und Hedda Soellner © List Verlag, München 1988.

PHILIPPE DJIAN (geb. 1949), lebt in Paris. ›In voller Größe‹. Übersetzung: Klaus-Dieter Drissen © Editions Bernard Barrault, Paris 1983. Für die deutsche Übersetzung © Fischer Taschenbuch Verlag GmbH, Frankfurt am Main 1989.

MARGUERITE DURAS (geb. 1914), lebt in Paris. ›Madame Dodin‹. Übersetzung: Georges Schlocker © Editions Gallimard, Paris. Für die deutsche Übersetzung © Georges Schlocker, Paris.

PIERRE GASCAR (geb. 1916), lebt in Paris. ›Der kleine Platz‹. Übersetzung: Lieselotte Kolanoske © Editions Gallimard, Paris 1960. Für die deutsche Übersetzung © Verlag Volk und Welt, Berlin DDR 1984.

JEAN GIONO (1895–1970) ›Joffroi vom Maussan-Hof‹, aus: Die Garben fallen. Übersetzung: Ulrich Friedrich Müller und Marlies Bek © Verlag Langewiesche-Brandt KG, Ebenhausen bei München 1959.

ROGER GRENIER (geb. 1919), lebt in Paris. ›Normandie‹. Übersetzung: Andrea Spingler © Editions Gallimard, Paris 1988. Für die deutsche Übersetzung © Fischer Taschenbuch Verlag GmbH, Frankfurt am Main 1989.

RAYMOND JEAN (geb. 1925), lebt in Aix-en-Provence. ›Mira oder Der öffentliche Park‹, aus: Ein Phantasma der Bella B. Übersetzung: Marita Knicker © Beck & Glückler Verlag, Freiburg 1985.

ALAIN NADAUD (geb. 1948), lebt in Paris.
›Die Versuchung des Pierre Villequiers‹. Übersetzung: David Rachmut © Editions Denoël, Paris 1986. Für die deutsche Übersetzung © Fischer Taschenbuch Verlag GmbH, Frankfurt am Main 1989.

BENJAMIN PÉRET (1899–1959)
›Boulevard Saint-Germain Nr. 125‹, aus: Die Schande der Dichter. Übersetzung: Pierre Gallissaires und Hanna Mittelstädt © Edition Nautilus, Hamburg 1985.

ALAIN ROBBE-GRILLET (geb. 1922), lebt in Paris.
›Der Strand‹. Übersetzung: Elmar Tophoven © Editions de Minuit, Paris. Für die deutsche Übersetzung © Elmar Tophoven, Straelen.

FRANÇOISE SAGAN (geb. 1935), lebt in Paris.
›Die Angelpartie‹, aus: Augen wie Seide. Übersetzung: Margaret Carroux © Ullstein Verlag GmbH, Berlin 1977.

ANTOINE DE SAINT-EXUPÉRY (1900–1944)
›Das Flugzeug‹, aus: Wind, Sand und Sterne. Übersetzung: Henrik Becker © Karl Rauch Verlag, Düsseldorf 1956.

GENEVIÈVE SERREAU (1915–1981)
›Opas und Kompanie‹. Übersetzung: Thorgerd Schucker © Editions Gallimard, Paris 1979. Für die deutsche Übersetzung © Verlag Volk und Welt, Berlin DDR 1984.

HENRI THOMAS (geb. 1912), lebt in der Bretagne.
›Der alte Doktor‹. Übersetzung: Hannelore Neves © Editions Gallimard, Paris 1960. Für die deutsche Übersetzung © Fischer Taschenbuch Verlag GmbH, Frankfurt am Main 1971.

MICHEL TOURNIER (geb. 1924), lebt in Paris.
›Allzeit bleibe meine Freude‹, aus: Die Familie Adam. Übersetzung: Helmut Waller © Hoffmann und Campe Verlag, Hamburg 1981.

HENRI TROYAT (geb. 1911), lebt in Paris.
›Ein Geschäft mit Pilatus‹, aus: Ein Geschäft mit Pilatus. Übersetzung: Wilhelm Maria Lüsberg © Nymphenburger Verlagshandlung in der F. A. Herbig Verlagsbuchhandlung GmbH, München 1960.

BORIS VIAN (1920–1959)
›Der Klempner‹, aus: Faule Zeiten. Übersetzung: Frank Heibert und Klaus Völker © Zweitausendeins, Frankfurt am Main 1983.

Die Herausgeberin und der Fischer Taschenbuch Verlag danken allen Rechteinhabern für die Abdruckgenehmigung.

Österreich erzählt

Herausgegeben von Jutta Freund

Band 9283

Österreich erzählt – von Träumen und Erinnerungen, von Einsamkeit und Tod, vom Lachen und Vergessen. 27 österreichische Autoren schreiben bissig, böse, witzig oder wehmütig über ihr Land, über historische Ereignisse, über seine Bewohner, schreiben ihre Geschichten – jeder auf seine charakteristische Art und Weise.
Die hier gesammelten Erzählungen zeigen in ihrer Vielfalt die Spannweite und die verschiedenen Strömungen der österreichischen Prosa unseres Jahrhunderts. Sie geben die Stimmung dieses Landes wieder, des Landes, das Hans Weigel »die Synthese aller Welten«, das »staatsgewordene Paradoxon« nannte, in dem man »deutsch sprechen kann, ohne Deutscher zu sein«. Eine Mischung aus Heiterkeit und Melancholie tritt uns entgegen, diese typische Mischung, die zu so vielen nicht nur literarischen Bildern und Vergleichen schon Anlaß gab.
Es erzählen: Ilse Aichinger, Peter Altenberg, H.C. Artmann, Ingeborg Bachmann, Alois Brandstetter, Franz Theodor Csokor, Heimito von Doderer, Erich Fried, Barbara Frischmuth, Marlen Haushofer, André Heller, Fritz v. Hermanovsky-Orlando, Hugo von Hofmannsthal, Ödön von Horváth, Elfriede Jelinek, Robert Musil, Alfred Polgar, Helmut Qualtinger, Christoph Ransmayr, George Saiko, Arthur Schnitzler, Jutta Schutting, Jura Soyfer, Franz Tumler, Franz Werfel, Stefan Zweig.

Fischer Taschenbuch Verlag

fi 1153/2